趙天池著

優美的中國文字

文史哲出版社印行

優美的中國文字／趙天池著. -- 初版. -- 臺北市
：文史哲，民 80
17,393 面；21 公分
參考書目：面 391-393
ISBN 957-547-042-7（平裝） NT$280.00

1.中國語言 - 文字

802.2 80001111

優美的中國文字

著者：趙天池
出版者：文史哲出版社
登記證字號：行政院新聞局局版臺業字五三三七號
發行人：彭正雄
發行所：文史哲出版社
印刷者：文史哲出版社
台北市羅斯福路一段七十二巷四號
郵撥〇五一二八八一二彭正雄帳戶
電話：三五一一〇二八
實價新台幣五〇〇元
中華民國八十年五月初版
中華民國八十五年六月初版二刷

ISBN 957-547-042-7

優美的中國文字　目次

第三篇　靈活的拼拆——拆字的文人雅興與江湖卜筮

第四章　對聯舉隅

第三章　詞的欣賞……三二八

第七篇　華美的辭藻——駢文的典雅本質與易僵化的形式

自序

人們日常使用本國文字，往往知其然而不知所以然，僅當成一種記錄符號而已。對於文字的形成及其特性，則所知有限，甚或一無所知，故多不能善加運用，至爲可惜。

茲就中國文字言，由於單音單形的方整結構，自成格局，與其他以符號拼音的蟹行文字大不相同，除有工具性的使用價值外，更具豐富的藝術內涵，其優美的本質，尤值欣賞。這就牽涉到中國文字學的領域，對此具有高深研究的林尹先生，深知中國文字的優美，曾歸納爲四點加以說明：⑴完整性，⑵統覺性，⑶穩定性，⑷藝術性，詳見本書第一篇第二章中的引述。

本書的架構，稍有別於一般研究中國文字論著那樣嚴謹而具系統，祇是嘗試以一種較活潑的風格，本着易於瞭解的原則，乃盡量以趣味性或故事性的題材作相當淺出的說明，並從中國特有字體及文體中試選出七種文字特性，以實例作具體的印證，期能予人以鮮明的印象。此七種特性及其印證題材，簡列如下：

1. 方整的結構——中國文字的造形與演變。
2. 生動的筆畫——中國書法藝術的形象化與韻律感。

3.靈活的拼拆——拆字的文人雅興與江湖卜筮。
4.巧妙的排列——回文的精心配置與奇特組合。
5.抑揚的對仗——對聯的廣泛應用及其社教功能。
6.和諧的格律——格律詩詞的多樣風格與境界。
7.華美的詞藻——駢文的典雅本質與易僵化的形式。

當然，中國文字的特性，並非僅限此七種。若從不同的研究角度，自可作更多的發揮。好在坊間不乏此類專著，可供參考。

本書內容引述資料，多有里巷傳聞，取其頗饒趣味，且就民俗觀點衡量，亦具價值。若作爲中小學國文輔助教材，頗可調劑課堂中緊張的學習情緒。若作爲一般休閑閱覽，既可增加常識，亦可供茶餘清談，以增情趣。至於對各家作品的申論或剖析，間有發抒個人陋見者，固有欠成熟，惟期提供多種角度的欣賞，以激發更多的想像。

本書的寫作動機，乃是熱望讀者能從粗淺的瞭解中，對中國文字的優美獲致相當鮮明的印象，油然而生熱愛之情。正因憑此願望，乃不惴鄙陋，妄作獻曝。謬誤之處，尙祈不吝指正是幸。

前言

談起中國文字的誕生，有一段驚神泣鬼、很不尋常的傳說。相傳開國的黃帝命其史官倉頡造字，以益民智，以廣流傳。這位史官的長相與衆不同，天生有四隻眼睛，乃更能觀察入微。因此，當他看到地面上最常見的獸蹄鳥跡，也能湧起靈感，描繪出一種便於通用的符號，可供大家作爲日常生活上的記錄，並便於更廣泛地人際接觸，也就是有文字的開始。這在先民社會的凝聚與溝通上，實在是一項重大的突破。據說，因此洩漏了天機，以致「天雨粟，鬼夜哭」。也許老天爺本來希望人類能永遠在渾樸中彼此相安，少動腦筋，少生煩惱，過着少私寡慾的生活；也就是所謂「無懷氏之民，葛天氏之民」。可是人類偏偏不肯藏拙，愛動機心，一旦有了文字，就更易運用聰明，累積智慧，以智欺愚，貪得無饜，貧富不均，災難無窮。老天爺既已預見到這樣的不幸，乃動其惻隱之心，就從天空降下食糧，以備人類能好歹救救急難。至於鬼類，則因人間的文字原具有巫術的役使作用，一旦由人類加以運用，不僅形成自身的紛擾，連鬼類也都會遭殃，只有長夜對泣了。

以上這段傳聞，固然屬於神話，缺乏事實的根據。但作深一層面的思考後，我們卻不能把它當成單純的無稽之談，而予以等閑視之。因爲任何神話，旣經長遠流傳，必自有其精奧的內涵，值得深入瞭解。當原始的莽原上，人類恐懼於毒蛇猛獸的爪牙時；當天然的災難中，人類震懾於驚雷疾電、山崩海嘯的威勢時，困惑而難於爲力，就渴望能得到某種合理的解釋，從解釋中獲得指引與鼓勵，進而更能求得問題的解決，神話乃應運而生。人類的社會間也因神話而有了共同的信仰，無形中更產生一種群體整合的功能，使人類得以繁衍，神話之功，自不可沒，我們怎能等閑視之呢？

且單就文字的創造來說，這實是人類文明史上最先的，也是最了不起的一樁大事情。我們可以這麼說，人類之所以能主宰萬物，正因爲有文字。請試想想：論體能，人類遠不如蟑螂與螞蟻；論智慧，經科學方面的驗證，具有高度智慧的生物還多得很，祇是牠們的智慧都及身而了，缺乏經驗累積與傳承的記錄工具，因此在生存競爭的長跑中，牠們都遠遠落在人類的後邊，祇有受役使的份兒。人類也就放開膽，妄自以「萬物之靈」來自豪了。

我國文化悠久，文字更獨具特色。根據朱自清先生所著（經典常談），談及「倉頡造字的傳說，戰國末期才有。那時人並不都相信這傳說，如易繫辭裡就只說文字是『後世聖人』造出來的。這『後世聖人』不止一人，是許多人。我們知道，文字不斷在演變著，說是一個人獨創，是不可能的。繫辭的話自然合理得多。」朱先生並進而推論：「秦以前是文字發生與演化的時代，字體因世因國而不同，官書雖是系統相承，民間書却極爲龐雜。到了戰國末期，政治方面，學術方面，都感到統一的需要了，鼓吹的人也有了；文字統一的需要，自然也在一般意識之中。這時候抬出一個造字的聖人，實在是統一文字的預備工夫，好教人知道『一個』聖人造的字當然是該一致的。……但是，倉頡究竟是什麼人呢？照近人的解釋，『倉頡』的字音近於『商契』，造字的也許指的是商契。商契是商民族的祖宗，『契』有『刀刻』的意義。文字有『書契』的名稱，可能是因爲這點聯繫，商契便傳爲造字的聖人。事實上商契也許和造字全然無涉，但這個傳說卻暗示着文字起於夏商之間。這個暗示也許是値得相信的。」朱先生就學術研究的立場，想沖淡神話的色彩，而要以眞憑實據的史蹟來求其「可信」。朱先生贊同以「商契」附會「倉頡」，來尋求合理的解釋，恐怕見仁見智，很難作爲定論。

文字是由少而多，由簡而繁，不斷在演變，不斷在生滅，認定一人獨創，當然是不可能的。事實儘管如此，却也絲毫無損於這段造字神話的生動性，以及它在我們古老文化源頭上所顯現的光輝。倉頡也好，聖人也好，甚至商契也好，都足以說明一項事實，那就是人類文字的誕生，正足以影響人類的命運，當然是很了不起的。尤其我們的方塊文字，更是富於變化，多彩多姿，不同凡響。至於編出這段造字神話的人，必也是具有特殊智慧的「聖人」。在過去的神權時代，假「神」之名以行，才能行之久遠。這段神話除了在統一並推廣文字的實用性上，發揮了最高的潛在功能，更在先民的腦海裡注入了文字崇高的神聖性，也就提高了文字的價值。

談起我們的祖先，普遍而廣泛地受了那段神話的影響，對文字懷有一種特殊的崇敬——那股單純而又強烈的情操，可能是其他外邦人士所很難理解的。這一優良的傳統，一直維持下來，在半個世紀前，還可隨處察覺到。雖荒村野店，村夫愚婦，未沾敎化，目不識丁，但却往往對任何印有文字的書本視同神明，不敢輕易丟棄；甚至遺落路邊的一張帶有文字的破紙片，也不敢輕易踐踏，多半能小心撿起，用火焚化。這並無官府的任何規定，純出於自動自發，這其間就含有相當可珍貴的成份了。在村塾中尤其易見，一般在明顯處多會掛一只篾編紙糊的字紙簍兒，在扁平的簍面上貼着一張朱紅箋，箋上恭書着「敬惜字紙」四個大字。蒙童們打從入塾認字塊開始，都會先聽到塾師一段惜字的告誡，就不敢把字紙隨便亂丟，如果偶不當心，犯了此誡，手心準挨戒尺。就這樣印入腦裡，由小而老，代代相傳，更融入了日常的生活意識中，凡是識字的，都會受到尊敬。「萬般皆下品，唯有讀書高」，這是過去普遍流行的一種觀念。

由於我國幅員太大，地形複雜，過去交通工具又很缺乏，致文化不易普及，文盲所佔的比例甚高，但敬愛文字的這種觀念已深植人心，不分賢愚，無遠弗屆，無形中也足以形成一種維繫的作用。若說正由於這一普及社會基層的觀念奠定了深厚的基礎，才足以支持我們文化傳統的源遠流長，似並不爲過。

由於滿淸的積弱，不能從自我的文化中力求振興，却懾於外國的船堅砲利，而徒然生出崇洋的心態，妄自菲薄，蔑視傳統的一切，形成諸多偏差，固不待言。那段造字的神話，當然已成了無稽之談，毫不足道。一般知識份子，醉心於科學，把文字僅當成記錄的工具來看，也僅能從定型的鉛字印刷中尋求它的實用價值，似已完全忘了我們方塊字所具的特性，更無法體會到在此種特性中所蘊涵的藝術價值，這是很可惜的。

第一篇　方整的結構

——中國文字的造型與演變

第一章　文字的外觀與內涵
——字例的分析

我國文字係屬單音單形的方塊體，在結構上自具章法，有待深入探討；即單論外形，也很合審美的條件。林尹先生在其〔文字學概說〕一書中曾談到：「在形體上，中國文字由依類象形，進而爲形聲相益，循繪畫直系而發展，所以字字如畫，富有美術上的意味。尤其是古文和篆書，這種繪畫式的字體，更富藝術性。」

一、傳神的具象

誠然，在我們以毛筆書寫的文字中，有很多接近於圖畫的，尤以篆書的象形字更屬顯而易見。爲便於印證，且就象形字的動物字彙中舉出些實例，以供欣賞：

以上八個字，依次爲：「虎、馬、鹿、象、豕、犬、鳳、鷄」，都是以幾筆簡單的線條所構成的形象，都能各顯特性，不僅形肖，且頗傳神。其中如虎的潛草疾竄，馬的迎風而馳，犬的搖尾奔逐，各具騰躍活潑的氣概。又如鹿的輕盈柔麗，象的穩重凝威，鳳的雍容華采，鷄的溫純佇立，各具祥和寧穆的韻致。以上八形，不論其所鈎畫的動態抑或靜態，都能各具神態，讓人看了不僅觸目易解，且會有一種喜悅，一種驚嘆，驚嘆於造字的古人，不僅具有高度的智慧，而且還是很高明的寫意畫家。

二、完美的對襯

在篆書中，還可看到許多很對襯的字，爲便於辨識，且從日常器物中舉出幾個字例：

以上八個字，依次爲：「車、笠、帶、盅、鼎、壺、册、琴」，在結構上都相當整齊，完全對襯，具有圖案的美，便於供作剪紙，或作通俗的裝飾之用（後面另有說明）。

三、井然的組合

篆書中有以兩字並列而組成一個字的，還有兩字縱列組成一個字的，以及以三字鼎立組成一個字的，分別舉例如下：

以上三排篆書，第一排依次爲：「林、並、珏、羽、棘、赫、絲、雙」。第二排依次爲：「呂、炎、圭、友、多、棗、哥、戔」。第三排依次爲：「森、焱、卉、淼、磊、晶、奔、轟」。此類結構，在排列上顯得更整齊，不僅在字形上具有圖案的美觀，且字義的內涵更加充實而豐富。茲試析其內涵，以「木」字爲例，單木意指一棵樹，僅具獨立的形象；雙木並立，意指多樹相接而成林，則其間枝繁葉茂，鳥語蟲吟，就很易觸動想像；三木參差簇立，意指更多棵樹的密接，則高枝牽雲，濃蔭蔽日，在幽邃莫測中自有森然的感受。再以「水」字爲例，單水乃屬一股細流，僅見微波漣漪，而多股聚成浪濤，奔湧相逐，自具廣淼浩瀚的氣勢。還有那三車組合而成的「轟」字，多輪列陣，同時奔進，在聽覺上也自然會有一種震動的感受。諸如此類，經複字組合後的新字，乃使字質更富張力，使意境益加生動，詞性的流用上也更爲活潑，而且觸目易解，每生逸趣。

四、躍然的動感

在篆書中還有作爲動詞用的單字，其字形在外觀上就很富動感，且舉字例如下：

以上八個字，依次爲：「行、射、飛、吹、炙、益、盥、舞」，在形態上都能各自顯露出動的特徵。請仔細端詳，那「行」字不是很有從容安步的意態麼？至於「射」字，既已箭在弦上，正有一扣卽發之勢。「飛」翩翩而起，有馮虛飄逸的情致。「吹」字張着大口，一副站不穩坐不穩的形象，不免會讓人聯想到一些愛吹牛的傢伙，在情不自禁中常易流露出的那種撩笑的狂態。「炙」字是一塊肉懸在火上，火舌不停地上探，肉也要不停地翻動，這是原始人類生活的一部份，目前也頗流行，喜愛郊遊野餐的朋友們，自能體會到那種情景的。「益」字乃水已升到皿上，且已超出皿的外邊，用以表示物質上或精神上收獲的增加，很有強調的作用。「盥」字爲雙手從皿中掬水的鏡頭，水正隨掬而上，也正是人們洗面時瞬間把捉到的趣味鏡頭。「舞」字從外形上就很容易讓人幻想到一位盛裝的釆女，在旋舞中裙裾隨風而起，自覺賞心悅目。

五、深遠的寓意

還有值得一提的是，六書中的會意字，在造形上固不如象形字能以外貌取勝，但在其義涵上頗多具有深度，其間的意境，值得細加玩味。仍按篆書舉幾個字例：

以上八個字，依次爲：「明、公、信、忍、貧、家、用、武」。其中「明」字的組合，是把日與月兩個最亮的發光體湊在一道，在視覺上自有一種強烈的感覺，乃延伸到內心洞澈的感

受，「方其貫日月，生死安足論」，先賢文天祥的這種感受，正是內外明澈的浩然境界。

「公」字是八與ㄙ的結合，「八」的原義是分開，也就是相背的意思。「ㄙ」爲「私」字的初文，也就是較古的雛形字。兩者相合而產生的這個新字，正適切地表達出字義，那就是必須與私相背道，始足以言公。這種一針見血的啓示，可惜後人已很少能夠深察，也很少有此警覺，不免公而懷私，有負古人創造此字的苦心。

「人言爲信」，已成爲社會基層相當流通的口語，雖販夫走卒，也能隨口道出，很有提示告誡的作用。從「信」的字面上解釋，很簡單，人講的話必須實在，具有可信度；掉轉來講，實在可信的話才算人話。試察字外之意，豈不多少還帶點幽默麼？

「忍字心頭一把刀」，不僅是一句名言，也是江湖上很流行的口語，按一般人的想法，心頭上的肉，感覺最爲敏銳，竟然能放上一把利刃，其所需熬耐的痛苦，自是不言而喻，非常強烈，能耐得如此熬煉，才有足夠的勇氣來承擔橫逆，所謂：「吃得苦中苦，方爲人上人。」這正是以忍的功力來發揮積極的功能。想到目前擾攘不安的社會，人慾橫流，暴戾恣睢，恐怕最需要的也正是這個字。

「貧」字是分貝二字相組合，分是代表分割，貝則代表財富，按農業社會的舊觀念，崇尚大家庭的繁衍，以廣多的勞力來耕耘土地，以積累財富，財富最好的來源，也多賴土地，故多代同堂，田連阡陌，鐘鳴鼎食，才是最正常而值得誇示的。分家則多視爲不幸，財富一經分割，而易趨於貧乏，故這「貧」字所產生的惕勵，自然融入這傳統觀念中。目前雖然崇尚核心的小家庭，但農村中的土地財富一經分割，仍難有所作爲，轉又鼓勵大農場的綜合經營，則此「貧」字所蘊涵的義理，仍有其歷久翻新的成份。

「家」字單從結構上看，乃是屋內一口猪，乍看似乎不倫不類，但我們可從人類進化史試作探求，探求到遙遠的時代，那些原始人類由狩獵採集的游牧時期，跨入園藝墾植的定居時期，在生活上確屬是一項了不起的大改進，但收穫必需要一段相當長的等待期間。在這過渡中，乃有一些聰明的人把獵得的活野獸帶回住處來豢養，以便隨時的需用。也許從食用的經驗上得知，豬肉旣肥且多，供食最佳、繁殖又快。把豬養在一間屋子裡（也就是俗稱的豬圈）來繁殖，使人們得有足食而安定的家，相沿成習，直到普遍農耕，穀物可以大量供應的農業社會，凡屬農家，仍多有養豬的習慣。就是貧苦的小農，也會想盡方法，飼養一口，將賸餘的勞力與殘食都投注到這寵物的身上，讓牠吃飽了就睡，享受着常年的安逸，然後作一次徹頭徹尾的犧牲奉獻。於是這一家的採購與嫁娶都得以迎刄而解。反過來看，若是這一家窮得連豬都養不起，或懶得連豬都不肯養，就很可能要瀕於破家的邊緣，其子女也更是成家無望了。細想想，在過去的養豬人家，正是一種勤勞、節儉、儲蓄以積累財富的具體象徵。雖然目前的時代已大不相同，科學文明帶來了許多新的觀念，但那勤勞、節儉、儲蓄以成家立業的三項基本原則，仍然是顚撲不破的。且不論時代變得如何新潮，一個想成家者，如不能循着勤勞、節儉、儲蓄三項原則去努力，以奠定堅實的基礎，想建立一個安定美滿的家庭是不太容易的；縱有邪財成家，邪術立業者，但往往家破名裂，難得持久。如此說來，單從這個「家」字也可看出古人造字的苦心孤詣，雖一個簡單的字形，也可發人深思的。

「用」字是由「卜、中」二字所組合，因其楷體已完全變形，惟在篆書的「𠂢」中還看出原貌來。用，是施行的意思，以卜中（也就是酌定中庸之道）來說明行爲的基本要領。用，也表示作爲，所謂「天生我才必有用」，也正是行爲的積極指標，其間所蘊含的義理，古聖先賢多有精闢的闡釋，有待深入的研究。從通俗的層面來解釋，凡事都有兩個極端，尋求其間適度的標準以爲用，才可得其允當。這種調適的妙用，存乎一心，也正是我們東方人傳統的觀念，若不加深察，很易被目爲迂闊，甚或訾爲落伍。理未易明，且從實例來加以印證，西方人是慣走極端的，法國大革命，爲的爭取自由，爭到極端，居然形成殘暴，使諸多罪惡得假其名以行。美國的科技研究，固極輝煌，美其名爲「尖端科技」，力求突破而不免走上極端，結果破壞了基本人性的調適，更破壞了自然生態的調適，而形成一種危機。過猶不及，我們東方人對這「用」字所持的觀念，若放之西方，對他們很可能有一種補救作用。

「武」字常見的詞彙如「武力」、「武功」以及「尙武精神」等等。「武」在本質上是指一種堅強不屈的力量，却往往易被誤解，一有偏差，卽會發生很大的錯誤。像古代的秦始皇，是很重武功的，用之不當而形成暴政。漢武帝也崇尙武功，雖足震大漢的天威，却使國力漸趨衰竭，貽下後患。至於拿破崙與希特勒，更迷信武力，大動干戈，逞一時的橫暴而形成災禍。日本人崇尚所謂「武士道」，襲用了我們的漢字，却曲解了我們的「武」字，就想憑那把武士刀來解決一切問題，縱其貪慾，以蛇吞象，而我們抗戰的精神，正可作爲「武」的最佳註脚，祇可惜爲這註脚所付出的痛苦代價，實在太大了。檢討這些歷史上的陳跡，益足顯示出造字的古人對這「武」字所持的灼見。由上面的篆書來察看此字的原貌，乃係「止、戈」二字所組合，戈乃代表兵器，能夠止息干戈的力量，才屬武的精義所在，就很有一種告誡的作用，見字卽明，武絕不是恃強，更不能鬪狠，這字內所涵的義理，如能讓那些以「武夫」自豪的人物多瞭解一點，這天底下也許眞能減少一些災難的。

六、結　語

以上各類，均係舉例性質，若按六書分類的標準，以上的分析不免顯得零亂混雜，缺乏系統與完整性，而且爲了通俗易解，在說明上妄作衍伸，也難免有離經之處，僅希望能從這些簡單的字例及其附帶說明中產生一些鮮明的印象，同時還能獲得初步粗淺的理解，理解到我們的方塊字除了具有一般文字的實用性之外，還兼具高度的藝術，不僅有優美的形態，更蘊藏豐富的內涵。林尹先生在其〈文字學概說〉中有一段簡明而透闢的概述：

在意義上，中國文字隱藏着一種高深的哲學。從「人言爲信」、「止戈爲武」這些形形相益的字，我們可以體會到一種要求言行一致跟講求和平的大國民風度。在許多形聲相益的字裡，也同樣有類似的奧妙的啓發，例如「從心奴聲」的怒字，一個人失掉了理智才會生氣，這時他確已變成了內心情感的奴隸。無怪乎美國有名的作家曼紐爾·科門羅夫自述說：「我每學一個漢字就覺自己更加了解一種偉大的哲學。」是的，每一個中國字，幾乎都代表這個古老民族的智慧，顯示出一個偉大的藝術——人生藝術。

到此，我們可以概括地說：超越於一般文字的實用性以外，中國的文字實在太美了，包括外界美與內在美，像以上零亂的舉例與粗淺的說明是不夠格的。爲欲獲致較完整的印象，必需再進一步作較有系統的說明。身爲文明人，對本國的文字能多瞭解一點，總是好事。若僅爲了消遣解悶，則不妨略過以下兩章，而欣賞其他饒有趣味的部份。其特性略如下析：

(1)以毛筆書寫文字，在視覺上所具的韻律感及其可供高度的寫意，而形成了中國特有的書法藝術。

(2)因其在結構上便於隨意分析及組合，更便於隨與附會或創意，而形成了中國特有燈謎與拆字遊戲；後者更流變到卜筮而兼具一些神話的功能。

(3)由於單音單形的結構而形成一些獨特有趣的文體，如聯語、回文、駢文，及講求格律的詩詞曲等類，都是一般符號拼音文字所無法做到，也都值得深入瞭解。

在這些文體中，不乏莊嚴典麗、生動感人的不朽之作，各類專輯的流傳亦甚多，研讀亦甚方便。在本書中則儘量輯錄較爲輕鬆有趣，及較爲特殊罕見的資料，或可當成「趣談」。

按一般的想法，通俗有趣的文字往往流於淺薄，本書却希望能從淺薄中發掘其較深的層面，掇拾一些笑眼中的淚花，也許另有其感人的成份。況遊戲文體中不僅可供茶餘酒後的談笑取樂，甚至可在教學中作適度的運用，以調劑緊張的學習情緒。比如說，燈謎是純遊戲性的，在課堂上講授四書時，也很可選用幾則謎語來作別開生面的考試，例如：以「藥鋪裡賣棺材」要同學們試猜，其謎底在曾教過的四書某章節中，範圍既明，則較易揣摩。將如此通俗不倫的謎面牽連到莊重典雅的謎底，從突兀中激發趣味，恍悟之餘，當可逗得轟堂大笑，而留下較深刻的印象。其他各類有趣的選例，亦莫不可在教學及團體活動中作適當的運用，也當能收到良好的效果。

第二章　文字的演進及其特性

一、文字的演進

㈠由肢體語言到結繩

人類既營群居生活，相互間的表情達意，就必需要有一種適當公認的溝通方式。原始人類在尚未創出文字之前，所可通用的溝通方式，大致說來，一是靠習慣成俗的姿勢與態度。一是簡單的語言，起初靠生理上本能的發音賦予意義，復繼而模仿外界的聲音以表意，言語才漸漸豐富起來。然後進步到結繩，也就是傳說中的「神農氏結繩爲治」，以繩結的大小或多少，來表示事物的大小或多少，幫助記憶，相互取信，以作憑證，使在溝通上得稍持久，並漸可擴大。

(二)由劃線到八卦

再進一步就以劃出的簡單條紋作爲溝通，比起結繩當然要方便得多。根據文獻的記載：

庖犧氏仰觀象於天，俯觀法於地，視鳥獸之文，與地之宜，近取諸身，遠取諸物，於是始作八卦。黃帝之史官倉頡，見鳥獸蹏跡，分理別異，初造契書。

談到八卦，傳說中的庖犧氏，我們固無法確信，但可當成中國上古史上漁獵時代的代表，那時的初民們從自己的本身，發現男性和女性在生理上有截然的不同，更從外界的自然發現天是渾然相連的一片，地卻是常被河川隔斷而有缺陷。於是以「一」畫來代表男性與天象，還有其他一切的陽剛之物；另以「--」畫來代表女性與地象，還有其他一切陰柔之物。更以這兩個符號爲基，作不同方式的平行重疊，以代表天地間繁多的事物。在那時以不同重疊的符號所表示的事物，現已無法確知。至於周易十翼的說卦所解釋的意思，乃是後人運用那八種不同排列的符號推演出來的，並非原始的含意。按說卦上的釋意是這樣的：

☰ 乾，爲天。

☷ 坤，爲地。

☳ 震，爲雷。

☴ 巽，爲風。

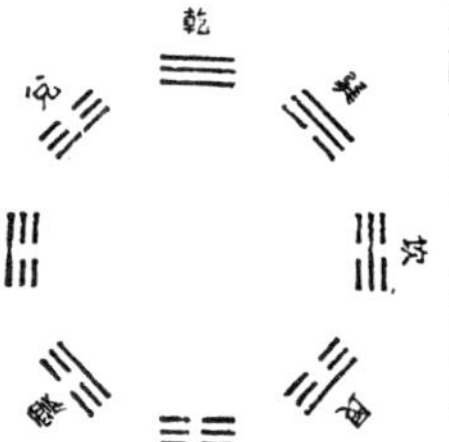

☵　坎，爲水。

☲　離，爲火。

☶　艮，爲山。

☱　兌，爲澤。

依此再演成六十四，使符號更加繁複，得有更多的變化，而形成了精深的易理。

㈢依類象形

至於書契，按東漢鄭玄的解釋：「書之於木，刻其側爲契，各持其一，後以相考合。」是以文字來取信的。許愼所言的「書契」則專指「文字」而言。按許愼〈說文解字〉敍上說：「倉頡之初作書，蓋依類象形，故謂之文，其後形聲相益，卽謂之字。」

所謂「依類象形」，乃是按各類不同的事物，以簡單的條紋勾劃出常見的形象，作爲基本的符號，其方法有二：一是勾劃出具體的形。例如：「⊙」象日的外形，「☽」似月缺時的形相，「巛」象水的流動，「火」象火在燃燒，還有「鳥、魚、龜」（鳥、魚、龜）以及前面曾列舉過的八個動物字例，都能各有其形，很易分辨。另一則是勾劃出抽象的形。例如：「一」、「二」是屬於抽象的符號，泛指出事物的數目，「丨」則表示上下相連，上下貫通，「丄」則表示一物在另一物的上面，「丅」則剛好相反，表示下的位置，「丿、乀」則是表示分別向左、右傾斜的符號，「〇」表示圍繞及外界，「八」表示兩人的相背，也就是分開，都屬抽象的意思。凡是「依類象形」的「文」，不論其具象或抽象，都是獨體的最原始的符號，也就是「初文」。

㈣形聲相益

社會不斷在進化，人事益形複雜，原來應用初文的方式已感無法應付，才又想出「形聲相益」的辦法。依此辦法結合成較複雜的符號，乃稱之爲「字」。按篆書中的「字」乃是由「宀」和「子」結合而成，表示家室內有了孩子，也就是孳生繁衍的意思。這「形聲相益」的方法也可分爲二種：一是「形」和「形」的相益。例如：「信」（信）字是由「人」（具象的形）和「言」（抽象的形）結合而成。「武」（武）字是由「戈」（戈）（具象的形）下加「止」（抽象的形）結合而成。「看」（看）字是由「手」（具象的形）與「目」（具象的形）結合而成。另一是「形」和「聲」的相益。例如：「木、水、火、金」等都屬象形字、其類甚多，與其相關的也甚多。單以木字來看，因爲樹的種類很多，如松、柏、楊、柳、桃、杏、梅、桂等等，眞是不勝枚擧。關係到木材方面的，如杯、柏、桌、椅、柱、樑、檻等等，在日常器用中觸處皆是，如要個個象形，就很難分淸，也不易辨到，所以在字的一邊就形符「木」表示出它的類屬，一看便知與樹有關，再以聲符「松、柏……」等等來註明的它聲音，這就易於分得清楚。以這種活體造字的方法比較方便得多，隨著生活上的發展，字的數目也就日漸增多了。

時至今日，科學發達，新事物更與日俱增，爲了吸收新知識，我們也正以「形聲相益」的方法不斷創出新字，例如在化學原素中：釷（Thorium）、鈥（Holmium）、砷（Arsenic）、矽（Silicon）、氙（Xenon）、氟（Fluorine）等等，一看便知其類屬，較其原文更易分辨。從造字的方法與結構來看，也可說是中國文字的一項優點。

從上面逐段的說明中，我們已可概略得知中國文字演進的過程，乃是由「文」（依類象形）到「字」（形聲相益）。由文成字，尚須經歷「半字」的階段，其間包括四種情形：

1.增體：如由「又」增成「叉」、「夬」，由「木」增成「末」、「果」等等。

2.省變：如由「月」省成「夕」，意指月半現時。由「大」變成「夨」，頭頸傾側，象病死態。

3.兼聲：如「金」乃是「土」土中之物，兼從「今」聲。「齒」乃是「𠚕」口內之器，兼從「止」聲。

4.重複：如由「一」重疊而成「二」、「三」。由「屮」聚集而成「艸」、「芔」。

經過「半字」階段，乃有純粹的含意與形聲兩種合體字的出現，再加上符號，就形成更多的「雜體字」。

構成文字的三要素是形、音、義。林尹先生在其〈文字學概說〉中也說得簡明扼要：

「而中國文字，在字形上，既記錄字音，又表現字義：在字音上，或效物形的音，或效物義的音；在字義上，既源於字形，又源於字音：形、音、義三者之間，綰結得尤其密切。」

二、文字的特性

根據前文的瞭解，加以歸納，按林尹先生的分類，有以下四點：

㈠完整性

論及中國文字的構成，已如前述，不外「獨體」與「合體」兩種，都具「完形性」。周先庚先生對中國文字作分析，曾爲文指出：

「每字有每字的個性；每字的結構組織，都像一個小小的建築物：有平衡、有對稱、有和諧。字與字的辨識，因此就非常有標準，特別不容易模糊。比較西洋文字，每字是個大同小異的字母所組成，而又橫列成一平線；字與字間的個性、完整性，或

『格式道』，就少得多。」（按：格式道是 Gestalt 的音譯，意指「完形」）。

由初文合成一個字，普通有左右排列的，如「理」字「論」字；上下排列的，如「簡」字「繁」字；或內外排列的，如「固」字「國」字。林尹先生乃指出：

「學習中國獨體的『初文』和由二三個初文合成的『字』，當然要比由平均七八個字母構成的西方文字便利了。」並引述董作賓先生的話：「我們文字現在雖已距離圖畫甚遠，但每個字自成一個獨立的單位，具體的代表一個語言、一個印象、一件事物，試之初學幼童，反較拼音文字爲易記，教育心理學者多次測驗，可資證明。」

(二)統覺性

統覺性係指學習上利用舊觀念造成新觀念的歷程。以單體初文爲基礎來瞭解其合體字的意義，或以合體字爲基礎來瞭解其兩字以上的複音詞的意義，觸類旁通，都易推想。

按字例來解釋，更易明白：如既知「論」字的字義爲「言語有條理層次」，即可附帶理解到組合它的兩個初文：「言」和「侖」的音義。「言」代表「言語」，也可聯想到同屬其部首的字，如：談、誇、訥、訕、諷、誦、讀等等，都與言語有關；「侖」是「ㄌㄨㄣ」的音，也含「條理層次」的義，所以也可聯想到以聲符「侖」所組合的字，如：倫、掄、淪、棆、綸、輪等等，可能多近於「ㄌㄨㄣ」的音，而且也多可能近於「條理層次」的義。再以「論」字爲基礎，可以推想到許多「複詞」，如：論價、論解、論學、論據、論決、論爭、論次、論述、論證，以及言論、高論、謬論、議論、理論、辯論等等的詞義。確如林尹先生所提示的：「這種『統覺性』，世界上沒有任何一種文字能夠趕得上中國。」

㈢穩定性

中國的方塊字是以字型標示音義的，其中大部份標義之外，也兼標音，不同於其他拼音文字是以字形標音的。兩者的優劣如何，經林尹先生列舉國際間的實例來加以分析，作爲具體的說明。印度雖以梵文爲主，但各地依方音造出的文字，竟有三十多種，因缺乏一種共通文字來維繫民族感情，也足以形成動亂的因素，這正可看出拼音文字因空間距離而必然產生的分歧現象。十七世紀莎士比亞作品中許多文字，已與今天的英文不同，儘管英文字隨着英語在變，仍無法作到「看字讀音」的地步。日本文字有一部「假名」也是標音的，經過第二次世界大戰的短短時間，就發生了巨大的變化。這又可看出拼音文字因時間推移而必然發生的分歧現象。相形之下，林先生更明白指出：

「再看我們中國，雖然語言方面有官話方言的差異，寫在紙上却無東西南北的分別。……正因爲我們使用表意文字，所以數千年文化能夠一脈相傳；許多種方言，也由文字統一起來，形成一個有七億人口的偉大民族。這種文化的持久力，民族的凝聚力，正是中國文字特有的『穩定性』的成果。」

㈣藝術性

中國文字，由於方塊單體結構，在形態上能自我完足，筆劃的安排，交錯掩映，勻稱適度，充溢着視覺上的美感。按林先生說法：

「因此中國的文字非但可以入畫，和題在畫面上以增加美觀；而且本身也可製成單幅或對聯，作爲獨立的藝術品，成爲空間藝術的一種。」

談到字音方面，林先生又指出：

「中國文字一字一音，又有平仄的不同。所以排比對仗起來，一個字對一個字，一平一仄，可以對得非常整齊。」

正因如此，在駢文以及講求格律的詩詞中，都能充份顯示出中國文字在聽覺上所具節奏的美感，抑揚頓挫，也正是一種時間的藝術。

第三章　文字的構造與運用

——六書的簡介

文字的產生，是由少而多，由簡而繁，逐漸孳衍的，初無定法，不過約定俗成而已。其後根據既有的文字加以分析，才歸納出六種基本法則，以後再造新字，也都脫不了這六種法則。既有軌跡可循，爲新的需要而創造新字，自然比較容易得多，這就是中國文字學上所謂的「六書」，也就是中國文字在結構與運用上所特有的六項法則。

六書的名稱及其排列的順序，因古人從事這方面研究者各具觀點，不免有些大同小異的出入，根據林尹先生在〈文字學概論〉上列表的統計，有十四家之多。其中較具代表性的，似可推班固與許愼兩家。班固是史學家，係根據我國文字發展的過程而將此六項法則順序排列爲：象形、象事（亦卽指事）、象意（亦卽會意）、象聲（亦卽形聲）、轉注、假借。許愼是經學家，係根據其對宇宙人生的看法：「道立於一，而生兩儀，轉成三才」，乃將此六項法則順序排列爲：指事（道立於一，一乃指事的初文）、象形、形聲、會意、轉注、假借。

在基本上，我們必須先有一個瞭解：象形、指事、會意、形聲，乃是中國文字構造上的四項法則；轉注、假借，乃是中國文字運用上的兩項法則。從以下分項的說明及舉例中，當可獲得較具體的印象。

誠如林尹先生所指出的，許愼對六書所賦予的名稱較爲恰當，而班固對六書的排列，也足以顯示出文字發展的過程，也較易瞭解，以下即按此排列作分項的說明。

一、象形

象形文字乃是以簡單的線條畫出事物的輪廓，能顯出各自的特徵，使之易於辨識的單體初文，也許現在通用的楷體爲求方整便於書寫，經筆劃上的改變，多半已失却原貌，祇有查證較古老的篆體，才能看得較爲明顯。

以簡單的線條勾劃出事物的輪廓，而又能表現出特性，就必須注意到觀察的角度。以人觀物，不外可採以下五種角度：

1. 仰視——如「」（日、月、雲、雨）等等。
2. 俯察——如「」（田、水、川、井）等等。
3. 正視——如「」（山、木、口、眉）等等。
4. 背視——如「」（牛、羊、矢、燕）等等。
5. 側視——如「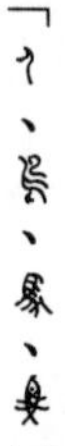」（人、鳥、馬、魚）等等。

附帶說明一下，有些象形文字，若按其所象的物性，本應是橫，而却成爲豎的。例如正規的「目」（目）字、背視的「車」（車）字，以及側視的「魚、龜」（魚、龜）字等等，本是橫的，結果都成爲豎的。大約是此類文字既已脫離圖畫，而當成符號後，已不太重視圖畫的要求，只要無碍於辨識，且已用成習慣，也就不必計較了。

另有值得注意的是，象形文字並非全是純象形的，爲了易於瞭解，且分別列舉一些字例如下：

㈠純體象形的字例

I.屬於天象的

此類的字除前面已擧過的「☉」（日）、「月」（月）、「云」（雲）、「雨」（雨）而外，還有「电」（電）、「气」（氣）等字。日是經常圓的，故以圓圈勾劃，一看便知。月雖有時很圓，若依此勾劃，則易與日混淆；因其缺時較多，乃把握此項特性，以月牙兒來取形。雲字的古文也有作「云」，上半象雲層，下半象雲形；後來因云字借作與「說」字類似之用，如「詩云子曰」的「云」，乃將云上加雨，以標明其屬於自然的天象。電字在前面所擧的「电」乃是古文，很能把捉閃電於刹那間的顯現，另古文「申」，籀文爲「𩃬」，可能是一條閃電直下或曲下，而突映出兩邊雲層的景色。古人相信雷、電均係出於神力，且名其神爲「雷公、電母」，乃又將帶有祈求意味的「示」字加於「申」旁，以代表一般神靈，如此推衍，也很易理解。

Ⅱ.屬於地理的

此類的字除前已舉過的「火」（火）、「山」（山）、「水」（水）、「川」（川）、「田」（田）而外，還有「𨸏」（陸）、「泉」（泉）、「厂」（厓）等字。火、山、水、川、田等字，從篆書中一看便知。至於「陸」字，按篆書它很像地勢的層層相疊；由「𨸏」也可探尋到一般字典的「阝」旁何以从「阜」了。至於「泉」字，愛登山的朋友們往往可在澗的源頭上發現一股由石縫中湧出的泉水，先匯成一個圓形的小水塘，然後循澗而下。印證篆書的「泉」才知很相像，也可知道此乃單體的初文，而非楷書「白、水」的合體字，若按此合體來妄作析義，就很難解釋了。還有「厓」字，按篆書「厂」也是簡單的初文，乃是山腰平台邊側觀的形象，後因利用這一初文組合成許多新字以表新義，乃在這初文下補充了兩層土，以使原義明確，更在其上加「山」，以示山邊的崖；旁邊加水，以示水邊的涯。由這裡也可看出一些推衍新字的法則來。

Ⅲ.屬於人體的

此類的字除前已舉過的「□」（人）、「□」（子）、「□」（目）、「□」（口）、「□」（心）而外，還有「□」（而）、「□」（呂）、「□」（手）、「□」（力）等等，其中人、子、目、口、心等字，從篆書中也是一看卽曉的。至於「而」字，其義爲鬍鬚，且看篆書「□」最上的一橫像是鼻端，橫下的一小直像是人中，中間的「□」像是嘴上的髭，下面的「□」則像嘴下的鬚。至於「呂」字，其義爲脊骨，且看篆書「□」像脊椎的節骨。至於「手」字，若看篆書，也是五指分明。還有「力」字，像人筋脈的條理，當人筋脈顯露的時候，也正是力的表現。

Ⅳ.屬於動物的

此類的字除前已舉過的「□」（虎）、「□」（馬）、「□」（鹿）、「□」（象）、「□」（豕）、「□」（犬）、「□」（鳳）、「□」（鷄）、「□」（牛）、「□」（羊）、「□」（鳥）、「□」（燕）而外，尚有很多，都能各肖其形，易於辨識。還有「□」（貝）、「□」（肉）、「□」（易）、「□」（萬）等等，在楷書中不但失去原形，且有失去原義的，如「易」字原是蜥易，在草中的俗稱四脚蛇，壁上的俗稱壁虎，在篆書的頭與四脚，尙依稀可辨。又如「萬」字原是虫類中的蠍子，因蠍產子很多，後來假借作數字的單位，居然一借不還，喧賓奪主，害得原字作虫類用時，下面還得再加個「虫」字，卽「蠆」字，義爲像蠍的毒虫，及蜻蜓的幼虫。至於能表原義的「蠍」字，則屬另起爐灶的新創。大約字間的糾紛，亦略似人間的糾紛，有些纏扯，未必盡上理路，看穿了均可付之一笑。

V.屬於植物的

此類的字除已舉過的「卉」（卉）、「木」（木）、「林」（林）字而外，還有「艸」（草）、「竹」（竹）、「禾」（禾）等字，都屬易辨的。另有「朮」（朮）字，乃是高粱而強調上頭的大穗子。「韭」（韭）字乃是我們常吃帶辛味的菜類，強調下部的粗莖及包莖而生的葉子。「瓜」（瓜）字在兩邊的莖蔓中間，強調一個圓形的大實。至於「尗」（尗）、「來」（來）等字，究其楷書已不可辨。按「尗」乃豆類，中間一橫表示地面，上像帶葉的莖，下像豆類的瘤根，此乃初文，以之組合成的新字很多，故以其旁加「又」，其上加「艹」而成「菽」字，以作爲豆類的總稱。「來」原本是麥，像其下垂的穗與芒，也因被假借爲往來的來，而不得不在原形下再加些筆劃，乃成專示原義的「麥」字。

VI.屬於衣服者

此類的字如「糸」（系）字，乃是細絲，很像纖絲後束成一紐的樣子。「衣」（衣）字，古人服裝，上曰衣，下曰裳。按篆書的「衣」字，像衣領兩肩左右襟相掩之形。「求」（求）字，乃是「裘」字的初文，像獸皮之形，也因「求」字借作他用後又加個「衣」字，以明屬於服裝一類。

VII. 屬於居室者

除前已舉過的「宀」（宀）字、「井」（井）字而外，還有「戶」（戶）、「門」（門），以及其他「瓦」（瓦）字等等。且看「宀」字的甲骨文爲「宀」，就很像屋側的外形，以此初文分別組合成「家、室、宮、宇」等字。「井」爲井上的木欄，欄框中的一點，象徵汲器。「戶」乃單扉之形，「門」乃雙扉相對之形。「囱」是窗的初文，外像窗框，內像交木，若從其古文「囱」字來觀察，更像美工設計的窗子。「瓦」是窯內燒出土器的總稱，很像屋瓦的外形。

VIII. 屬於器物者

除前已舉過的「鼎」（鼎）、「壺」（壺）、「車」（車）、「冊」（冊）、「琴」（琴）、「矢」（矢）而外，還有「酉」（酉）、「勹」（勹）、「皿」（皿）、「几」（几）、「舟」（舟）等等。「鼎」爲三足兩耳的烹器，若看古文的「鼎」字，就更易瞭然。「冊」是以竹片編列的簡冊，用以記錄文字的。「酉」乃盛酒之器，其旁加「水」，以示與其有關的液體，自然可以推想到「酒」（酒）了。「勺」爲挹取用器，上爲柄，勺口中的一點，象徵所盛之物。「皿」乃飯食用器。「琴」像琴上的雁柱與絃。其他各字，形義都屬易解的。

(二)變體象形的字例

從象形的初文或加或減，或添聲符，而有所改變，分別舉例如下：

I. 增體象形

如「雲」（雲）、「電」（電）、「州」（州）、「岳」（岳）、「石」（石）、「母」（母）、「果」（果）、「巢」（巢）、「樂」（樂）等等相當多的字，不能一一列舉。「雲」與「電」的初文爲「云」（云）與「申」（申），都因借作他用，乃各在上面加「雨」頭，既明顯出原形，更明辨出原義。「州」乃指水中可居的一片陸地，將「川」（川）字的中間多增一曲線，而形成居中的範圍，使形義都很顯然，亦可見出古人造字的匠心。「岳」乃山上更見大山，「石」是厓邊露出一大塊，以形中義，都可不言而喻。「母」乃是「女」（女）的體上多了兩個大乳房，「果」乃「木」（木）的梢上有了個圓實，都可使形義俱顯。「巢」上「巛」是三個露出的小鳥頭，中間乃是鳥窠，下面是樹的枝丫；「樂」上部中「白」係一大鼓，兩邊則像四隻附屬的小鼙，下部則是木架，看來這個字也夠寫實的了。

Ⅱ.省體象形

如「𠂤」（𠂤）、「烏」（烏）、「片」（片）等等。「𠂤」乃較「𨸏」（陸）少了一部份，以象徵比大面積的陸地較小的阜。「烏」乃指烏鴉，因其全身皆黑，黑眼珠乃不易見，故去頭上代表鳥眼的那一點，以顯其特徵。「片」乃是「木」（木）字被剖開，只見一半，剖開部份是平面，也就顯出了字義，若當成版字的初文，亦易理解。

Ⅲ.加聲象形

如「齒」（齒）、「函」（函）等等。「齒」的下部「𠚕」像口上下有齒之形，上部「止」為止聲。「函」下「𠀠」像舌的外形及舌上的紋理，上部為「马」聲。

二、指　事

所謂指事，乃是以抽象的符號標示出抽象的觀念、狀態、動作及名稱等等，能讓人「察而見意」，當然更利於人際間的表情達意。用於指事的符號有純抽象者，如：「一」（一）字用來表示任何一種事物的基數。「九」（九）以兩條很曲折的線條相交會，引申爲個位數之最大者。用於指事的符號也有以抽象配合具象者；如：「旦」（旦）字是以一條直線來代表地平線，在此線上出現的太陽，顯屬早晨的時光。「西」（西）字乃是鳥息在巢上，上面的鳥雖彷彿似之，但與「鳥」來相較，顯已簡化爲抽象，而鳥下的巢則爲具象。察其本意，乃屬栖的意思，再經過推想，鳥已息於巢，自是黃昏時候，亦卽日落的景象，後來更假借爲指示日落方位的西，而爲了明確原義，乃在「西」字旁邊又加個「木」字。

㈠指事正例

除前舉之「一」、「九」、「旦」、「西」等字而外，還有很多，仍宜從篆體中觀察，始可顯見字意。如：「上」（上）、「下」（下）兩字，係以一橫線條代表主體之物，在此主體上下之物，正可標出縱的空間序位。「累」（累）字，每個三角形都象徵着土塊，如此相疊，就顯出積累的意思。「入」（入）、「出」（出）兩字，是分別向地面上下展伸的形像，「入」象徵草木莖下的根，分岔生入土內，「出」象徵草木的許多芽葉冒出土外，此乃從植物根芽生長中得的字彙。「不」（不）、「至」（至）兩字，是取鳥分別向上、向下飛的結果。「不」上面的一橫乃象徵天空，下面乃象徵銜上而飛的鳥，直飛的結果，必然會不見了。「至」上「𠂉」乃象徵向下飛而達於栖息點，雙翅合攏於體的鳥，下面「土」象徵泥土的地面，當人能看到鳥落地面的時候，正是來至眼前了。「飛」（飛）字正像鳥的伸頸張翅而飛，把握了此一動態，非常傳神。「齊」（齊）字，乃是象徵豐滿的麥穗生長整齊的景象，若再看鐘鼎上古文的「齊」，象徵麥穗的平頭併列，意義更爲明顯。

㈡指事變例

I.增體指事

此類的字也相當多，較明白易解的如：按前所舉「旦」（旦）字，乃象形的「⊙」字下面加了一橫，象徵地平線，其所顯示的意義，已如前述。「災」（災）字，是在象形「巛」字中間橫加一象徵的障碍物，試想：正在川流不息的水，經此一堵，必然泛濫，泛濫的結果，就必然成災了。「保」（保）字，上面乃象形的「子」（子）字，下面加的「八」乃象徵兩隻擁抱的手臂，明指出保育中的動作。按這一「保」字乃是初文，後因轉借他用而又在其旁加一立人，以明原義。「立」（立）字，上面的「大」乃人的象形，下面新加的一橫象徵地面，正指出人站立的姿態。「本」（本）字，是在象形「木」字主幹下段加上一小橫象徵的符號，以指出樹木主幹下的部位正是生長枝葉的本源所在。

Ⅱ.變體指事

此類的字如：「県」（縣）字，乍看頗不易解，且先觀察古文的「𦣻」（首）字，乃屬腦袋上長著頭髮的象形；這裡却顚倒過來，頭髮向下，正可指出人被懸起了，亦正是「如解倒懸」的那個「懸」字的指意。按「県」亦初文，後因轉借他用，乃又在其旁加「系」，其下加「心」，以明原義，並能使原義更豐富，因爲它不僅顯示出具象的懸，且更推衍到抽象的內心之懸念。「叵」（叵）字，乃篆書「可」（可）字形的反轉，字義也正好相反，乃指明爲不可。「交」（交）字，乃是將篆書的「大」（人的象形）字下面兩條腿予以變形，使之相曲相交而指出字義。

Ⅲ.省體指事

此類的字如：「卂」（迅）字，乍看亦頗費解，這個字的創造者也是從鳥身上獲得的靈感，他看到鳥在剛起飛的時候，不僅頭頸及翅膀等部位分明，甚至連毛羽也能看得清，但越飛越快也就越遠，所能看到的只是依稀的形象，頭頸不見了，翅膀也不見了，當然羽毛更不必提，於是把握住了這一瞬間的動態，將原篆書的「飛」（飛）字減去了頸羽及翅羽，以成這一「卂」（迅）字的初文，其間頗見巧思，也帶點趣味性。「夕」（夕）字，乃是月亮依稀的淡影，當太陽剛落山，月亮隱約出現時，我們往往會看到月亮不太明顯的輪廓，一部份的弧線尚屬可辨，而另一部份則與雲采相淡化，看不出明顯的界線，必待天黑定後，才能顯出明月來。造出這字的古人縱非天才畫家，也是很善於觀察景物的，他將原篆書的「[篆文]」（月）字消滅去一條弧線而成「[篆文]」（夕）字，只要我們能稍從上述實景中體會，就不難想像到白晝與黑夜的臨界時間，如此指事的方式，也是相當活潑的。

三、會　意

顧名思義，所謂「會意」，乃是把兩個或兩個以上的初文結合成一個新字，使它產生新義，而易於從這組合中領會得之。值得附帶提醒一下：上述的「象形」與「指事」多爲獨體的初文，而「會意」乃是以初文組成的合體字，故其字的結構自然更較繁複，含義也更豐富。如「人言爲信」、「止戈爲武」等等的組合，在前面已分析過，他如「[篆文]」（男）字，乃是「田」與「力」的組合，古代農業社會，丁壯主耕，故以「田力」的組合來標示出男人，自易體會。又如「[篆文]」（婦）字，乃是以「女」與「帚」的組合，傳統舊社會，女必主內，以女帶着帚，正是日常作家務的具體象徵，亦正可體會出在傳統社會中婦女所應扮演的角色。以下再作分類擧例，俾可獲得較有系統的瞭解。

(一)會意正例

I. 異體會意

此類的字除前已舉過的「公」（公）、「信」（信）、「安」（安）、「武」（武）、「用」（用）、「男」（男）、「盥」（盥）、「炙」（炙）等字，且已作過分析外，再舉幾個較明顯的，如：「苗」（苗）字，乃是田上生出整齊的嫩草，一般情況當非野草，而是種植的禾苗。「雀」（雀）字，按「隹」（隹）乃鳥類，在其上加一「小」字，故從這「雀」字可以體會出是小型的鳥類。「析」（析）、「束」（東）兩字，在木旁加斧（按斤亦作斧解），可能的情況是木將被剖開；在木的中腰綑起，顯見木已被束攏。「東」（東）、「杲」（杲）、「杳」（杳）三個字，放在一起看也很有意思。在原始的社會中，太陽與樹木當是很常見的，也自然就能從其間體會出許多的意來。當太陽升起，尚在樹木中掩映的時候，那方位是明確可知的。當太陽已經升高到樹木之上，在視覺上當然會產生明亮的感覺。當太陽已沉到樹木之下，天已昏黑，眼前的景物自然杳不可見了。

II. 同體會意

此類的字除前已舉過的「友」（友）、「哥」（哥）、「多」（多）、「棗」（棗）、「棘」（棘）、「林」（林）、「炎」（炎）、「赫」（赫）、「　」（並）、「戔」（戔）、「卉」（卉）、「淼」（淼）、「森」（森）、「晶」（晶）、「磊」（磊）、「轟」（轟）等字，且已作過部份的分析外，再舉幾個較明淺的。如：「玨」（玨）字，乃是兩塊經雕刻的玉能合攏成一塊完整圖案的玉器。「品」（品）字。古人慣以三或九來代表衆多數。以三口人來代表衆庶，可藉以體會出品類的字義。還有「步」（步）字，分析起來也頗有用意。按古文的「止」字乃象徵左脚趾，「𣥂」字象徵右脚趾，以左右脚趾前後交遞，如此動態，正可明示出舉步的字義。想到目前有些粗心大意的人往往在「步」字的腰右邊加上一點，幾乎積非成是，若能從這字的結構上理解到原義，就不致再有訛誤了。

(二)會意變例

I.省體會意

此類的字如：「支」（支）字，按篆書的上部份爲竹葉子，下部份爲手，相合而會意，乃是以手去取下竹葉子，賸下來的就只有竹枝了。「昏」（昏）字，上部的「氏」字省去一橫，此字的原義爲下方，經組合後，所可會意的是太陽已低下去了，因而在字義上就會產生昏沉的感覺。「孝」（孝）字，上部份爲「老」字省去「匕」，組合後，可以顯見的乃是兒輩頂著老輩。如此造形，把奉養的意思表現得具體而又鮮明，此種道理，也正合孝道。觸目而明字義，這絕非如一般拼音的符號文字所能及的。

Ⅱ.兼聲會意

此類的字如：「吏」（吏）字，乃是在「史」上加了一橫，以兩種意義組合成新的字義，「一」可作專一解，各竭專長，一心不二，可屬操守的範圍；「史」乃包含法令掌故及一切經驗的積累，可屬學識的範圍，故此一字已明白指出爲吏者必須具備以上兩項基本條件，否則不是貪墨，卽是濫竽，按吏與史乃屬疊韵。「警」（警）字，在「言」上標示一個「戒」字，亦可體會出這種組合的內涵，必先具戒愼虔敬之心，然後發言，其對自我所作無聲的警惕，自能產生激發作用；或對他人所作有聲的警誡，當可令人誠服而生策勵作用，否則不是自我哄騙，便是信口雌黃，毫無作用可言。按警與敬亦屬疊韵。

四、形　聲

形聲字乃是「形」和「聲」的配合。大體言之，乃是事物共通的形（或質），配合事物特有的聲，從類中求別，繁衍新字，以適應人類生活發展中新的需要。就造字的方法上來衡量，以形聲的方法來創造新字，實在是一項重大的突破。且以「江」、「河」二字爲例，來加以說明：按長江與黃河，都同屬巨大的河川，欲分別造字，在象形、指事與會意的法則上都無法求別。祇有以其通形（通質）配合其特有的聲來分別造字較爲方便。當未能分別造此二字之前，古人見長江流經岩石間，慣發出「工工」聲，於是就叫它爲「工」，黃河流經沙灘，慣發出「可可」聲，於是就叫它爲「可」，造字者乃以其通形的「」（水）加上其已分別賦予的聲，輕而易舉地就組合成字了。他如「鷄」、「鴨」等字，乃分別取其鳴叫聲，加「鳥」而成；「銅」、「鐵」等字，乃分別取其撞擊所發之聲，加「金」而成。

另外還有一大部份形聲字，是由初文孳生出來的。例如：由「羊」、「示」組合而生的「祥」字，及由「羊」、「食」組合而生的「養」字等等。「祥」、「養」二字，非但聲本於羊，義亦由羊孳生而得。請試想：先民打獵得羊，這正是吉祥的兆頭；飲有羊乳，食有羊肉，這正是經常最好的營養。

若以形聲字與象形及會意之類的字來作一比較，在創造新字的方法上實在是一大進步。且以「」（鳥）字爲例，係象形而得，僅能表示籠統性的鳥類，勉從類中求別，也僅能察出鳳凰彩羽上的特色，而創出一個象形的「」（鳳）字；還有烏鴉黑羽上的特色，黑得不易看出鳥眼，而創出一個減體象形的「」（烏）字；以及根據小型體的鳥而創出一個會意

的「□」(雀)字等等，可說非常有限。而鳥的品類至繁，如何一一付予專稱，以創新字，端賴形聲的方法最爲簡便，以鳥形配聲的字，可謂相當的多。其他「艸」頭、「木」旁、「金」旁及「玉」旁等類所創的形聲字也都大量出籠，而且更易於不斷創新。如化學上翻譯而得的名詞。前曾列舉過的「釷」、「砷」、「氙」等等，都是按形聲的方法，隨時配合而得，且能依字別類，較外國原文更具優點。

關於形聲字的形符與聲符所配合的位置，唐儒賈公彥列舉出六種字例，經林尹先生就後二種錯誤字例加以修正後，計爲下列：(1)左形右聲的，如「江河」之類；(2)右形左聲的，如「鳩鴿」之類；(3)上形下聲的，如「草藻」之類；(4)上聲下形的，如「婆娑」之類；(5)外形內聲的，如「圃囿」之類；(6)外聲內形的，如問聞之類。

外在的萬事萬物既舉之難盡，內在的思想觀念更是變化無窮。發爲語言，固無極限；形於文字，也永無休止。以形聲創字，簡便既如上述，放在六書的四體中，字數佔絕大部份。仍作分類舉例如下：

(一)形聲正例

1. 聲韻畢同者——如禎、瑀、牲、物等字。
2. 四聲之異者——如禧、根、稽、梗、怛等字。

3.聲同韻異者——如員、允、思、匿等字。
4.韻同聲異者——如翁、胡、蒿、許等字。
5.聲韻畢異者——如妃、蓋、需、牡等字。

㈡形聲變例

1.簡體形聲——從形符上省略的，如「耋」字，係將「老」字省去一部份，而配上「至」的聲。從聲符上省略的，如「瑩」字，係以「玉」的色，而將「熒」聲省去一部份加以配合而得；又如「茲」字，係以「艸」的形，而將「絲」聲省去一部份加以配合而成。

2.繁體形聲——因會意而加聲的，如「碧」字，表示似玉的石，再加上「白」的聲符而成；又如「寶」字，表示屋中藏着玉與貝，再加上「缶」的聲符而成。因形聲而加形的，如「牽」字，本是因牛玄得聲，已爲形聲字，後加「冖」形（牛身上的轡）而成；又如「禽」字，本是因禸今得聲，已爲形聲字，後加「凶」形（象走獸的頭）而成。

五、轉　注

文字在未經統一之前，是由各地區各自逐漸發展而形成的，這些在不同時空所造出的語根相同、意義相同而形體有異的文字，既已在各自使用，具有俗成之效，自不能任擇其一而取消其他，於是就用轉注的方法來相互解釋，藉以相互溝通。故此轉注的方法，不能算造字的方法，而只是文字使用上相互包容的變通方式。在俗成的自然演變中，爲擴大社群間的溝通，勉求記錄符號的統一性，轉注的方法也確有其必要。如「老」字與「考」字，雖在形體上略有差異，但論語基却是疊韻，論意義亦相同，所謂老年的老，亦即是壽考的考，正可並容而轉相注釋。

㈠轉注正例

1.同音轉注——如：「諆」與「欺」二字，可同作欺詐解，其音亦同，可以轉注。「探」與「撢」二字，可同作探取解，其音亦同，可以轉注。「檐」與「闥」二字，可同作屋簷解，其音亦同，可以轉注。「龢」與「和」二字，可同作調和、應和解，其音亦同，可以轉注。

2.雙聲轉注——如：「依」與「倚」二字，可同作依靠解，屬雙聲，可以轉注。「更」與「改」二字，可同作改變解，屬雙聲，可以轉注。「顚」與「頂」二字，可同作最高解，屬雙聲，可以轉注。「舒」與「伸」二字，可同作舒展解，屬雙聲，可以轉注。

3.疊韻轉注——如：「超」與「跳」二字，可同作超越解，屬疊韻，可以轉注。「走」

與「趨」二字，可同作趨向解，屬疊韻，可以轉注。「粗」與「疏」二字，可同作粗略解，屬疊韻，可以轉注。「遵」與「循」二字，可同作遵照解，屬疊韻，可以轉注。

(二)廣義轉注

同義字間有聲韻關係的互訓，是轉注的正例，已見前述。至於同義字間無聲韻關係的互訓，則屬於廣義的轉注。如爾雅所舉「爰、粵、于、那、都、繇」六字皆可訓於，皆屬引詞範圍。

六、假借

一般情況，總是先有語言而後有文字，在語言上雖已有此詞彙，但這詞彙專用的文字未曾造出，當記錄語言時，基於同音多同義的道理，乃借用已造出的同音文字，來代替某些詞彙尚未造出的文字，以之俗成，亦可減少造字的麻煩。就紀錄符號的運用言，此種「假借」的方式，自有其可取之處。

在運用「假借」之初，本因記錄語言的詞彙無此字，而以既有的同音文字來代用的權宜之計；但有時在記錄語言中，因爲一時想不起本字來，就好歹以另外一個同音字來代用，這也叫「假借」；甚至用了錯別字，也冒充爲「假借」，因此就顯得相當混雜而不易辨解了。

㈠假借正例

I.有意義的假借

此類的字如：「令」字，其本義爲發號司令，後引申其義，假借作縣令的令。「公」字，其本義爲公平公正，後引申其義，假借作三公九卿之公。「西」字，其本義爲鳥宿於巢的棲，引申到鳥棲必已日落，日落處正是西方，乃假借到指示方向上。「北」字，其本義爲兩人相背，引申到背着太陽處正是北方，乃亦假借到指示方向上。「州」字，其本義爲水中浮起的一塊小陸地，而加以擴大引申，假借作爲較大的地理區域。「縣」字，其本義爲懸系懸掛，引申到行政系統上，在中樞之下被納入行政系統的，屬於地方的一個較小行政區。「年」字，其本義爲穀熟的時期，古代農業，禾年一熟，乃以年作爲計時的單位。「月」字，其本義爲月亮，過去農業社會所用的陰曆是以月的一圓缺爲一周期來計算時間，故作假借。「朋」字，其本義爲鳳，看篆書的「」（朋）就可知道，傳說上鳳飛則群鳥相從，引申其群聚之義，乃作朋黨的朋。「道」字，其本義爲道路，道路總是通達而有系統的，乃引申爲道德的道。「集」字，其本義爲群鳥在木，看篆書的「」（集）就可知道，從鳥的聚集而引申到人的集會。「施」字，其本義乃是一種旗幟，古人發號施令，往往用一種小旗，在國劇的舞台上有時可以看到，從施令而引申到施政的施。「彊」字亦作「強」，其本義乃是形容弓所具的張力，引申到形容人及團體所具的勢力。「難」字亦作「鷬」。其本義爲鳥名，這種鳥每年難得見到一次，乃引申作爲形容難易的難。「自」字，其本義乃指稱五觀的鼻，看篆書的「」（自）就可知道，人自稱時每會自指着鼻子，故引申爲自己的自。「女」字，其本義乃指婦女，古代社會以男性爲本位，女性成爲對方，引申到泛指第二人稱。

Ⅱ.無意義的假借

此類的字乃是僅借字音，與字義無涉。如用作語助詞的「之」、「而」、「耳」、「然」等的虛字，僅係借音，與原字義無關。又如作指稱用的「夫」、「其」、「焉」等虛字，均係借音，亦均與原字義無涉。再如動詞「留連」與「猶豫」等，以及形容詞「蕭瑟」與「習習」等，均係借音，均與原字義無涉。

(二)廣義假借

1.同音通假——如：「圓」字與「員」字，按圓字本義乃作圜全解，員字本義乃作物數解，而幣制上所稱的圓乃屬同音的通假。

2.雙聲通假——如「苓」字與「蓮」字，按苓字本義爲卷耳草，蓮字本義爲荷花所結的實，古文上每相通用。

3.疊韻通假——如「亢」字與「抗」字，按亢字本義爲人的頸部，抗字本義爲抵制與扞衞，亦得通假。

從上面所舉字例可知所謂「廣義假借」乃是本有其字的假借，一般所謂的通假。在經籍中的通假字，大抵以同音字居多，疊韻字其次，雙聲字最少。

第二篇　生動的筆畫

——中國書法藝術的形象化與韻律感

第一章　書法藝術的淺論

中國書法，因中國文字的方塊形體，配合書寫工具的錐形毛筆，使線條富於韻律，結構亦富於變化，而形成一種特有的藝術，享譽國際。凡具有造詣，稱得上名家手筆的，總會受到珍愛，而美其名爲「墨寶」。即以一般而論，所謂會寫字的，也可以當成一種職業，懸出「潤格」；但見大筆一揮，其收穫往往就能超過勞力者數日的工價。至於淡泊名利而工於書法的高士，不計酬勞，尤高一格，請託者更會以虔誠的態度，恭求「墨寶」。

一、傳統社會的一項特色

這「墨寶」二字，正足以說明中國書法的藝術價值；而且簡單明瞭，易於體會。暫時撇開抽象的理論，從國人日常生活中實地觀察，不難發現，在中國傳統社會中，所謂「書香門第」，由正門、側門、多道重門，以及客廳、書齋、亭榭等等，莫不點綴着書法的聯幅。尤其聯語，如「文章倚馬，道德猶龍」，以及「荆樹有花兄弟樂，硯田無稅子孫耕」之類，就自然透着一股高雅的氣息，透着一股筆墨的馨香。講得俗氣一點，所謂「硯田」，直接生產出來的就是書法，以其具有高度的藝術性，且具普遍的流傳性，堪稱中國人所特有的精神食糧。其實非僅中國人，外邦人士也有喜愛欣賞或勤於練習的。

至於一般工商或務農人家，生活凡能溫飽的，在其家宅內掛些字畫之類（當然多是書法與國畫），以裝點門面。迨至春節期間，更是不論城鄉，不論貧富，隨處都可見到朱紅耀眼的春聯，如「一元復始，萬象更新」、「生意興隆通四海，財源茂盛達三江」之類，以及斜方的「福」字、「春」字，灶頭上也忘不了貼起「上天言好事，下界保平安」，連牛欄豬圈等處，都得貼起「六畜興旺」之類的吉祥話兒。不識字的人家，也要求人代寫，或到集市上選購些已寫好的。這一可愛的年俗，到處貼得紅通通，使家家洋溢着喜氣，也使家家接觸到國粹的書法之美。

我們可以這麼說，中國的書法，透過雅俗不同的各種社會層面，已完全融入了國人的生活中，受其潛移默化而不自覺。

近世紀來，迷於西風，醉心科學，多重物質上的追求，而忽視精神上的陶冶。補偏救敝，在復興中華文化聲中，中國書法又漸受重視。故對我國這項特有的墨寶藝術，更值得多加瞭解。

二、書法藝術的賞析

二、書法藝術的欣賞

一件書法作品，雖僅寥寥幾個字，或竟以一個字來獨當全局；雖僅寥寥幾筆，或竟一筆而成，都能顯出氣概；雄渾、剛健、飄逸、俊秀，各具意態，但覺賞心悅目，美不勝收。出於意會，每難言傳。歷來雖有諸多讚美的語句，如「鐵畫銀鈎」、「筆力萬鈞」、「怒猊抉石，渴驥奔泉」、「龍躍天門，虎臥鳳闕」之類，往往出於個人直覺上的感受，近於抽象的描述，也祇能予人一種模糊的美感印象。

有人認爲，中國書法乃是一種抽象畫，運筆之妙，存乎一心，揮灑之間，各有意態。這不僅可以表達出書法基本的精神所在，且亦可以說明國人鑑賞的習慣與標準。國人對寫字與繪畫，習慣簡稱爲「書畫」，字居畫上，亦可見重視的程度。國畫中的勾勒，往往要運用書法的線條，才顯出功力。畫上題字，尤有相得益彰之妙。有時一幅書法，却較一幅畫面更耐欣賞，也正因書法所形成的抽象畫面，具有更高的藝術境界。

中國書法之所以能具有高度的藝術，其基本原因，似可從多方面來探討，分別說明如下

㈠文字結構的影響

文字結構對書法所能產生的影響：按中國文字的特點，乃是方塊的造型，前章中已作過相當的解析。這種方塊文字，在筆畫上可分：橫、豎、撇、捺、轉、折、鈎、提、點等等，以之作適當的搭配而形成字的間架，亦如一個建築物，各具完整獨立的造型，也可說各具儀態，掩映生姿。除了專作符號性的實用，經由機器生產而定型的鉛字外，凡屬手書的文字，在空間的佈局上就會有較多的變化，不僅筆畫的粗細之間，可以遂心運用，就連字形的安排上，也可擺脫一般方正的規格，而配合不同的字體與不同愛好，可以把字寫成長形、扁形，甚至傾斜得遠超於常規，以符合審美的觀點。這比起外國單純符號拼音而僅可供作實用的蟹行文字，我們的方塊文字除實用性外，更兼具藝術性，的確可說是很高明的文字。

㈡書寫工具的影響

書寫工具對書法所產生的影響：按中國傳統的書寫工具，乃是圓錐形的毛筆，這也可算是一大特色。這種以竹為桿，以動物毫毛所精製的筆頭，上部圓渾，而下有柔細尖鋒，在執筆的技巧上，正可各憑匠心，利用中鋒或偏鋒；着力的強弱，運筆的疾徐，甚至含墨的濃淡，在揮灑間，都可使字的筆畫與形態富於變化。興之所至，筆走龍蛇，氣勢磅礴，自有可觀。凡具有功力與素養的書法名家，總能發揮其個性與靈感，而在某一字體中更獨創一格，乃使中國的書法園地更顯得多彩多姿。歷來名家的碑帖，以及手書的眞跡，都成了很珍貴的文化遺產。這也是國人頗可引以自豪的，但如何承先啓後，甚至予以發揚光大，正有待於後繼的耕耘。

㈢其他因素的影響

還有些附帶的條件，也值得略加說明。首先是書法的用紙，一般係採用綿細柔韌、具有毛細作用的紙質（較常見的是棉紙、宣紙），其特性爲柔和，且能對水份作適度的涵暈。這正可配合毛筆蘸墨的濃淡及運筆的輕重疾徐，在筆畫間就會自然呈現出一種美妙的「飛白」，亦如畫面上的物體在塗上色彩後故意留出的一些空白，以示光澤的所在，而呈現出的一種立體感。書法多係援筆立就，飛白不能預作安排，妙手偶得，彌覺可喜。復以紙質的毛細作用，着墨處自然滋潤，使書法的線條，更具有一種特殊的美感，彷彿嬰兒嫩頰上顯露的胎毛，那股柔和的美，愈是仔細觀賞，愈能覺其韻味。其次是書法的用墨。按一般所製的硬塊黑墨，用時加水在硯上研磨，也可算是中國特創的產品。品質較好的墨，多係以松柏於密室中燃醺起煙灰，和膠精製而成，於研磨及濡墨落筆之際，均會有一股清香的氣息，沁入心脾。高人雅士，靜坐書齋，清風微動，翰墨飄香，誠屬至高的享受。而且以松煙所製的墨，書寫後色澤黑而鮮明，歷久如新，雖置水中常年浸泡，亦毫不褪色，實較西洋墨水為優。至於磨墨時，濃淡可隨意控制，以配合書寫時不同的需要，而獲致理想的效果，這也不是一般罐裝墨汁所能企及的。故較為講究的書法家，不惜多花點時間，總愛磨墨使用；此中陶冶，亦有樂趣。再次是書法的用硯，由特選的石材雕琢而成，石質勻細，平而不滑，在加水研墨中，另有一種柔潤感。一些精製的名硯，也很受文人的喜愛。紙、墨、筆、硯，合稱文房四寶，其中均大有考究，亦大有學問。

(四)個性與素養

中國的書法，既因四寶的配合而益能彰顯其特色。且善書者更能意到筆隨，充份發揮其個性，以各成其風格，故書法的功力不僅在於勤練，更在個人的素養。品德、才華、胸襟、氣質，莫不與素養有關，往往於不知不覺間，隨書法流露於筆底。大體說來，風流名士的字，多瀟脫不羈，自然秀逸；開國英主的字，多雍容華貴，厚重涵蓄；賢臣良將的字，多端莊挺拔，別具嫵媚。參看下節所舉的書法實例，似可從諸多的作品中體味不同的風格。悵望千秋，觀其字而懷其人，在欣賞中更能引發一些思古的幽情。

一般多認為，愛好書法，有益於陶冶身心，甚至康健長壽。清周星蓮在其所著（臨池管見）中談到：「作書能養氣，亦能助氣。靜坐作楷法數十字或數百字，便覺矜燥俱平；若行草，任意揮灑，至痛快淋漓之時，又覺靈心煥發；下筆作詩文，自有頭頭是道，汩汩其來之勢，故知書道亦足以恢擴才情，醞釀學問也。」相信，愛好書法者，多少都能有些美好的體會。

㈤練習與欣賞

宏揚書道，自是發揚國粹的一途，尤其在年輕的一代，更宜多下紮根的工夫。談到書法的練習，在基礎上固宜臨摹名家的法帖，以把握基本的要領，在執筆與運筆的技巧上，當然也可按照既定的法則（如永字八法之類）加以揣摩，但亦不必過於拘泥成規，就像過去的老塾師，食而不化，終生練字，脫不出顏、柳、歐、蘇等體，而且但知形似，毫無個性，致俗不可耐，而被呰爲「塾師體」。受教的蒙童，亦惟知照畫照描，也就很難培植出書法的新秀。

這裡有個小故事，頗值玩味。據說：晉朝大書法家王羲之的兒子王獻之，對書法也很有造詣，而勤練不輟。但却僅知依循其父既創的字體。一日，正在書齋中練字，有個字尚未寫完，却因急事外出而擱筆，適王羲之經過書齋，看到那字尚缺一點，就順手提起筆來，補了上去。羲之走開後，他的夫人適也來到書齋，對兒子的書法也不免鑑賞一番，頗有感觸，臨走開時，忍不住嘆口氣說：「磨墨磨盡三缸水，祇有一點像羲之。」

這則小故事，也許是附會之談，但却可以說明兩種情況：一可說明書法易學難精，總需多下工夫，融會貫通，才能顯出功力而卓然成家；另可說明，僅知一意摹仿者，拘泥執着，不免事倍功半，縱然臨摹得維妙維肖，也不過是他人的影子，難顯自己的風格。就像王獻之，雖已苦下工夫，刻意步其父的後塵，未能作明顯的突破。儘管在書法史上有其一席之地，亦有其佳評，但後世論到書法家，多重視王羲之的成就，而較少注意到獻之，這一事實，也可供作很好的印證。

當我們在欣賞書法之際，有時看到一些兒童隨意寫出的所謂「童體」書法，似乎不成格局，但却相當可愛，在筆畫間洋溢着一股純眞的美感。而一般老生常字，雖極中規中矩，却缺乏活力，並不耐看。悟得其間的道理，也許就可瞭解到書法藝術的基本精神所在。

(六)研究與立論

談到中國書法的歷史，相當悠久，歷代文人對書法所作的討論，其文獻也很繁富。高尚仁先生在其所著〈書法心理學〉中，對中國書法研究的傳統指出幾項特點：

第一，書家個人的書法經驗及體會，構成了歷代書論的主要依據。第二，古人對書法的見解及談論，多以藝術或美學的觀點出發，因而難免形成以主觀印象作爲書法探討的另一基礎。第三，歷代書論中所見的觀點、主張和觀察，呈互相因循而絕少突破的現象。所以語錄式的談論及經驗性的判斷，構成了歷代書法論著之主流。第四，歷代書論對書法的討論，始終無法擺脫尚古守舊的陋習，使得中國書法的研究，千百年來不見新意，缺乏理論架構。這幾方面的傳統與現況，確實無法把中國書法研究帶進學術的殿堂。

他在上面引文最後一句所作的論斷，也許草率了一點，似有商榷的餘地。不過，他在這本書中乃是運用心理學的實證方法，對中國的書法藝術作深入的分析，以尋求中國書法研究的科學基礎及未來的方向，確是很有意義，值得我們擁護支持的。

古人對書法的立論，確實多係個人的體驗，主觀的意味較濃，其所作的評析也往往流於抽象。不過，都有一定的審美標準，可以提供書法愛好者相當的參考。熊秉明先生在其所著〔中國書法理論體系〕的「引言」中指出：

把古來的書法理論加以整理，可以分為六個大系統：

一、寫實派——這「寫實」和繪畫上的「寫實」意義當然不甚相同，這裡且用自然美來說明書法的美。最早的書法理論都是用這方法講書法的。

二、純造形派——用造形原則說明書法的，也就是講筆法、結構、均衡、趨勢、墨色……等問題。

三、唯情派——認爲書法是表現內心感情的。

四、倫理派——認爲善的是美的。主要以儒家思想爲基礎的美學。

五、自然派——這「自然」是指道家哲學所運用的觀念（〔老子〕：「人法地，地法天，天法道，道法自然」），和「倫理」、「人爲」相對，這一派認爲自然的就是美的。

六、禪意派——佛教孕育出來的書法有不同的風格：有虔恪的，近於倫理派；有簡淡的，近於自然派。比較獨特的是禪意派。禪宗否定文字，當然更否定書法，這一派可稱爲否定書法的書法。

當然，爲中國書法藝術研究作系統分類，是一件相當吃力而不易討好的事。熊先生也許已深深體會到，因此他接著加以說明：

在實際上，一個書法家或書法理論家並不是很容易地可以被歸入這六類中的一類的。因爲中國人談藝術不大肯局限在一個邏輯推論裡，這是一個缺點，講問題往往不透徹；但也是個優點，因爲看得比較周全。

循着以上的系統分析，對我們欣賞或研究中國書法，多少可以提供一些指引。

第二章　書法家的韻事

論及中國歷來書法家，爲數甚多，限於篇幅，無法逐一作有系統的介紹，玆爲供一般瞭解，就書法家中較有情趣，或較爲感人的生世，擇其略具代表性者，作重點的描述。

一、超逸的王羲之

㈠顯赫的家世

東晉的王羲之，被尊爲「書聖」，乃是我國書法史上最享盛譽的一位大書法家。他家本是北方的望族，堪稱得上是書香門第。東晉元帝時，善於運籌的宰相王導和掌握兵權而坐鎮長江上游武漢一帶的大將軍王敦，乃是他的叔父。在唐詩中，劉禹錫的「烏衣巷」詩：「朱雀橋邊野草花，烏衣巷口夕陽斜，舊時王謝堂前燕，飛入尋常百姓家。」便是在故都金陵憑弔王謝兩家的遺址，而興起無限的感慨與深深的懷念。羲之便是當時在朱雀橋邊、烏衣巷裡，過着優裕生活的一位傑出的佳公子。

他字逸少，原籍山東瑯琊（今臨沂縣北）。他生於東晉元帝大興四年（西元三二一年），正當家族隆盛的時期。他在少年時代，就表現得很不凡。家學淵源，他的書法也在無形中受了薰陶。因爲他父親王曠對書法卽頗有造詣，而且興趣濃厚，曾着意蒐集前人討論書法的文章，潛心加以研究，精通書法的義理。羲之在童年時代就很好學，見他父親常在書齋中研練書法，也引起了興趣，每趁父親不在時，也偸偸學着練字，自得其樂。有一次，他父親回來時，在無意間，看到他獨自躲在書齋中專心寫字，居然寫得大有氣慨，自是非常高興。問起原委，看出他的天賦，覺得是可造之材，就把自己所收藏的書法珍貴資料都拿出來，對他詳細講解，切實指點。他對書法旣愛得着迷，而且領悟力又很強。舉一反三，再加勤練，所以進步很快。在他十二歲時，當時很受崇拜的大書法家衞夫人，看到他寫的字，也大爲讚賞，就主動將他收爲門弟子，並斷言他未來的成就，必超越於師門之上，這當然給了他莫大的鼓勵。

當羲之十三歲時，就已頗有名氣了。那是因爲有一位前輩周顗對他也很賞識，而作了適時的吹噓。周顗的道德文章，爲當世所推崇，很有聲望。一般的讀書人，只要經過周顗的品題，總會受寵若驚，且頓時身價十倍。那當然是難得的際遇，羲之却能輕易得之。那是因爲有一天他去周家，適遇周家大宴賓客，都是些知名之士。大家看到主人對這位少年特別垂青，慇懃接待，正感奇怪。經周顗以很鄭重的態度，當衆介紹：「這位年輕朋友王羲之，字逸少，乃王丞相與王大將軍的令侄，可算得是當今首屈一指的大書法家。」九鼎之言，頓使大家刮目相看。

㈡坦腹東牀的佳話

最膾炙人口的一樁佳話，乃是當羲之十六歲時，一位朝廷的大臣，官居太尉的郗鑒，因爲有個女兒名叫郗濬，天生麗質，溫婉嫻靜，很有才華，也擅長書法。她的美慧，遠近聞名，當然有不少傾慕的王孫公子，暗動好逑之念。但她的眼界很高，頗難找到中意的對象。這使她的父親大爲操心，不得不考慮到門當戶對，及男孩子的品德才華，想到王家乃是世家旺族，族中不乏佳子弟，就特別派了一位老練的門生來到王府上求親。那位門生首先拜見王府的家長王導，表明來意，當王導欣然答允之後，就來到東廂房，展開很愼重的選婿工作。

王氏子弟頗多翩翩美少年，且多很自負。素慕郗家小姐美慧多才，堪稱佳偶，而今難得有這個機會，不免喜形於色，既然有心參與這項選婿的競爭，就着意擺出一些端莊的儀態，以博良好的印象，唯羲之未加理會，照樣不修邊幅，獨行其素。經郗府派來的使者以冷靜的態度，逐一仔細觀察，爲了禮貌，向公子們都一一微笑頷首，以示稱意；雖然其中有一位傲慢不加理會，也照樣觀察一番。等使者一走，那些公子們滿懷興奮，隨口打起趣來，羲之也就自然成了取笑的對象。有的說他如此隨便，不夠風度；有的譏他有自知之明，樂得藏拙；有的更笑他不懂體面，遭人輕視。

那位使者總算很有眼光，並未以貌取人，回去向郗鑒報告此行的觀感，照實說明：「王府上的公子們，幾乎個個都是儀表非凡，人才出衆。當一看到我之後，也許已知道我的來意，一個個都特別端整儀態，不免帶著一些矜持，反而不如平常那樣瀟灑了。獨有一位公子，雖已見到我，却並未理會，仍然坐在那東邊的牀上，坦着腹，津津大嚼，一副怡然自得、旁若無人的神態。」

郗鑒也是很有見地的人，聽了這番話，十分高興，卽時作了決定：「那位泰然自若，不愛造作，坦腹東牀的少年，可算得上是我心目中的佳婿了。」就馬上派人去打聽底細，終於知道是義之。這位以書法嶄露頭角的年輕人，正頗受各方重視。郗鑒乃告知女兒。女兒旣雅愛書法，當然更覺稱心。這樁美好的姻緣，乃成了千古流傳的佳話。而且「東牀坦腹」成了一般慣用的成語，也成了應酬場中很能討好的恭維辭令。

這則相親的小故事，不僅富於情趣，也可說明義之的胸襟與氣度，不作矯飾，自然舒泰。無形中也影響到他的書法造詣，在字裡行間流露着一股灑脫而高貴的品質，後人譽爲「龍躍天門，虎臥鳳闕」。按龍虎的形象，乃力的象徵，具有一種動態的美；而天門與鳳闕，具有崇高而華貴的景象，並具有一種靜態的美，兩者交融，以顯示王字（一般對王義之書法的簡稱）的特點，亦正是書法藝術的至高境界。後世尊稱羲之爲「書聖」，絕非倖得。

㈢不得意的官途

羲之不僅具有學者高雅的氣質，更有政治家恢宏的胸襟，他很關心國家的安危與民間的疾苦。當時東晉偏安江南，政權爲少數貴族所把持，殘民以逞，稅役繁苛；加以內有軍閥的混戰，外受北胡的威脅。而當時社會，却歌舞昇平，貪於逸樂，更屬隱憂。他曾再三反對權臣間的攘奪與內鬨，並主張息兵減賦，休養生息，但却受到當權者的抵制，甚至連他的叔父王導也不予支持。書生氣質，宦途多艱，心灰意懶，亦惟寄情於山水之間。他曾接受殷浩的禮聘，擔任右軍將軍，後世乃多以「右軍」稱之。

永和九年三月三日，他和謝安等人同去蘭亭（在今浙江省紹興縣西南的蘭渚）聚敍，在那群賢畢至的盛會上，激發起他的雅興，乘着微醉，寫下了震爍古今的「蘭亭集序」，不僅書法佳妙，爲後世所共仰。那文章（見古文觀止）也寫得淸淳脫俗。對虛無的人生，作深沉的詠嘆。文中有「後之視今，亦猶今之視昔」句，看來極其平淡，但冷靜玩味，亦可覺其含蓄之深。試以時人冷眼，評鑑昔日東晉偏安的情況，少不得感慨系之。但我們也可曾想到，多少年後的子孫將會以何等觀感來評鑑我們現時所處的社會？

在羲之寫「蘭亭集序」的翌年，殷浩因戰敗而被貶爲平民，羲之受到連累而處於劣境，過着隱居的生活；遊山玩水，聊解內心的憂悶。

四　書換籠鵝的傳聞

義之很愛鵝。愛鵝的故事也是後人所樂道的，唐代大詩人李白曾有詩題詠：「右軍本清眞，瀟灑在風塵，山陰遇羽客，愛此好鵝賓。掃葉寫道經，筆妙精入神。書罷籠鵝去，何曾別主人。」正因其中「書罷籠鵝去」一句，使後人附會而有所誤解。在一般流傳的故事中，誤解的重點在於義之以其所好，不惜以其珍貴的書法換取道士的籠鵝，使其清雅的愛好過於落實，落在鵝的實體上，更落在籠的實體上，幾毫無情調可言，而流於庸俗的趣味。試想：以義之高雅士，家境富裕，果若以世俗玩物的心情愛鵝，有錢可付，輕易可得，無須揮筆終日，始換得籠內之物。憑藝術家的氣質，當亦出於一種審美的感受，別有會心。據個人往昔所聽到的此一美談，與直率換鵝的情節略有出入，却似稍近情理。

這故事的內容是這樣的：義之隱居閑散中，時常遊山玩水。那日信步走到一個幽靜處，一帶青翠的山巒，嘉木葱蘢，山脚下一個小湖，水平如鏡，水邊幾樹垂楊，水上一群白鵝，襯托著一片青翠，益覺白得十分亮麗，尤其在清澈水面的寧靜中，那股悠然自適的神態。偶有一隻突然振開雙翅，劃破了晶瑩的鏡面，隨又復歸於安詳。彷彿牠們才是這山川的主人，連高空的蔚藍也倒映其下，偶拂以白雲的輕紗，更顯出一種肅穆中的高貴。義之看得呆了，不覺神爲之往，彷彿他也成爲那群嬌客之一，也分享到那份寧靜、那份悠然。一股美的感受，使他深深體會到，不僅他家中的鵝，甚至普天下的鵝，都絕無如此的可愛，簡直令他愛得入迷了。這靜中的情趣，激起他滿懷的興致，而暫忘了塵煩俗慮。

忽聽一陣步履聲，有位道士走近他身邊。他掉轉頭，這才注意到曲徑的盡頭，有幾叢飄灑的翠竹，還有一座古老的道觀，眞是難得的遊憩之所。羲之忍不住先開了口：「這環境太美了，這些鵝尤其可愛！」

那位方外人亦頗不俗，而且反應很敏捷，看到來客的衣着氣宇，旣愛遊山更愛鵝，準是當前有名的書法家王羲之，但却故作不知，祇是慇懃答話：「此鵝乃寒觀所豢養，如果您很喜愛，願以奉贈。」

「那太好了！」羲之一時高興，不覺衝口而出，稍一轉念，又覺欠妥，問：「那我如何報酬呢？」

「不用，不用。請先到寒觀奉茶，休息片刻再說。」

觀主旣慇懃接待，他也就樂於從命，在靜室中品着淸茗，看到一張大書案上竟放着紙墨筆硯，更彷彿遇到知音，忙說：「觀主，您也雅興不淺呀！」

那觀主卽忙說明：「貧道不懂書法，祇是有一虔誠的心願，要爲寒觀藏一部精書的道德經。特地佈置了靜室，並置備了上好的紙筆，原已約請了城中一位善書的高士，祇因他所索報酬太高，非寒觀所能承擔，暫時擱置，現仍在商懇中。」

「沒問題，我替你寫！」竟又衝口而出，這都因他一時興致太好了，這時紙筆對他更有一股誘惑力。渴望把他內心激蕩着的美感，都揮灑到紙上。

「這當然很好呀！」那觀主掩藏着意外的驚喜，却淡然說：「只是恭錄經文，不宜潦草，務求工整才是。」

「你放心，包你滿意就是。」

羲之捲起袖子，卽聚精會神，書寫起來。中午吃了一點素齋，隨又動手，直寫到紅日西斜，才大功告成。走出觀門，看到那道士已將鵝裝入兩只籠子裡，準備親自挑送。羲之再細看籠中的鵝，在擠攘中的狼狽形象，有的羽毛沾着泥污，有的羽毛折落籠外，簡直與市場中待售待宰的雞鴨無異，大覺掃興，內心又另有一股不快的激動，大聲吩咐：「趕快把鵝都再放回湖裡去！趕快放！」

那道士一時困惑難解，不及思索，趕快照辦。羲之看那群鵝從容走向小湖邊，又悠然漂於水上。煙嵐乍起，紅霞滿天，烘染湖面，又是另一番動人的景色。羲之這才暢然舒出一口氣，告辭觀主，就飄然而去。

道士也舒了一口氣，凝視着那飄灑的身影，直消失於曲徑的那一端。他好奇地看着湖面，說也怪，彷彿這山已不像以前所慣見的山，湖也不是以前所慣見的湖；再認眞看看那群鵝，內心也漾起一股欣然的感受。

這故事是如此的結果，雖稍有異於成說，却似乎稍有情調，也稍符合於藝術家的氣質。假如唐代大詩人李白當時也能有如此瞭解，他對這段書法佳話所題詠的詩篇，也許會更有靈感，而寫得更超逸、更空靈些。

(五)街頭題扇的故事

另有一則富於人情味的小故事，雖極簡單，也頗有趣。據說在一個夏天，羲之出外遊山時，行經小街頭；見到一位貧窮的老婦人正在炎熱的太陽下叫賣六角竹骨紙糊的扇子，却沒人光顧。他陡然動了憐憫之心，剛好附近有小書鋪，他就召喚老婦人同至那鋪子櫃台邊，並向那老闆借了筆硯，把老婦所有十多把扇子都拿過來，就着櫃台揮起毫，在每一扇面各題了幾個字，要那老婦收回去。那老婦原以爲有了好買主，本是一團高興，再聽到要她收回，當然大失所望，不免苦巴着面孔嘮叨起來：「你這位老爺也眞是，把扇子都塗得亂七八糟，教我怎好再賣呢？」

「沒關係，我可以全部買下。告訴我，這扇子多少錢一把？」

「十文錢一把，若您肯全買，我願再少一點。」

「這麼便宜，我倒不用買了。你可拿去叫賣，就說是王羲之題的扇面，每把最少要賣百文錢。」

「百文錢？您別作弄我這可憐的老婆子了！」硬是不肯收回扇子。

幸好書舖老闆有眼識得泰山，卽忙解圍說：「對了，經這題字，確是値得百文以上的。不信，我先買一把。」

老婦人大感意外，乍得到錢，頓時兩眼發亮，兩手發抖。卽忙取了扇子，趕去叫賣。說也怪，居然還有人爭着買。一會功夫，扇子都賣光了，又趕忙奔回來，要面謝這位了不起的善心人，羲之却已走得老遠了。

㈥身後的餘韻

羲之死於東晉孝武帝太和四年（西元三七九年），享年五十九歲，三十多歲就已辭官歸隱。死後，朝廷追贈他爲紫金光祿大夫，但他的後人僅尊羲之不作官的遺訓，固辭不受。

羲之的書法乃是天才加上苦練，使中國書法藝術達於登峰造極的境界。他在所著〈草書勢〉中指出：「草書之法，蓋又簡略。應時諭旨，用於促迫。兼功並用，愛日省力。純儉之變，豈必式古。觀其法象，俯仰有儀。方不中矩，圓不副規。抑左揚右。兀若竦崎。獸跂鳥跱，志在飛移。狡兎暴駭，將奔未馳。……幾微要妙，臨時從宜。……」他顯然在告訴我們不必拘泥於旣有規範，運筆時要注意速度，掌握動感，其間的要妙，有待隨性的發揮。此種基本的要領，可惜後世多不能察，臨摹者但求唯肖，往往難於討好。

他的書法，亟為後世所珍愛。其中尤以「蘭亭集序」，因是他在酒興方酣，熱情奔放時所寫，不經意間，更流露出一股自然靈秀之氣，堪稱仙品。乃成為王家的傳家之寶，傳到七代孫智永，削髮為僧，圓寂後，此書落入弟子辯才之手。辯才博學能文，雅好琴棋，亦精書畫，得此眞跡，自然寶愛萬分。當時的皇帝唐太宗，亦頗精於書道，對羲之的墨寶尤其酷愛，百計蒐求，獲知蘭亭眞跡的下落後，曾特詔辯才晉京，前後三次接見，希望能獻出此寶，當有厚賜。誰知辯才愛之如命，寧冒欺君的死罪，始終堅不吐實。

總算太宗還有點書卷氣，未以權勢相逼，却又不能打消獲得的念頭。後來宰相房玄齡推荐監察御史蕭翼設計巧取。這蕭翼多才多藝而又善於權謀，奉旨以後，喬裝成風雅的文士模樣，於黃昏時閑步來到永欣寺，一副悠閑的神態，在廊下觀賞壁畫，雖已瞥到辯才，仍故作不知。辯才冷眼旁觀，感覺這位施主氣宇不凡，當非俗客，乃上前施禮，相互寒暄，更覺談吐高雅，忙慇懃延入內室，談論文史，並及琴棋，均屬同好，益覺投契，暢敘終宵，大有相見恨晚之慨。以後乃常來閑敘，總能盡興。有一天，蕭翼復來永欣寺，出示王羲之雅帖兩本。辯才觀賞以後，引起興致，忍不住道出肺腑之言：「這兩帖雖屬先祖的眞跡。却非佳品，貧僧有比這更好的眞跡，堪稱珍品。」

「哦，除此還能有什麼帖？」

「蘭亭集序。」

「這恐怕是大師在開玩笑吧？幾經變亂，那裡還能再有眞跡遺留下來？」

辯才終於忍不住道出原委，並慨然出示那墨寶，蕭翼偏故意求疵，硬說並非眞跡，使對方毫無戒心。終於湊個機會，趁辯才外出時造訪，誑開香童而竊得此寶。

蕭翼來到驛站，這才顯露出欽差的身分，召來辯才，說明聖旨，蘭亭眞跡已得，特作正式告別。辯才大驚失色，不覺痛苦得昏厥過去。太宗得寶，自是高興，憐辯才年老情痴，並未加罪，而予厚賜，還在永欣寺內勒建了一座精緻的寶塔，留下一些人情的餘味。

下附其書法作品，乃是「蘭亭集敍」與「黃庭經」字帖的一頁。

是日也天朗氣清惠風和暢仰
觀宇宙之大俯察品類之盛
所以遊目騁懷足以極視聽之
娛信可樂也夫人之相與俯仰
一世或取諸懷抱悟言一室之內

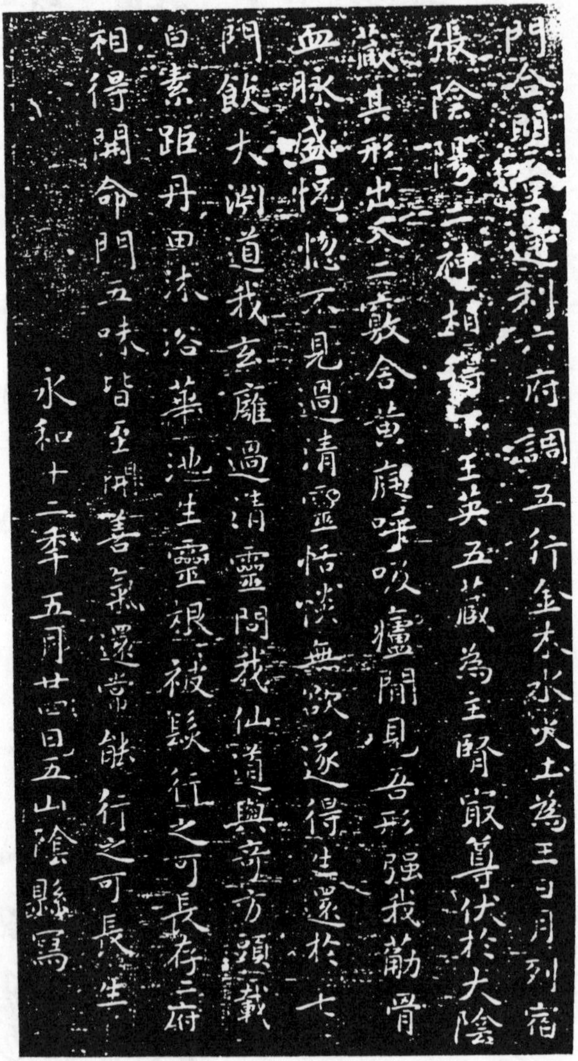
門合明堂通利六府調五行金木水火土為王日月列宿
張陰陽二神相得下王英五藏為主腎最尊伏於大陰
藏其形出入二竅舍黃庭呼吸廬間見吾形強我筋骨
血脈盛恍惚不見過清靈恬惔無欲遂得生還於七
門飲大淵道我玄廱過清靈問我仙道與奇方頭載
白素距丹田沐浴華池生靈根被髮行之可長存二府
相得開命門五味皆至開善氣還常能行之可長生
永和十二年五月廿四日五山陰縣寫

二、堅貞的顏眞卿

㈠厚重剛健的書法

顏眞卿乃是唐代很有名的大書法家，他的楷書，端莊厚重，剛健挺拔，自成一家。若察其品德，衡其言行，正亦可謂「字如其人」。他所留下的法帖很多，如「多寶塔碑銘」、「東方先生畫像讚」、「麻姑仙壇記」等，直到現在，仍印行甚廣。臨摹其字者，俗稱「顏體」。在唐宋大書法家中，按一般最受喜愛的程度選出四家。有俗稱「顏、柳、歐、蘇」四體的，顏卽顏眞卿、柳乃柳公權、歐乃歐陽詢、蘇乃蘇東坡，以顏居其首，享譽自非偶然。

他的草書也寫得很好，乃得自張旭的眞傳。張爲唐玄宗時著名的草書大家，醉後寫得更狂放。杜甫在「飲中八仙歌」裡這麼寫著：「張旭三杯草聖傳，脫帽露頂王公前，揮毫落紙如雲烟。」在「顏魯公文集」裡，眞卿有一篇「張長史十二意筆法意記」文章，乃是請教這位草聖所作的記錄。所謂「十二意」，乃是講寫字的平、直、均、密、鋒、力、轉、決、補、損、巧，亦稱「十二筆法」；並論及執筆和運筆的奧妙：「執筆令其圓轉，無做拘攣」、「用筆當須如印泥畫沙」，這都是從寶貴的經驗中所融會而得的。

㈡家世及生平

眞卿字清臣，京兆萬年（今陝西長安）人，生於唐中宗景龍三年（西元七〇九年）。因他曾做過平原太守，乃被稱爲「顏平原」；又因曾爲魯郡開國公，又被稱爲「顏魯公」，後世論書法，多有僅知魯公而忽其名者。

論及眞卿家世，眞所謂世代書香。他的遠祖乃孔子得意門生顏淵；他的五代祖乃南北朝時寫過「顏氏家訓」的顏之推；他的從高祖乃唐初大學者顏師古。

眞卿早年喪父，由母殷氏撫育成人，母教至嚴。幼時家貧困，生活很苦，讀書益勤奮。他自小就很愛書法，無力備紙筆，乃以黃土乾塊在牆上習字。天資加上勤學，他不僅書法享譽，文章詩賦亦佳。二十六歲時就進士及第，三十四歲時又參加「博學文詞秀逸科」的考試，由玄宗皇帝親自主持，他也有很好的表現；從此一帆風順，三十九歲時就已做到監察御史。其時唐代國勢，正盛極而衰，偏又出了權奸的宰相李林甫與楊國忠，難容守正不阿之士，眞卿乃遭排擠，出任平原（今山東德州）太守。

㈢力挽狂瀾

時安祿山身兼平盧、范陽、河東節度使，狂妄驕橫，漸露反意；因得玄宗寵信，亦無人敢於直言。平原在其轄下，眞卿已有警覺，乃修築城池，增建工事，以爲預防。天寶十四年，安祿山方將造反，眞卿想覓機晉京密報，偏偏安祿山十分機警，硬是不准所請。眞卿祇好暗派一名親信晉京送達密報，玄宗竟等閑置之，不加理會。是年十一月間，安祿山果然起兵造反，黃河以上的州郡，莫不望風瓦解，附逆苟全，獨平原郡在眞卿坐鎭下，屹立不搖，奮起抗賊，復派代表李平晉京報告軍情。

時玄宗已完全慌了手脚，認爲黃河以北已全淪陷，曾大發感嘆：「這河北二十四郡，竟沒有一個忠貞之士了嗎？」迨聞得眞卿的代表來到長安，不禁大爲感動，特派幾個貼身的太監去恭迎李平，並特准騎馬直達寢殿門口。玄宗聽完禀報，自是十分欣慰，對左右說：「這顏眞卿，寡人尚未見過，究爲何許人，竟有這樣的表現！」

那時眞卿的堂兄杲卿爲常山（今河北正定）太守，也起兵討賊，暗中與眞卿取得聯絡，想以釜底抽薪的辦法切斷安祿山的歸路，而使賊兵不攻自潰。黃河以北的十五郡也見風轉舵，都聲援他們，眞卿乃成爲黃河以北抗賊的領導人物。當時玄宗賜給眞卿的詔書上，有這樣的讚語：「卿之一門，義冠千古。」眞卿早期在敵後的一番艱苦戰鬪，掣逆賊之肘，這對於以後的平息安史之亂，實有很大的貢獻。

眞卿的堂兄杲卿不幸於天寶十五年被俘，義憤不屈，大罵逆賊，雖受苦刑，仍罵之不休，終被割舌而死，壯烈成仁。文天祥在其「正氣歌」中特加讚頌：「爲顏常山舌。」卽係指此。

四從容就義

到唐德宗建中四年，眞卿任職吏部尙書，已七十五歲。那年，淮西節度使李希烈叛變，自稱建興王天下都元帥，縱兵四出劫掠，陷汝州（今河南臨汝），圍鄭州（今河南鄭州），洛陽震動。當時奸相盧杞視眞卿爲眼中釘，不惜借刀殺人，向德宗進言，請派眞卿去宣慰李希烈，以招降叛兵。旨下，朝臣多表不平，眞卿却泰然上道，行至洛陽，河南尹鄭叔知事不可爲，勸他暫留待命，免入虎口。他仍堅持成行，寧死不願逃避。

他來到許州（今河南許昌），無法說服李希烈，而且弄得很僵。那些亂臣賊子，狂妄驕縱，目無法紀，已不把這位有德望的元老重臣放在眼裡，祇是妄想加以利用，才虛作敷衍，軟禁不放。那日，群魔宴會，飲酒爲樂，召來眞卿作陪。席間有人勸他宜識時務，新王將登大寶，宰相非他莫屬。眞卿拍桌大罵：「你們可知罵賊而死的顏杲卿麼？他正是家兄。老夫一生，也祇知忠義，今屆殘年，死而後已，你們休得胡言！」

李希烈覺得軟勸已經無望，乃又想出一種脅迫的辦法，派幾個壯漢在軟禁眞卿館舍的庭院中挖一深坑，揚言要把眞卿活埋，慢慢磨折而死。眞卿仍無所懼，淡然說：「只要拿把劍來，就可解決，何必如此費事？」

後來，那賊酋又派人用繩子來作威脅，揚言再不順從，就用繩勒死。面對兇形惡狀，眞卿仍毫不動容，更伸長頸子，以示甘於就死。那些賊人一時惱火，竟眞的將他勒死了。時爲德宗貞元元年（西元七八五年），眞卿享年七十六歲。寧死不屈，從容就義。追懷遺烈，我們尚可從他厚重剛健的書法中領略到一些。

勅國諸為天下之本師
導乃元良之教將以
本固必由教先非求中
賢何以審諭光祿大
夫行吏部尚書充禮

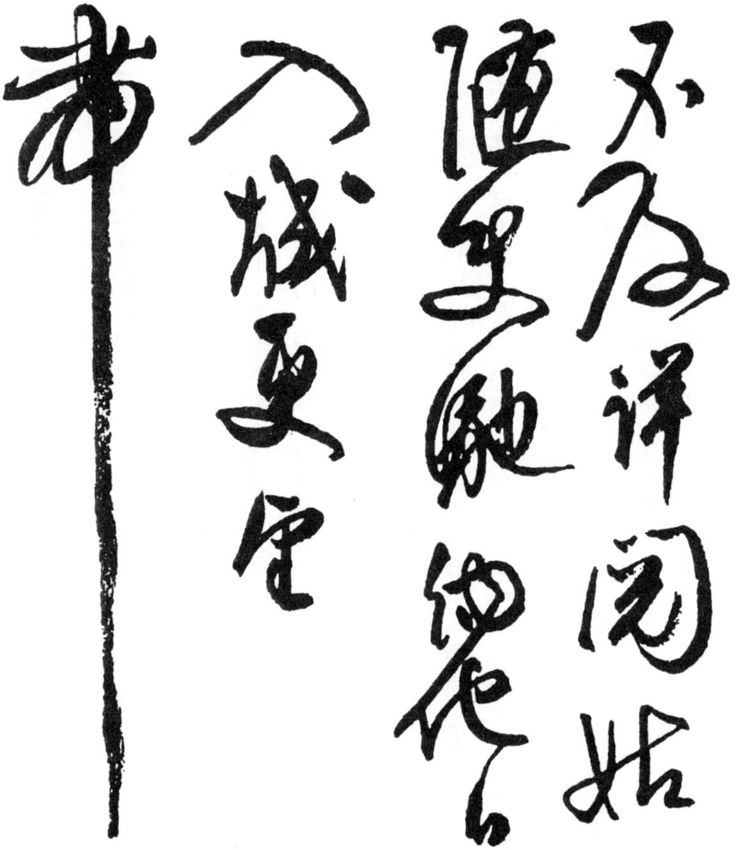

三、豪放的蘇東坡

㈠突破成規的書法

蘇軾，字子瞻，東坡乃其別號。他天才橫溢，文學上的造詣至高，書法也能獨創一格，運筆善用偏鋒，肥潤秀逸，出以豪放，卓然成家。宋朝自太祖開國後的一百多年間，書法都是沿襲唐朝的餘緒，但知摹搨成體而已。迨至蘇東坡與黃庭堅等位相繼創新，書法乃能有突破性的發展。東坡的書法，能兼具王羲之的挺拔與顏眞卿的厚重，並能融會兩家所長，而表現出其特有的豪放風格，正是其可貴處。

東坡所寫的碑帖雖然很多，可惜因受當時政爭的影響，在其流放或被查抄中多遭毀壞，後世所傳者多爲重刻的作品，自不若原有的風貌。他在詩卷及尺牘中的手筆，興之所至，揮灑間每不着意，於豪放中更流露出一股飄逸的韻致。當時有人譏謗他的書法太過隨便，不合古人的法度。他也坦然承認，自稱「我書意造本無法」，乃得任其個性，無所拘束，而超越於前賢，誠非世俗的眼孔所能企其項背。他認爲書法是有生命的，他指出：「書必有神、氣、骨、肉、血五者，缺一不爲成書也。」有生命就有動感，有動感就自然流露出一股感人的韻致，這也正是書法所以成爲藝術的一項主要原因。他主張：「詩不求工，字不求奇，天眞爛漫是吾師。」字如其人，這是很易想像的。

㈡才氣橫逸的文章

他的父親蘇洵，字明允，別號老泉；他的弟弟蘇轍，字子由，別號潁濱遺老，均以文名，世人合稱爲「三蘇」。在文學與藝術的領域中，當然以他的造詣最高。他生於宋仁宗景祐三年（西元一〇三六年）。他十九歲時，娶同鄉王進士女王弗爲妻，女亦精通國學，得唱隨之樂，惜在他三十歲時，妻卽去世，鶼鶼之情，雖在十多年後仍念念難忘，題了一闋「江城子」，至情流露，感人肺腑。在本書第六篇第三章二之㈤「蘇軾對詞境的開拓」中將作引述。東坡二十一歲那年秋天，與弟同應禮部初試，翌年正月複試。試題爲「刑賞忠厚之至論」。他名列第二，與弟同榜進士及第。其間有一段頗曲折的佳話。東坡在初試後的文卷本已落選，考官梅堯臣恐有遺珠，復在棄卷中仔細檢閱，發現有篇文章寫得好，所引：「當堯之時，皐陶爲士，將殺人，皐陶曰：『殺之』三，堯曰：『宥之』三。」對話的用典，相當生動貼題。但一時想不出此典的出處，又不便明問，乃將此卷呈給主考官歐陽修審閱。歐公看過文卷，大爲讚賞，決定錄取，且將之列於前茅。

當時考試，爲嚴防弊端，考生入場，各閉於斗室，有人監視，且各生文卷繳齊，皆由錄事人員登記檔册，重抄一遍後，略去考生姓名，才送交考官評閱，以杜徇私。故歐公於看此文卷後，雖印象深刻，却不知考生是誰，從文章的內涵及風格上衡量，很可能是門生曾鞏所寫，論文本該錄爲第一，爲了避嫌，乃降列第二。待後來揭曉，才知是蘇東坡，也才初次認識這位很年輕的學子。

新中的進士，循例要拜謁主持考試者，認作恩師。考官梅堯臣見到東坡後，於談話中問起那文中的用典。東坡坦陳出於杜撰，並解釋說：「以堯之盛德與臯陶之言，乃想當然耳，何必定有出處？」事已如此，這位恩師不便再作追問，但心中很犯嘀咕。因文章引經據典，向重出處，如此輕率，卽很易受到指責，甚至鬧出問題，此卷是他所荐，自難辭其咎。當他陪着東坡往謁主考歐陽修時，內心不免忐忑。歐公偏也問起此典出處，東坡竟又從容回答：「啓禀恩師，昔曹孟德滅袁紹，以紹妻賜其子丕。孔融曰：『昔武王伐紂，以妲己賜周公。』孟德驚問：『見自何經？』融對曰：『以今日之事觀之，意其如此。』學生所寫堯與臯陶之言，亦意其如此。」

察這新門生的答話及神態：才氣兼有豪氣，敢於創典，復善爲喩解，這位大恩師不僅未加究責，且益爲激賞；事後還對梅堯臣以讚歎語氣論及：「蘇軾這位年輕人眞了不起，可謂善於讀書、善於用事，他日其文章必能獨步天下！」

㈢人情味的小政績

東坡在朝，因反對新政，與王安石不和，遠謫到杭州作通判，公餘寄情山水，在詩酒中與僧人及歌妓諧謔的韻事，爲後世所艷稱，惟多出於附會。在審理公案中，另有一則頗富人情味的小故事，與書畫有關，姑妄錄之。

據傳有居民張某控告王某積欠兩萬緡的綾絹價款不還，涉嫌欺詐。經東坡訊明原委，得知王某以製作絹扇爲業；所欠絹款，因係暑間不幸遭父喪，忙着料理後事，致躭誤生意，現入秋陰雨，天氣轉涼，所製大批絹扇，求售無門，故一時難於還債，且經喪變，生活已處困境，並非存心賴債。

東坡見王某說得可憐，頓時動了悲憫之情。想出個兩全其美的辦法。曉諭原告：債務近期當能淸償，可先回去。復曉諭被告：回去卽取二三十把扇子來，可代爲解決問題。兩照自然都樂於遵命。當晚，東坡趁着酒後的豪興，揮起毫來，在扇面上或書或畫，並加題款。翌日召來那被告，囑將這些書畫過的扇子拿出去求售，每把最少索價一千緡。王某將信將疑，不敢多問，只好照辦。剛走出衙門口，已有不少好事者得知消息，擁來察看究竟。奇怪，索價愈高，人們愈是爭着買。沒一會工夫，就已賣光，不僅淸償了債務，還有剩餘。王某自是感激涕零，以後逢人說項，一時傳爲里巷的美談。

四 僧俗諧謔的小故事

東坡與金山寺和尚佛印交往戲謔的故事，亦有不少附會的傳聞，雅俗參半，均足解頤。其中有一則傳聞，既可說是很典雅，也可說是很粗鄙，頗能雅俗共賞。據說有一天東坡與佛印一同遊山，暢論詩文，隨興逗樂。忽見一隻山鳥飛鳴而過，又觸動東坡打趣的靈機。由那飛鳥想到「鳥」字，在俚俗的口語中，係屬很粗鄙的罵人話。東坡故意擺出一副閑閑的神態，信口談起詩來：「古代詩人，常在偶句中將『僧』字與『鳥』字相對應，運用得很貼切，可使詩的意境顯得分外生動。」

「願聞其詳。」

「請想想看，古人詩中有：『時聞啄木鳥，疑是扣門僧』；還有『鳥宿池邊樹，僧敲月下門』，以鳥與僧的相襯托，頗見古人的巧思。」

「不錯，確有道理。」佛印一經提示，頓有深獲我心之感，玩味着古人的那些名句，正悠然神往，忽見東坡忍笑的那副神色，似有鬼胎。他的反應也夠快，頓時想到那最不雅處。分明吃了暗虧，却不動聲色，仍以很欣賞的態度，提出自己的感受：「不錯，這確是高明的提示，就像眼前，貧僧與居士相對，不也是很有情趣麼？」

「眞有你的！」東坡自是十分折服。

結果是兩人相對鼓掌，開懷大笑。

㈤宦途中的大風險

當然，東坡也有很不開懷的時候，那是在他湖州太守任內，朝中當權的小人從他忠憤抒感的詩文中斷章取義，誣指為譏諷朝政，有意謀反，遭抄家的厄難，更被押解進京，嚴刑逼供，慘不堪言，顯已凶多吉少。當時杭州與湖州民衆，多受過東坡恩惠，深感這位親民的好官負屈含寃，却無力營救，自動發起「齋經月」，大家一齊吃素誦經，祇求菩薩保佑。雖很感人，却與事無補。其子蘇邁隨同來京，打點花費，變賣一空，難以為繼。那夜枯坐燈下，不能成眠，翻出幾件舊衣物，準備再去典當，好歹應急。竟在衣袋中發現一包很值錢的珠寶，這才想起一位名沈娟的姑娘，當他們被押解啓程時，趕至路邊，匆忙塞入他衣袋中，未及細察是何物，今始發覺，正好救急。

想到這位沈姑娘，尚有一段聯詩的佳話。在本書第六篇第二章二之㈩「蘇東坡的宦情與閑情」中將有敍述。

東坡繫獄後，自知必死，寫了兩首訣別詩，暗託獄卒送給弟弟子由。不想被轉呈御覽，使神宗皇帝大為感動，終於因此護赦而死裡逃生。因詩護罪，復因詩護濟護救，死而無悔，出獄後仍要寫詩，其中有兩句：「平生文字為吾累，此去聲名不厭低；」率性而行，亦正東坡可愛處。

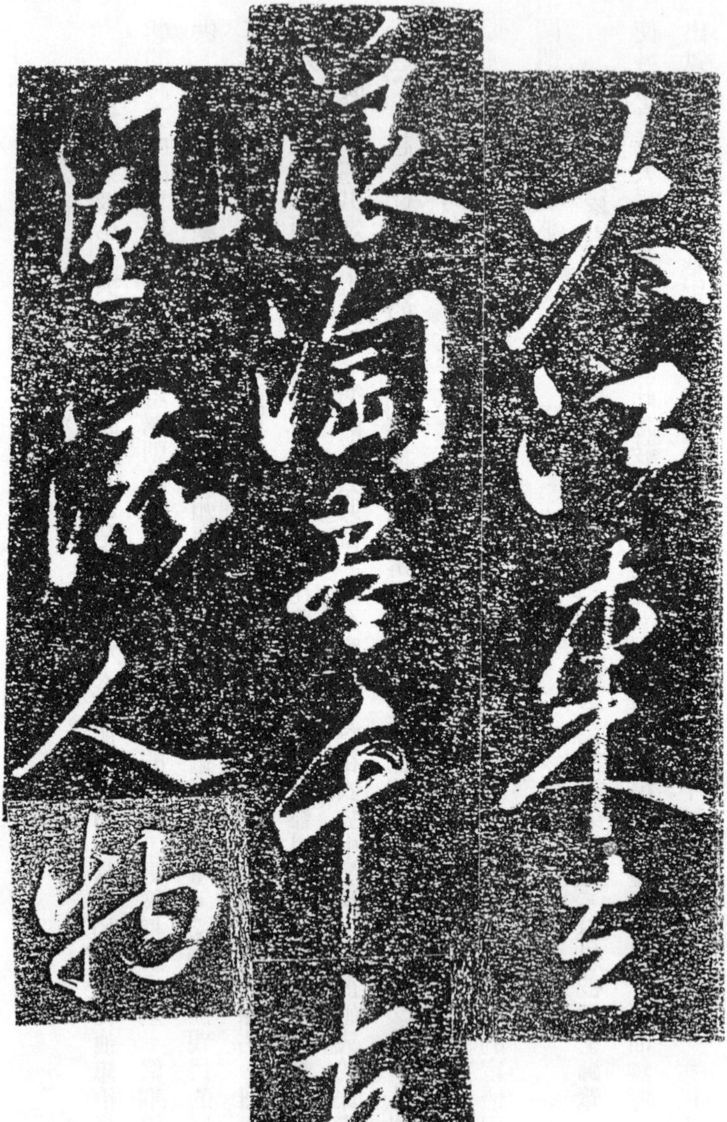
大江東去
浪淘盡千古
風流人物

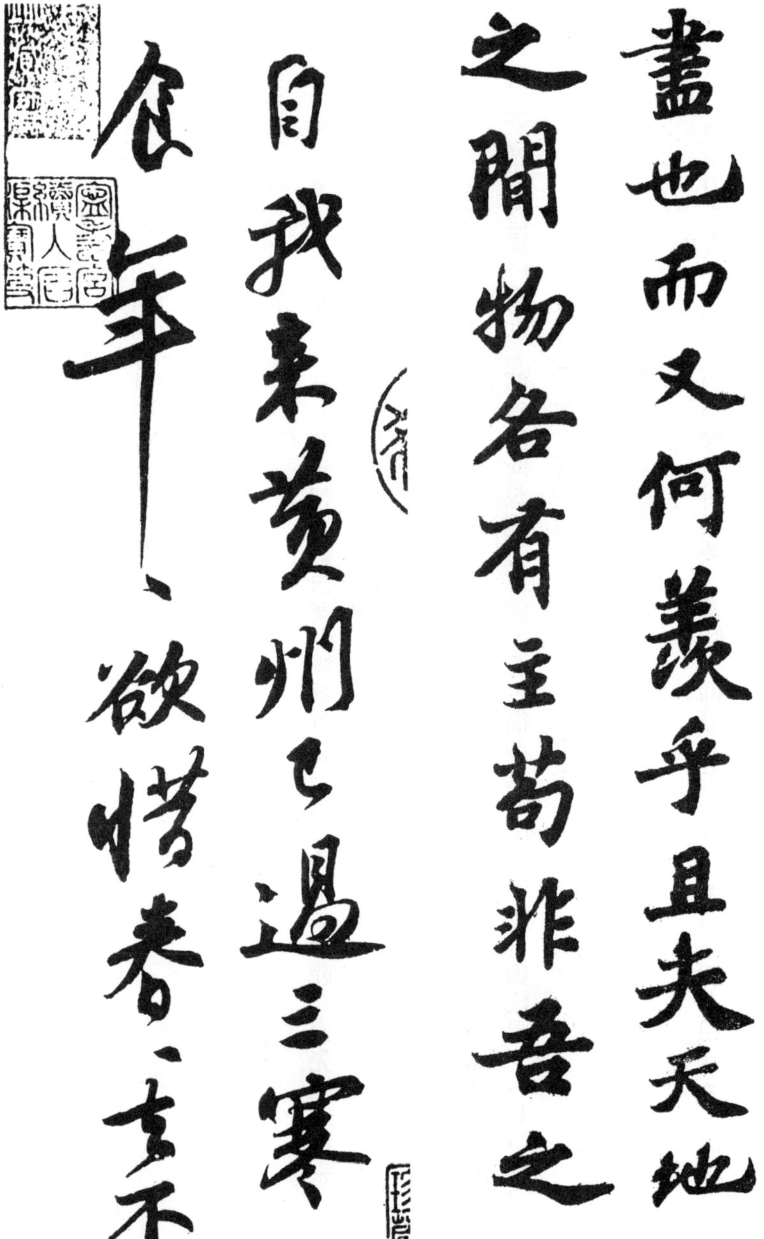
畫也而又何羨乎且夫天地
之間物各有主苟非吾之
自我來黃州已過三寒
食年、欲惜春、去不

四、摯情的趙孟頫

㈠柔潤秀逸的書法

趙孟頫，字子昂，別號松雪道人，是宋太主趙匡胤的十一世孫，秦王德芳之後，因分邑至湖州，遂落籍。

他在書法上的成就很高，在元朝的書法家中堪稱首屈一指。他早先曾臨摹過先祖宋高宗的字，但他最傾慕的還是王羲之，曾認眞下過一番學習的工夫，得其精奧；在有些題跋中，風貌非常接近。他並大力提倡書法的復古運動，希望大家都能以王羲之的字爲宗法，影響所及，一時蔚成風氣。他的書法雖遵奉傳統，却不拘泥於傳統，在本質上仍能有所創新。他的書法不僅享盛譽於當世，更爲後世普遍所喜愛，遺有很多法帖，可供欣賞與臨摹，一般俗稱之爲「趙字」。大體言之，趙字雖不如王字的挺健，其柔潤秀逸處却有過之。

㈡你儂我儂的閨房摯愛

他很有文人的氣質，對金錢看得很淡。當時，仰慕其名而登門求墨寶的人相當多，他都能隨興揮毫，隨手贈與，向不接受報酬。他不重視物質的享受，精神生活可謂非常美滿，夫人管道昇也很愛好藝術，又很賢慧。夫唱婦隨，恩恩愛愛，享盡閨房之樂，傳爲藝壇佳話。最爲人津津樂道的，當推管夫人所塡寫的那首「你儂我儂」的詞。以淳樸的文字，引泥水調合作喻，別出巧思，將夫妻的恩愛刻劃得極其入骨，情深意濃，相當感人。直到近代，重經作曲，爭相傳唱，爲一般年輕人所喜愛。

管夫人以畫竹聞名於當世。她所畫的竹子，筆致非常秀麗，爲世所珍。她所著的﹁墨竹譜﹂，詳析畫竹的技巧，不僅對枝、葉、節、幹等的畫法說得很具體，具對運筆的輕重疾徐，用墨的乾濕濃淡，佈局的疏密低昂，以及配景的陰晴雨雪，各項變化，也都有詳細的解說，提供後世學畫竹者很好的參考。夫妻倆不僅恩愛，而且在繪事上可謂相得益彰。元武宗至大四年，孟頫奉使蒼梧，他在家中所畫的春江垂釣圖尚未完成，管夫人就在那畫上補寫了幾叢墨竹，更能相映生輝。對管夫人所畫的墨竹卷，孟頫也着意爲其寫了一篇修竹賦，珠聯璧合，尤屬珍品。

㈢清介的文人風格

他們也曾經歷過一段艱苦的歲月，那是當宋朝亡後，迭遭戰亂，家產蕩然，末路王孫，陷於潦倒，柴米之需幾難爲繼，淸傲之氣仍未稍減。一天，有兩個道士奉重金登門來求墨寶，家人一團高興，卽忙入內通報：「稟告相公，這可好了，有兩位居士前來求字，還帶重金

「什麽居士？」孟頫却冷冷地說：「香山居士麽？東坡居士麽？這些市井的俗徒，也配稱爲居士。——不值理會，叫他們去吧！」

家人一見情況不妙，趕快請來夫人。夫人從容解勸：「凡事總得權衡實際。你管他是什麽居士？人家旣然誠意送錢來請你寫字，並非向你化緣，你就不必這麽使性子。再想想我們家境，已遠非昔比，正待救急。昔日王羲之書換籠鵝，無損淸高，我們爲了家計，又有何不可呢？」

孟頫終於欣然答允，而得了一筆可觀的酬勞，依了夫人，稍作通權，生活也漸漸有了改善。

值得補充說明的，孟頫不僅善於書法，更精於繪事，山水、人物，各具精妙，尤善畫馬，據評還超越韓幹之上。他也是主張「書畫同源」的，他曾以一首詩來提出他的看法：「石如飛白木如籒，寫竹還應八分通。若也有人能會此，須知書畫本來同。」

……」

流水在人世武

陵豈必心神

仙江山清空我

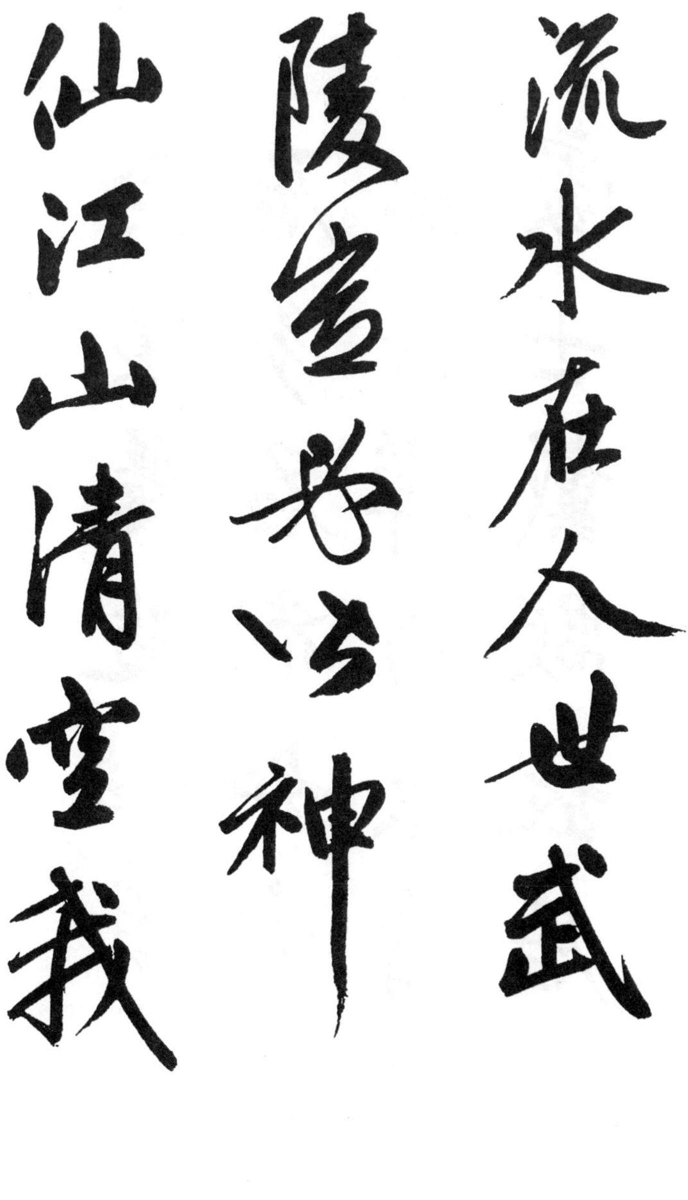

余曩屢遊姑蘇
居多名剎如大
慈北禪乃東晉
處士戴顒故居

五、狂狷的徐文長

㈠狂放中的揮灑

徐渭，字文長，號青籐，別號天池上人。籍隸浙江山陰，生於明武宗正德十六年。他是一位天才橫溢的書法家。他的書法突破成規，任性揮灑，故大不同於一般着意表現的書法藝術；而在於不經意間的發洩，將胸中一股坎坷不平之氣，於難以自抑時，噴薄而出，透過書法的線條，以狂放不羈的筆致，充份流露於紙面上。如狂獸之脫柙，奔瀑之落澗，一發不可收拾，彷彿驚雷急電，有一股令人震懾的氣勢。他的書法，每於狂放中完全超脫了固有的規格，甚至超脫了文字基本的結構，使書法藝術更接近於抽象的畫面。熊秉明先生在所著〈中國書法理論體系〉中指出：「……徐渭寫過這樣風格的書法，其字忽大忽小，忽草忽楷；筆觸忽輕忽重，忽乾忽濕，時時使人出乎意外；故意地反秩序、反統一、反諧和，在項穆所謂的『醉酒巫風』的筆致中顯得憤世疾俗的情緒來。」的確，他的書法是最能表現情緒的了。

㈡環境的影響

明人袁宏道在所寫「徐文長傳」中，論及文長奇特的經歷對其詩文的影響，有「……凡雨鳴樹偃，山崩海裂，沙起雷行，一切可驚可愕之事，皆發之於詩。……故其詩如嗔如笑，如水鳴峽，如種出土，如寡婦夜哭，羈人寒起，……」其實，在文長的書法中，我們也能充份感受到這些，而且覺其流露得尤爲直接，眞是觀其字，如見其人。他對藝事曾作自我的評價：「吾書第一，詩二，文三，畫四。」將字列於首位，而畫列於最末，可能他已體會到他的書法乃最能表達自我的抽象畫，實遠較他勉能迎合世俗的具象畫有更高的意境。

㈢令人心折的藝術造詣

若從本質上探究，中國的字與畫可謂是一體的。當然也包括所蓋的印章在內，印章也是表現書法的另一種方式。書、畫與印章三者相配合，更能使此一空間藝術臻於美滿。最諳此道的清代書畫金石家鄭板橋，以及近代的書畫金石家吳昌碩與齊白石，對文長的藝術造詣都極爲心折。鄭板橋特地刻了一方印章，章文爲「徐青籐門下走狗鄭燮」。吳昌碩獨稱文長爲「畫中聖」。齊白石更以詩來表白：「青籐雪箇遠凡胎，老缶衰年別有才，我欲九泉爲走狗，三家門下轉輪來。」（按：青籐乃文長，雪箇乃八大山人朱耷，老缶乃吳昌碩。）均可見其崇拜的心情。

㈣悽涼的身世

文長的父親徐聰，曾做過四川夔州府的同知。文長乃側室所生，生後百日，父卽去世。他自小就非常聰明，活潑而玩皮，慣會淘氣。很可能像美國小說家馬克吐溫筆下塑造的頑童湯姆那樣可愛，但里巷間盛傳的一些小故事，往往將他童年的行徑加以附會誇張，成爲一個極其機靈而又尖刻，專愛捉弄人的小鬼頭，固可提供不少俚俗的趣味，作爲茶餘酒後的談助，但多不足採信，姑妄聽之可也。他六歲入學讀書，就表現了驚人的記憶力，一章書有幾百個字，經塾師講解後，他不必再看，卽可背誦。

他對嫡母苗氏很孝順，當苗氏病危時，他叩頭許願，竟至滿額鮮血，苗氏死時，他更悲慟得不進飲食。那時，他不過才是十三歲大的孩子。他原配妻子亡故後，續絃一位杭州姑娘。因此女對他生母很忤逆，他竟一怒之下將她賣掉，而惹出一場官司，這也可看出他率性而行，愛走極端的性格。

(五)坎坷的仕途

他初婚是在二十一歲，剛中了秀才，入贅到潘氏家。夫妻非常相愛，可惜五年後妻卽去世，也正是他惡運的開始。那短短的五年，可算他坎坷的一生中最難得的快樂時光了。自他二十三歲起，每次應試，總是落空，而他自恃其才，偏又熱中功名。這對他的打擊當然很大。若以科場中的幸與不幸來衡量，他與宋朝的蘇東坡可以分別代表兩個極端。東坡有幸得遇慧眼憐才的兩位考官梅堯臣與歐陽修，使其得由敗部復活，顯耀於一時。而文長所遭遇的，却偏偏都是些糊塗的考官，有眼不識珠玉。更不幸的，是他完全缺乏曠達的氣質，不能如晉人陶淵明所表現的那樣灑脫，只有悲戚多舛的命途，不能超拔，貧病自虐，落拓以終。

㈥難得的知遇

文長到了中年，更是窮困潦倒，飧饔不繼，每依人爲活。時浙江巡撫胡宗憲愛慕他的才華和智略，禮聘爲幕僚。文長乃得大展所長，於巡撫署中飲酒賦詩，高談時事；或縱馳騁，策馬觀獵；或運籌帷幄，獻平倭之計，以建奇功。後宗憲在朝中失勢，自覺處境頗危，適得白鹿，乃囑文長作表，獻給皇上，皇上覽表，特別讚賞。龍心大悅，對宗憲寵賜有加，乃得暫保其政治生命，胡對文長當然更加器重。胡治軍甚嚴，人又很有威儀，一般僚屬軍官，懾其威而不敢仰視，甚至狼狽得「膝語蛇行，不敢舉頭」。而文長以一介文弱書生，無視於宗憲的權威，言談笑謔，毫無顧忌，甚至鬧起情緒，摔筆就走，還得宗憲紆尊降貴，予以慰解。如此知遇，也堪稱是奇遇了。

不幸胡宗憲再度失勢，而且垮得很慘，慘死獄中。文長也因此受了連累，家庭與事業上的多重打擊，終使他的神經陷於分裂，瘋得自劈腦袋，瘋得殺了再娶的妻子，再度入獄，捱受了七年囚禁之苦，幸遇大赦得釋。他的性情更流於怪僻，到處浪蕩，遠至塞外的大漠窮荒，放歌縱酒，與射鵰的蒙古人爲伍，在流離顚沛中固然吃盡苦頭，而經歷的名山大川，以及風沙莽原的景物，亦足增加其生活的體驗，外界的奇景激蕩着心胸的奇氣，表達於其詩文及書畫上，更能顯出狂放的特性。

㈦窮而益工的藝術成就

晚年，他的心境益惡，無錢時閉戶忍飢，得錢則卽花光，在街頭邀走卒同飲。遇有達官貴人慕名來訪，或向他求書求畫，他却以倨傲之態，不理不睬。有一次，山陰劉侯坐着轎子專誠拜訪，先派侍役投帖。他却在帖上信筆題了一首詩：「傳呼擁道使君來，寂寞柴門久不開，不是疎狂甘慢客，恐因車馬亂蒼苔。」劉侯見詩，說不得也只好委屈一點，便服徒步，登門來看他。一回旣討沒趣；當然不會再有下回。淒涼寂寞，直到了此殘生。

論及藝事，他素享盛譽的繪畫也是很值一提的。單以畫竹而論，鄭板橋也曾作過中肯的論析：「徐文長先生畫竹，純以瘦筆、破筆、燥筆、斷筆爲之，絕不類竹。然後以淡墨水染鉤而出，枝間葉上，罔非積雪，竹之全體在隱躍間矣。……殊不知寫意二字，誤多少事。欺人，瞞自己，再不求進，皆坐此病。必極工而後能寫意，非不工而能寫意也。」

不羈的天才，加上深厚的功力，乃得使文長的寫意作品，在信筆揮灑間，都有出神入化之妙。命運雖然使他陷於極端的不幸，却也能在藝術領域中給與了相當的補償。

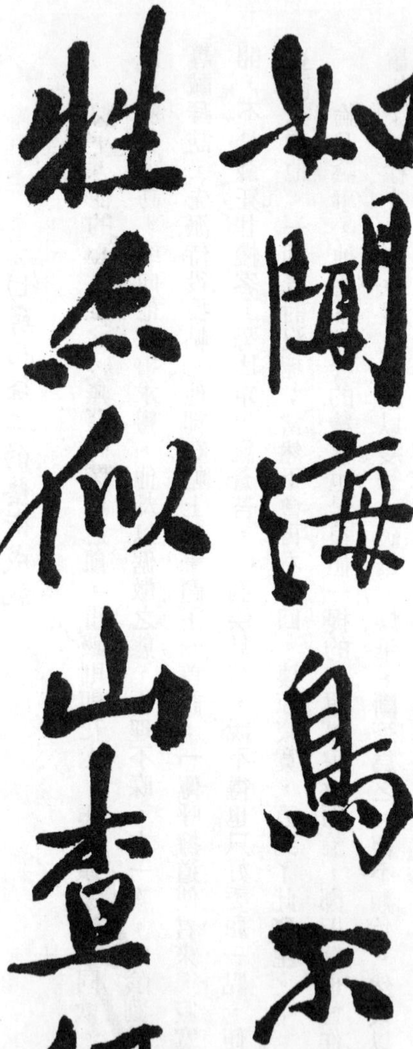

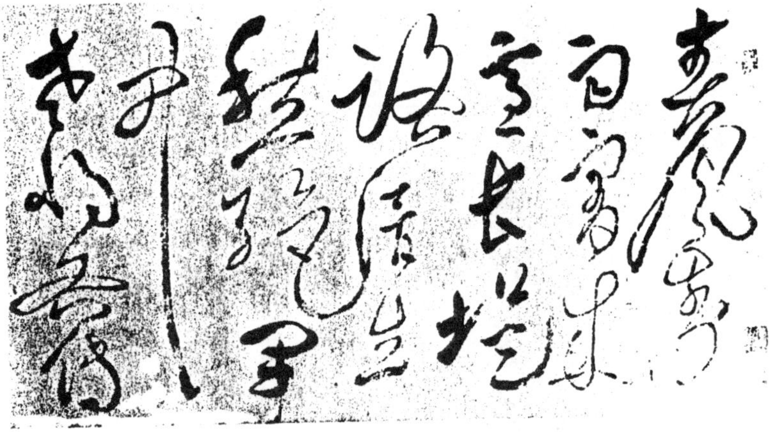

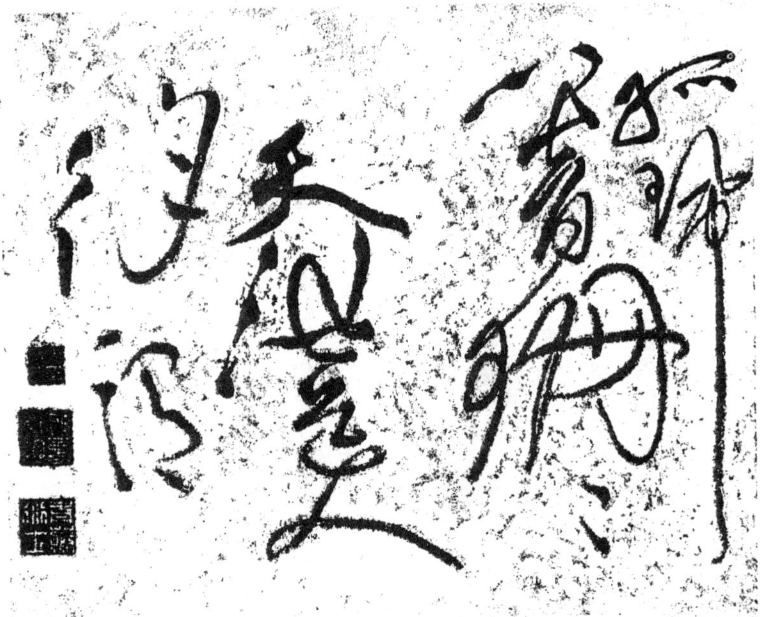

六、率眞的鄭板橋

鄭燮，字克柔，號板橋，江蘇興化人，生於清康熙三十二年（西元一六九三年）。

(一)獨創的字體

中國書法，經數千年的演變發展，歷代名家輩出，各具風格，可說已建立了相當權威的體例與規範。論書法者，不入於王，卽入於趙；顏、柳、歐、蘇等帖，更成了普遍臨摹的範本，相襲成風，鮮少變化。迨至鄭板橋，別具匠心，以其深厚的功力，把握書法基本的精神，融和隸、楷、行、草諸體的特點，而獨創其所謂「六分半書」（按：隸書俗稱「八分書」，板橋自標爲「六分半書」，謙虛中亦略含解嘲的意味）。這在遵奉傳統，唯重臨摹，墨守成規的當時，誠屬是一項大膽的嘗試，驚人的突破。一般俗見，不免視爲怪體。當時學者袁子才卽看不入眼，譏其書法爲「野狐禪」；以外行評內行，不免流於偏頗。

其實，板橋的「六分半」體很具創意。因他旣精於寫，亦精於畫，深諳中國書法與繪畫同源並同其屬性的道理，而書法尤宜作抽象的表達，正可靈活運用。觀板橋的書法，在運筆之間，起落處顯得凝重，運行中則出以輕捷，乃能保留隸書幾分拙趣，並兼具行草書的靈動與飄逸，對於字的點畫，疾徐輕重，亦顯示節奏分明，特富韻律感。至於字的結構，也較解脫，不顧成規，有時歪歪斜斜，或大或小，行草摻雜，錯落有致。每使人引起幻覺，彷彿一些任性的頑童，活躍於紙面之上。其字乍看頗怪，耐心觀賞，轉喜其不成章法中別具章法。

清代詩人蔣心餘很能看出板橋書畫同體之妙，特別題詩以作評析：「板橋作字如寫蘭，波磔奇古形翩翻；板橋寫蘭如作字，秀葉疏花見姿致；下筆別自成一家，書畫不願常人誇。」可謂一詩道破。

(二)窮困的家世

談到板橋的家世，亦屬書香門第。至其父時，家道中落，雖有學養，却僅考得個稟生，拙守家園，教幾個蒙童，生活相當清苦。板橋是獨子，不幸三歲喪母，依靠乳娘費氏撫養。這位乳娘乃是他祖母的侍婢，感主人之恩，不顧自己的丈夫與孩子，而到鄭家來共度患難，每日清晨，揹負着瘦弱的板橋，到市上作小販，寧願自己餓着肚子，總得先買個燒餅給孩子充飢。後來，她自己兒子雖當了八品官，請她回去享福，她仍寧可留在鄭家吃苦。板橋特爲乳娘寫了一首詩，詩前縷述患難恩撫的經過情景，詩爲：「平生所負恩，不獨一乳母，長恨富貴遲，遂令慚恧久，黃泉路迂濶，白髮人老醜，食祿千萬鍾，不如餅在手。」

板橋的繼母郝氏，賢慧而有愛心，可惜體弱，禁不住飢寒的煎熬，於板橋十四歲時即去世，對未成年的孩子來說，也是一項很大的打擊。

他十九歲時中了秀才，二十三歲時結婚，爲了生活，到楊州去賣字畫，無人賞識，很不得意，有時逛逛青樓，或借酒澆愁，顯得消沉。迨至他三十歲時，父親窮困而死，後來兒子也飢餓而死，境遇至慘。所幸他四十歲中了舉人，四十四歲中了進士。再到楊州，因已有了名氣，他的字畫連同舊作，都被當成墨寶，他慨於炎涼的世態，特地刻了一方印章蓋在他的作品上，印文爲「二十年前舊板橋」，多少也帶點自嘲的意味。他先後做過山東范縣及濰縣的縣令，深入民間，洞悉民間的疾苦，終因救災而得罪了巨室，寃枉被參，他宦情已薄，毅然辭官返里。他在惜別濰縣紳民所畫的一幅竹子上題了一首詩：「烏沙擲去不爲官，囊槖蕭蕭兩袖寒；寫取一枝清瘦竹，秋風江上作漁竿。」又爲惜別僚屬，畫了一幅菊花，也題上詩：「進又無能退又難，宦途蹣踳不堪看；吾家頗有東籬菊，歸去秋風耐歲寒。」必須曠達的心胸，才能自然流露出這般的瀟灑。

㈢入骨的溫情

再論及板橋的爲人處世之道，以「率眞」二字似可概之。他深知恕道，非常練達人情，從一些生活的細節上，都能表現出十足的人情味，爲詩爲文，字裡行間也莫不流露出至情至性，他堪稱是中國讀書人的典型。他感念乳母之恩，後母之愛，叔姪親情，朋友道義，以及自己的困頓，寫了一首「七歌」，隨口白話，不見藻飾，而一字一淚，感人至深。懷念兒時的遊伴（一位鄰居乖巧的小姑娘王一姐），他題了一闋「賀新郎」的詞相贈，淡淡的幾筆素描，小兒女的嬌憨神態，卽躍然紙上，留下一股甜蜜的回味。

他雖已富貴了，仍不忘貧賤的故舊，多所存問，體貼入微，這在他的家書上更很生動的表達。如何接待貧寒的求告者：先請其吃碗熱粥，然後再問其來意；如何體卹童僕：想想人家的孩子，亦正如自己的孩子；甚至爲了保全一座無主的孤墳，而甘願買下一塊沒人肯要的荒地，以備自己他日歸土，好與地下作伴，這種澤及枯骨的想法，正是仁心的高度發揮。不管他的什麼想法，總能表現出他的率眞，在慣見虛僞取悅的社會中，率眞可算是很難得的。

四 耿介的操守

尤其難得的，是他在官場中的表現。專制時代的衙門，具有十足的可怖性，純良的百姓是不敢輕易進入的。身爲縣太爺，高高在上，爲了養威，也不會輕易外出，出必鳴鑼喝道，以示尊不可犯。功名與利祿相密合，就不會再想到民間的疾苦。所謂「滅門縣令」，能少作點惡，已屬難得，遇有災難，掩飾之不惶，浸呑賑款之不惶，更難顧及其他。而板橋一反官場的積習，布衣草鞋，深入民間，以瞭解疾苦；並毫無矯情，一本其眞，將所見所聞的民間悲慘事，一一表達詩篇中，以作刺骨的諷喩。他在「逃荒行」中寫賣妻賣兒的悲痛，「還家行」中寫一婦與前後兩夫及子女間難割難捨的幽情，讀來都會令人酸鼻。這些血淚文字，爲痛苦無告的小民傾吐心聲，是不合爲官之道的，亦屬練達宦情者的大忌。

他對縣民的關切，雖已盡心竭力，仍感惶恐未足。在他寫「范縣」的詩中有兩句：「縣門一尺情猶隔，況是君門隔紫宸。」可以體會得之。以小小縣衙的一道淺淺的門牆，對民情尚有隔膜，何況那皇帝老倌只高坐在重門深禁的金鑾殿上，還能知道些什麼？在君權至上的時代，這種感慨很易受到曲解，甚至惹出禍端。幸而他僅僅是個小小的「七品官耳」，若像蘇東坡那樣的樹大招風，遭到小人的羅織，定個輕蔑朝廷的罪名，抄家問斬，都屬意中之事，實在大意不得的。

㈤一則審案的小故事

他的不計利害，不顧世俗，但求率眞而行，有時也表現出輕鬆的一面。在他審理的案件中，就有不少頗具趣味的傳聞。其中較轟動的，乃是崇仁寺小和尙悟塵與大悲庵小尼姑妙慧通姦案，經地保捉雙，送到縣衙。在當時很保守的封建社會，此種案情，可治死罪。有些酷吏，也正可以此沽名，當堂打死，以博一些衞道士紳的讚頌，而更有不少好事者，麕集衙前，以能觀賞酷刑爲快。

可憐兩個小僧尼，自知凶多吉少，已嚇得面無人色，木然等死而已。經板橋升堂，訊明案情，得知這一對小囚犯的生世，都是家庭破碎，孤苦無依，爲免飢寒，才落髮入了空門。

他頓時又動了惻隱之心，不顧習俗的成例，不理士紳的看法，特別從輕，判他倆還俗成婚，逐出縣境，以了公案。私下裡，更贈了一筆盤纏，另外還送了一首祝福的詩：「一半葫蘆一半瓢，合來一處好成桃。徒令人定風歸寂，此後敲門月影遙。鳥性悅時空即色，蓮花落處靜偏嬌。是誰勾却風流案，記取當年鄭板橋。」這詩雖近打油的格調，一時逗趣而已，却也隱含着他的一些眞摯的祝福，不見輕薄的意味。

㈥一句平淡有味的名言

一般爲官者都會瞭解，爲政得罪巨室，就難有好的下場。而板橋一反積習，獨行其是，明知其不可爲而爲之。最後，不惜扔掉熱烘烘的烏紗，而寧可回到冷溲溲的秋江上去釣魚，也正因他的率眞，才能顯得如此的灑脫。

他所題的「難得糊塗」，可能有兩種含意，一方面似有鑒於官場中的糊塗，他難得那種糊塗，只有及早抽身。另一方面當係看透世態，爲免多惹煩惱，不妨糊塗一點。他能保全這種糊塗，也算得是可人了。

㈦賣字鬻畫的生涯

他無官一身輕，再回到揚州賣字畫，身價已與前大不相同，求之者多，收入頗有可觀。

但他最厭惡那些附庸風雅的暴發戶，就像揚州一些腦滿腸肥的鹽商之類，縱出高價，他也不加理會。高興時馬上動筆，不高興時，不允還要罵人。他這種怪脾氣，自難爲世俗所理解。有一次爲朋友作畫時，他特地題字以作坦率的自供：

終日作字作畫，不得休息，便要罵人。三日不動筆，又想一幅紙來，以舒其沉悶之氣，此亦吾曹之賤相也。

今日晨起無事，掃地焚香，烹茶洗硯，而故人之紙忽至，欣然命筆，作數箭蘭、數竿竹、數塊石，頗有灑然清脫之趣，其得時得筆之候乎？

索我畫，偏不畫，不索我畫，偏要畫，極是不可解處。然解人於此，但笑而聽之。

這正是忠於藝術的表現。出於率眞，不管其如何自嘲，反益覺其可愛。

寫字畫畫，斤斤計較於酬金，自是俗不可耐。但板橋毫不隱諱，而且明定出一則可笑的怪潤例：

大幅六兩，中幅四兩，書條對聯一兩，扇子斗方五錢。凡送禮物食物，總不如白銀爲妙。蓋公之所送，未必弟之所好也。若送現銀，則中心喜悅，書畫皆佳。禮物既屬糾纏，賒欠尤恐賴賬。年老神疲，不能陪諸君子作無益語言也。

畫竹多於買竹錢，紙高六尺價三千；

任渠話舊論交接，只當春風過耳邊。

明明是俗不可耐的事，但出諸板橋，轉覺其俗得分外可愛，豈非也因他是出於率眞麼？「三絕詩書畫，一官歸去來。」正可概其生平，也是最確切的讚頌。傳統的書香門第，門上的楹聯，往往會題：「傳家有道存忠厚，處世無奇但率眞」。板橋可謂是一位忠實的奉行者。

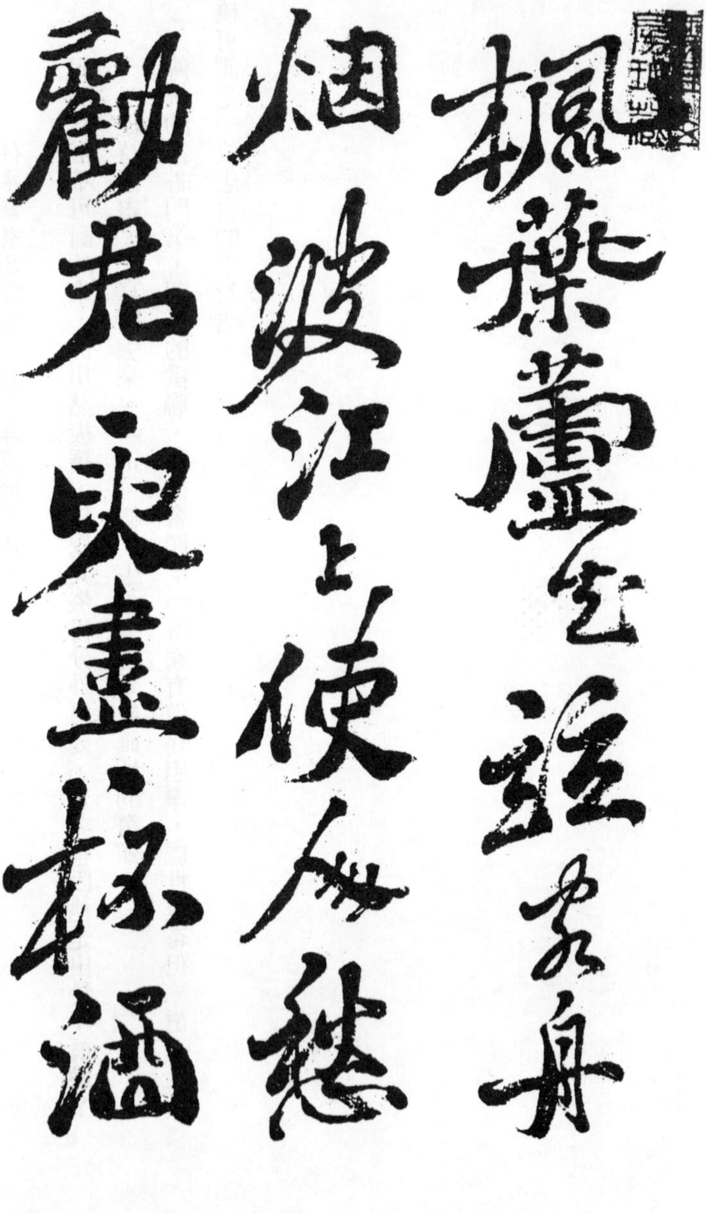
楓葉蘆花送客舟
烟波江上使人愁
勸君更盡一杯酒

忽朕湖上一片雲飛不覺
舟中雨濕衣拆得祿以夜
渾忘却留將萍葉盡頭
編

極攊居士以畫業錢作柳葉書不知者
呑安知夫無滯不備後人學廣陵去年
碣籠以至長不見圖奎不得或以往此償而
……鄭燮拜

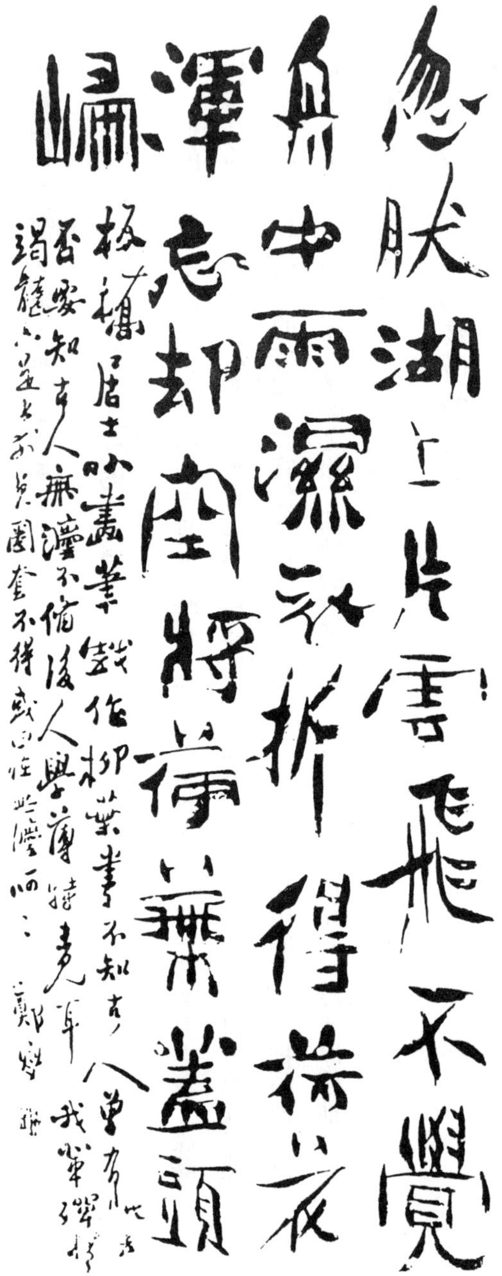

七、渾厚的吳昌碩

吳俊，復名俊卿，字昌碩，浙江安吉人，生於清道光二十年，卒於民國十六年。他是民國初期極享盛譽的書、畫、金石家。

(一)書畫金石的造詣

他的書法，尤以篆書最具功力，也最有特色。他善解藏拙之道，將一股靈秀之氣，深藏於蒼勁的筆力中，雍容而能滌除華貴之氣，穩健而不拘泥於工整；毫不造作，但覺淳樸自然，渾厚中獨喜其盎然的古趣。欣賞他的書法，恍如面對一塊荒澗中原始的落石，拙陋而不以形勝，斑駁而不顯光澤，摩娑之餘，精妙的紋理自見，清麗的品質自見，一股渾厚樸拙之美，轉感嘆於造物的神奇，令人低徊留連，不忍遽去。

(二)嬌慣的童年

他出生於書香世家，因係獨生子，小時很嬌慣，家人囿於迷信習俗，恐其早夭，爲他取名「香阿嬌」，以爲女孩的名字，可以矇混勾魂使者，也好多活些歲月。事實上，他也很能達成家人的願望，足足活到八十四歲。他對金石書法，有一種天生的愛好。據傳聞，他小時由於太過頑皮，責罵無效，有一次被家人禁閉在一處空倉中。他頑性難改，悶得無聊，就從牆上拔取一只大鐵釘，在地磚上用力刻劃起來。開始時，不過爲的是出氣，但越刻越起勁，也覺越有味道，居然安靜下來了。從此以後，他對這種刻劃的玩藝，就產生了濃厚的興趣。

㈢弱冠後的困頓

他十八歲那年，洪楊亂起，倉惶中，他父親只能帶着他逃離家鄉，待得亂平返里，滿目的瘡痍，未婚妻死於亂中，無以爲葬，被草草埋在院中，當然使他大感悲痛。他從此家道中落，生活在窮困中。他喜愛書法，對於鐫刻石頭尤有癖好。但軟質適作印章的石材相當昂貴，得來不易。所以他只能在磚瓦上勉力着刀；也能從中體會到相當的情趣，無形中也鍛鍊出他那樸拙而有力的刀法。他也曾中過秀才，從此就與金榜絕緣。他也曾作過縣衙的獄吏，又做過湖南巡撫吳大澂的幕僚，無所表現。又重作小吏生涯，最高曾做了一個月的安東（今江蘇漣水）令，從此結束宦途，去到上海，專心從事於他的書畫篆刻藝術。

㈣研習書畫的韻事

他精研甲骨文，金石文及碑文，所寫石鼓文，因曾下過幾十年的功夫，經融會貫通，富有創意，乃得自成一格。他的篆刻，不僅吸取比他較早的名書法金石家鄧石如、吳讓之及趙之謙等位之所長，且更研究漢代遺留的印章和封泥，而有心得，亦具古樸的趣味。

他學畫的時間較遲，也循鄭板橋同樣的途徑，先從文人畫的始祖王維學起，尤喜明代書畫家徐文長及明末清初的書畫家石濤和八大山人等位豪放的風格，有深刻的體會，並繼承揚州八怪（李鱓、金冬心、羅聘、汪士愼、高鳳翰、黃愼、閔貞和及鄭板橋）的餘緒，對李復堂的作品也曾下過一番揣摩的功夫。他的畫不僅是由中國傳統文人畫一脈相傳，並將其精研石鼓、碑文以及金石學的心得融入畫理，乃能獨創風格，饒有意境。

他以字入畫，開創新境的這一微妙的歷程，還穿揷着一個拜師的小故事。那是他五十歲以後，在上海寓居，由於仰慕當時名畫家任伯年獨特的花鳥風格，甘願放棄所學，拜任爲師而從頭學起。他學習甚勤，自以爲頗有心得，乃將習作就教於任伯年，誰知任竟皺眉搖頭，把他所畫的梅花與竹子批評得一無是處，復又對那作品端詳一陣，冷眼觀察他的反應，見他毫無慍色，仍然是一副虛心求教的樣子，這才以溫婉的口氣提出建議：「以你這樣的着意模仿，事倍功半，很難討好。何不運用你書法的特長，在繪畫上另闢谿徑，以篆書的筆法作花，以草書的筆法作幹，從古樸中顯其韻致，將來的成就，必大有可觀。」

經這一番指點，他這才大有所悟，在繪畫上也創出了自己的風格，於渾厚中飽含着中國文人畫所特有的書卷氣質。他以相當嚴肅的態度從事繪畫藝術。據說，每當他作畫之前，總先要培養情緒：或靜坐、或吟詩、或讀書、或散步、或欣賞名家的書畫，必使心無雜念，醞釀成熟，畫意浮現，待得神會的瞬間，大筆揮灑，小心收拾，一氣呵成，乃能表現出「奔放處不離法度，精微處照顧到氣魄」。

㈤返老還童的天真

他到中年以後，篆刻與書畫俱大有精進，不僅遠近聞名，且更享譽國際藝壇。他老年因發胖而更顯得矮，挺着大肚皮，圓圓的大腦袋，笑口常開，頗似彌勒佛的尊容。他性情很隨和，幽默而風趣，閑常愛唱崑曲，每與朋友聚會，總是談笑風生。他年老耳聾，自號「大聾」以解嘲，並以詩自頌：「行年方耳順，便得耳聾趣。」對檀板輕謳，照樣有濃厚興趣。年過八十，仍愛和兒童們一起嬉戲，揮矛共舞，渾然天眞，故能保持充沛的創作力，作品亦如其人，自然而不做作，平凡中見其偉大，令人於親切中油然而生敬愛之情。

第三篇　靈活的拚拆

——拆字的文人雅興與江湖卜筮

第一章　趣味性的文字遊戲

中國文字的結構，既如前述，是由簡單的初文，組合成較複雜的字，並由初文與字、或字與字組合成更複雜的字形，孳生更多的新義，以適應生活上日益繁雜的需要。其在組合上既能作如此靈活的運用，故偶涉遊戲或作其他特殊性的表達，運用技巧，予以拆合時，不僅方便，且饒有趣味性及其他暗示性的玄妙意味。一方面有助於逢場作戲，另一方面，更演變成爲江湖卜筮的一種職業性的運用，作頗爲廣泛的變化。這雖談不上是一種特殊的體裁，却是由於中國文字的特性而產生的一種特色，其間的巧妙，乃他種文字所難企及的。且分別予以引述。

附帶說明一下，拆字多是運用楷體字，而楷體較之原始組合的篆體，已多變形，故以楷體拆字，不能盡符組合的原理，好在作爲遊戲，或作爲卜筮，均非正規的解析。隨意附會，祇要能言之成趣，或言之可「信」，其他都不必計較了。觸機成趣，在日常生活中的運用，不乏事例，略舉如下：

一、訪客的題門

㈠凡　鳥

在較古典的文獻中，「題鳳」的典故，可能是較早利用拆字作爲一項逗趣的方式。此見於〈世說〉的記載，大意是說：在我國魏晉時代，嵇康與呂安是要好的朋友，只因兩家的住處相隔千里。昔日的交通，全靠人力或獸力，自然很不方便。但他們不管長途如何奔波，只要一想見面，就會立刻動身，跋涉不以爲苦。有一次，呂安往訪嵇康，途中因有躭擱，適康已外出，大爲掃興。鄰舍乃是康的哥哥嵇喜所居，旣知是弟弟的好友，故特意邀請過來加以接待，誰知呂安性情頗爲古怪，不肯進喜的門，却在他門上題了一個「鳳」字，就揚長而去。因龍鳳在國人心目中乃是高貴的象徵，那位忠厚的嵇喜見此題字，還以爲是受了很好的奉承。後來經人提醒，將這「鳳」字拆開來讀，原來是「凡、鳥」二字，分明是受了戲弄，事已過去，也只好一笑置之。

㈡牛不出頭

另有一件題門的小故事，見於〈遯齋閑覽〉中的記載，談到洛陽文士李安義去造訪城外一位土財主鄭某，那主人頗爲世故，想到這位來訪的客人素有輕狂之名，語難投機，生怕弄得不愉快，於是推說不在家，就予以拒絕接見。那客人心裡明白，也不便發作，乃在其門上題了個「午」字，這才走開。當那主人看到以後，先是一頭霧水，繼而一想：午乃日正當中之象，顯然表徵吉祥，倒覺暗自高興。後來經人提醒：「午」字乃「牛不出頭」之意。竟是捱了罵了。

二、敍晤中的嘲弄

宋朝宰相王安石不僅在政治上有創新的表現，且在文學的領域也有相當的造詣，可惜太過自信，有時鑽進牛角尖，使他的看法與作爲不免失之偏頗。他自覺對中國文字有獨到的看法，乃寫了一部〈字說〉，就犯了偏頗的毛病，標新立異之不足，反被譏爲荒謬可笑。一日與蘇東坡會晤，談到他的〈字說〉，舉例分析：「波乃水之皮」。自覺這種就字論字，拆析解釋的方式，簡單明瞭，貼切而又新穎。蘇東坡反問：「以此類推，『滑』豈不成了水之骨？」。王安石仍一團高興，未及答覆，又舉例說：「魚兒爲鯢，四馬爲駟，天虫爲蚕。」蘇東坡又反問：「如你這種說法可以成立，難道九隻鳥才可以成鳩嗎？且請你解釋清楚之後，我很願接納你的高見。」王安石一向習慣於頤指氣使，而且總是受人唯唯稱是的奉承，沒想蘇東坡會出此難題，一時啞口無言。不免顯出一些窘態。蘇東坡忙又打圓場說：「這其間的道理，我倒想出來了。」王安石信以爲眞，忙說：「願聞其詳。」蘇東坡居然引經據典，一本正經地加以解釋：「〈詩經〉中不是有『鳴鳩在桑，其子七兮』的詩句麼？請試想想：七個小鳩，再加上兩隻公母的老鳩，豈不正好是九隻嗎？」

這分明是一種調侃，王安石何等聰明，豈能不解？但却無言可辯，也只好裝笑笑，不免羞惱於心，這雖是一件細微事，也許爲他們之間的磨擦又增添了一些不良的因素。

三、聯語中的玄虛

在聯語中每見有運用拆字技巧者，不僅可增加趣味性，且可表現出相當的機智，甚至可使平淡而不值一道的事物湊合成相當生動活潑的對聯，當場製造出一些微妙而可喜的氣氛，故亦值得我們稍加留意。

㈠蘇東坡與蘇小妹

宋朝名士蘇東坡有一位妹妹，一般皆稱蘇小妹。其記載雖不見於正史，但關於她不少動人的故事，後世頗爲盛傳。她的才華與作爲都顯得很可愛，我們就寧可信其爲眞了。據說有一天，蘇小妹看到蘇東坡從前廳回到後宅。信口談起與客人敍晤的一些瑣事。蘇小妹一時高興，就出一上聯，要東坡作對。上聯是：「大哥前廳邀雙月」，雙月乃是「朋」字，這是很易理解的，聯義也很單純，不算難對，但因運用拆字的關係，也必須找出適當的配對。一時倒把東坡難住了，沉吟思索，反覆度步，偶然間見到坐在窗邊的小妹伸手在貼身衣內搔癢，忽然靈機一動，想出下聯：「小妹臨窗捉半風。」且把「風」字去掉左邊的一小半，乃是「虱」字，蘇小妹何等聰明，一想便透，於是兄妹相對而笑，笑得非常開心。按理說，這上聯會朋友的事，本屬平淡而毫不足道的，至於下聯，說出來更有傷大雅，只因這兄妹善於運用拆字的巧妙，就顯得跳脫而毫無俗氣的感覺，並爲人津津所樂道，如此看來，以這種方式在日常逗趣的聯語上運用得宜，簡直有轉化腐朽的功效哩。

二考生的殿試應對

明朝張顯宗考中榜眼，殿試時，皇帝親自出題，以「張長弓、騎奇馬、單戈作戰。」上聯命對。張顯宗所對的下聯是：「種重禾，犂利牛，十口爲田。」都是運用字的拆合方式以表聯意，僅算勉強對仗平穩而已，算不上有若何特色。與其相似的另一則傳聞，也是在金鑾殿上由皇帝出對的故事，可惜忘了朝代與人物，皇帝所出的上聯是：「十口心思，思孝、思忠、思社稷。」應試者所對的下聯是：「寸身言謝，謝天、謝地、謝君王。」這比起前一聯來，要高明得多，不僅同用字的拆合以達對仗的工整而已。皇帝所出的上聯，既在試其才華，亦含深深勗勉之意，可謂用心良苦。所應對的下聯，在君尊臣卑的專制時代，可算非常得體，因「寸身言謝」不僅可貼切上聯的拆合形式，而且還能顯明意義。按照解釋，「寸身」乃邈躬之義，亦卽小人或卑職的謙稱，「言」作表達性的動詞用，用口語來說，就是卑職所要表達的謝意，既要謝天，也要謝地，更要謝你這位萬歲爺。這不僅充份表露出才華，表露出機智，更能適時適地，把奉承的藝術，運用達於化境，不用再多說什麼，龍心必然大悅。

㈢紀曉嵐與乾隆皇帝

清朝的名士紀曉嵐，不僅很有才華，而且很有急智，他與皇帝之間的相處，雖在窘急中仍能應答裕如，因此流傳了不少趣聞。這裡且單言屬對的事。有一次，紀曉嵐隨乾隆皇帝出遊，遊到一座古寺，在休息時，皇帝動了雅興，就以拆合字的方式出了上聯：「寸土建寺，寺旁言詩，詩曰：風月送帆歸古寺。」囑曉嵐應對。曉嵐稍加思索，就對出下聯：「雙木成林，林下示禁，禁云：斧斤於時入山林。」上聯富有逸趣，下聯則顯得很典雅，堪稱璧合的佳構。

㈣阮元與乾隆皇帝

在乾隆皇帝晚年，很器重阮元，特提拔他為少詹事，其寵信不亞於紀曉嵐。有一天，乾隆想要派他去做浙江撫台，在太和殿召見，先考驗考驗他的機智，開口就問：「阮元為何無雙耳？」沒頭沒尾，問得很突然。因為「阮」字有「耳」旁，「元」字則無。這有點開玩笑的意味。但為臣的却不敢稍露輕狂。眞虧阮元有急智，這時跪在地上抬起頭來，從容啓奏：「伊尹從來祇一人。」這也是運用拆字的技巧，竟湊成一付絕妙的好聯，而且很合身分，也顯得很有氣概，亦莊亦諧，當然逗得龍心大悅。其官運亨通，此聯的功不可沒。

㈤李鴻章出使日本

清朝大臣李鴻章出使日本時，日人故欲難之，出一怪聯請對。其所出的上聯是：「琴瑟琵琶，八大王，王王在上，寸身俱射。」李所對的下聯是：「魑魅魍魎，四小鬼，鬼鬼靠邊，合手擒拿。」以如許同類字拆合作對，對得不僅有氣概，而且還有一些影射的含義，頗為難得。

㈥塾師的風情

民間類似拆字聯的傳聞也頗多，相傳有一塾師，年輕又頗風流，見東家常派來送茶送水的小丫鬟，生得頗爲俊俏，不免愛慕於心。有一天，小主人剛巧因病未來讀書，那丫鬟又送茶來，塾師見別無他人，覺機不可失，趁接茶的機會，摸摸那丫鬟的手，作了挑逗性的暗示。那丫鬟雖解風情，但覺那塾師家境貧寒，而且主人家規又嚴，萬一鬧出些笑話，後果相當嚴重。她既羞又怕，乾脆就去稟告了主人。那主人對這塾師平時的印象尚不算壞，覺得這年輕人將來還能有點出息，而且教孩子也頗認眞，捨不得因此馬上將他辭去，但爲了維護家規，以防他再犯類似的毛病，想出個暗示性的辦法，作爲告誡。主人乃利用閑談中出一上聯，請塾師作對，其上聯是：「奴手爲拏，勸西席莫拏奴手。」那塾師一聽，自然心中明白，但想想那小動作尚未過火，不算輕薄，而且本君子好逑之義，自覺亦無所愧，於是理直氣壯對出下聯：「人言是信，請東翁勿信人言。」這對聯不僅顯出才華，而且也很得體，主人大爲高興，決定成全這樁好事，主動出面撮合，不要索還那丫鬟的贖身費用，而且還願倒賠一筆頗厚的妝奩，這年輕的一對自然非常樂意，於是皆大歡喜，一時傳爲美談。

(七)塾師的轉運

另有一位懷才不遇的塾師，平日僅教了幾個小蒙童，簡直不足以糊口。有一次，他那地方上有潘何二姓聯姻，他蒙童中的一位家長，想送一副賀聯，就跑來請這位塾師幫忙。塾師想到潘何二姓，突然靈機一動，寫出了一副拆字聯。上聯是：「有水、有田，又有米。」下聯是：「添人、添口，更添丁。」上聯合起來勉可算得「潘」字，下聯合起來分明是個「何」字，不僅貼切二姓，且善頌善禱，在傳統的農村中很能表達出通俗的賀意，經懸掛起來，見者莫不嘖嘖稱道，喜家非常高興，特地把塾師請來，邀入上座，經這一傳，附近村鎮學童慕名而來入塾的人數大增，收入當然也大有改善，因一聯而轉運，也算難得的際遇了。

㈧梁啓超與楊度

民國初年，袁世凱弄權稱帝，舉國聲討，梁啓超亦動了文人之慨，欲作聯以諷其事，僅想出絕妙的上聯：「或入園中，拖出老袁還我國。」這是運用拆字的技巧，針對眞人實事，表達出一種強烈的訴求。單從字的解析言，將「或」字塡入「園」字中，而拖出其中的「袁」字，自然就成爲「國」字。因其言之有物，非同泛泛的拆字聯，故一時無法對出合適的下聯。直到袁氏帝夢成空，其得力的謀臣場度倉皇而遁，在落難的旅途中，有悔不當初之慨，一時動了感觸，居然對出了下聯：「余行道上，不堪回首問前途。」將「余」字放於「道」字上，「首」字去而不返，自然就成爲「途」字。同屬眞人實事，而亦寄慨甚深，堪稱絕妙好聯。

㈨拆字聯選錄

除上述故事中所陳析的拆字聯外，其他還有很多，限於篇幅，選錄數則於下，聊供欣賞與研究：

「此木爲柴山山出，因火成烟夕夕多。」

「鳳來禾下鳥飛去，馬到蘆邊草不生。」

「凍雨洒窗，東二點，西三點；切瓜分片，上七刀，下八刀。」

「八刀分米粉，千里重金鍾。」

「氷冷酒，一點二點三點；丁香花，百頭千頭萬頭。」

「欠食飲泉，白水焉能度命？麻石磨粉，分米亦可充飢。」

四、詩中的趣味

格律詩中偶有運用拆字的技巧，以增加趣味性，其中不乏佳作。爲便於一般的欣賞，且從兩則小故事中探尋一些通俗的趣味。

㈠才女的徵偶

相傳清朝嘉慶年間，在浙江紹興有一位富家千金小姐，名叫阿笑，很有才情，暗戀小時曾經同塾的少年。這位少年雖品學俱優，可惜家道中落，不善營生，致陷困境。而阿笑之父很重財勢，必欲女兒嫁給門當戶對的人家。經多次提親，阿笑都堅不答允。而阿笑心中所愛的，因其家貧難匹，必遭父拒，故亦不敢輕易啓齒，致心中十分苦惱。幸得知心的丫鬟小娟爲她出了一個主意，以詩謎招親。由小姐出個題目，不論貧富，祇要年輕未婚男子，均可應徵。凡能按其題目的規定，答得妥貼，而可使小姐滿意者，卽可成婚。這較之古時的抛打綵球要合理得多了。她父親終於勉強答應。其題乃一詩謎，按其規定，在一首七言絕句中要包含十個「一」字，每句謎底各打一字，計四個字，這四個字又要自成一句。此事一經透露，立刻轟傳。一時應徵者頗多。經她父親請出地方兩位宿儒評審，選出較優的三份，送由阿笑小姐選定，選出最滿意的一份。詩的內容是：「一橫一豎正相交，一撇一捺帶一刀，一子一女成一對，一個一個比天高。」每句各射一字，順序而得四字，謎底爲「十、分、好、笑」。合成一句很通俗的口語；也可解釋爲「十分好的阿笑」，不僅貼切，還能表達相當的情義。查明應徵者，正是那位青年，有情人欣成眷屬。

(二)名士的調侃

明朝的名士徐文長，宦途失意，在胡宗憲督撫署作幕客時，以其才思橫溢，很受知遇，尊爲上賓，同僚們當然也都另眼相看。他爲人不修邊幅，完全一副名士派。一日，他信步閑逛，逛到郊外一處古刹。那當家老和尚頗爲勢利，見他衣冠不整，十足的寒酸，自然懶得理會。他走得累了就在殿角廊階上好歹坐下，休息片刻，冷眼看着那老和尚接待香客們的神情，頗覺有趣。剛巧胡督撫手下一位姓張的將軍亦來遊覽，十足的氣派。老和尚自然殷勤接待，緊陪在貴客的身邊。經過殿角的廊階，那張將軍一眼看到徐文長，即忙躬身施禮，掉頭責備老和尚：有眼不識泰山，這位徐老爺乃是督撫的上賓，怎能如此怠慢？老和尚相當圓滑，即忙上前陪罪，恭請至幽靜禪堂，設下上等素齋，款待一番，席間寒暄，才知這位徐老爺就是擅長書畫的徐文長。正好抓住機會，巴結一番，想請文長當場揮毫，只是手邊一時找不到書畫用紙，憶起日前曾以重金託人繪製一幅像，靈機一動，乃請文長在畫像上題字。文長酒意方酣，動了豪興。欣然提筆，一揮而就。

一夕靈光透太虛，化身人去更如何？
愁中不用心頭火，修得凡心一點無。

原來是一首七言絕句。老和尚亦略通文墨，自覺受了恭維，十分得意，當即懸掛起來，正好炫耀。後來終被一位好事的儒生說穿，原來此詩前兩句合起來暗示一個「死」字，後兩句合起來暗示一個「禿」字。如此嘲弄，弄得老和尚頗爲難堪，悄悄收起了畫像。

五、詞曲中的安排

㈠紅娘的幽怨

中國古典文學名著〈西廂記〉中描述張生、鶯鶯、紅娘三位小兒女的愛情故事，其中尤以傳書遞簡的紅娘，更描繪得細膩傳神。在「寺警」獲救後，張生與鶯鶯這對暗中熱戀的情人，本以爲好事定諧，誰知老夫人忘恩，在「請宴」中斷然賴婚，害得那一對小兒女的痴情由高峰跌入深谷，痛不欲生，好心的紅娘看在眼裡，挺身相助，先暗中探慰張生，經張生哀懇其代傳音訊。在傳統世族的家規中，嚴禁男女私通款曲，何況白紙黑字，更易犯忌。而紅娘情義所在，不顧一切，轉達給小姐。那鶯鶯見書，雖然心頭暗喜，卻又要維持閨秀的風範，故作矜持，竟板起面孔，裝腔作勢，一面責備紅娘，一面還要逼其代送一封絕情的回音。害得紅娘一肚委屈，又擔心病弱的張生難再承受，苦心勸慰，勿再痴情。誰知張生看信後，竟欣喜若狂，病也霍然而癒。原來那信中暗藏玄機，竟是一首邀約幽會的情詩：「待月西廂下，迎風戶半開，拂牆花影動，疑是玉人來。」就當時尺度衡量，眞是淫穢而又大膽。尤其紅娘的感受，好心人竟被蒙在鼓裡，受此耍弄，不禁怒從心起，爲了宣洩此際強烈的情緒，惡毒的言詞本可衝口而出。然作者王實甫爲了掌握紅娘尖俏刁頑，而却毫不潑辣粗野的可愛性格。在此節骨眼上，運用中國文字的特性，將卑劣的淫邪而極不雅馴的字眼分拆開來，不作潑婦之駡，而却以一些啞謎來緩衝氣氛，確有點鐵成金之妙。從此類極瑣細處，也可看出作者的高明處。此際，紅娘以「耍孩兒」曲牌唱出一股幽怨：

幾曾見寄書的顚倒瞞着魚雁？小則小，心腸兒轉關，敎你跳東牆女字邊干。原來五言包得三更棗，四句埋將九里山，你赤緊將人慢。你要會雲雨鬧中取靜，卻敎我寄音書忙裡偷閑。

以「女字邊干」的啞謎，點出奸邪勾當。至於「三更棗」，其中「棗」爲「早」的諧音，出於一則禪典。而「九里山」卽楚霸王被圍的垓下，道出了好心沒好報，偏被蒙騙的孤立感，亦正是表達出乖俏的小兒女一時激蕩的心情。

㈡吳文英的離情

拆字在詞中的運用，亦不乏事例，如宋代詞人吳文英以一闋「唐多令」寫出了惜別的情懷，其上半闋爲：

何處合成愁？離人心上秋，縱芭蕉不雨也颼颼，都道晚涼天氣好，有明月，怕登樓。

首先以猜謎的方式寫出一個問句，使氣勢平空突起，跟着揭示謎底，而表達出一個「愁」字。讀來有一種異樣的感覺，覺得作者吳文英的「愁」，頗不同於李清照的「尋尋覓覓，悽悽慘慘切切……怎一個愁字了得」的那種「愁」。吳的「愁」似已經過一番內心的淘洗與化解，有一種安於承擔的意味，訴諸惜別，不僅表達了相當的傷感，還可給予對方某種程度的慰解。以如此稍涉遊戲的文字方式，在沉重的傷感中偶能透出一點輕鬆，無損於作品的意境，而翻見洒脫。在文藝鑑賞的領域中，有些人批評吳文英的詞有點「油腔滑調」，恐正指的是他這一類的作品。這種拘執的見解，未必平允。

六、酒令中的逗趣

在酒令中運用拆字的技巧而隨機湊趣的，更屢見不鮮。逢場作戲，雅俗共賞，不僅能使場面顯得熱烈，有時還偶能發揮意想不到的效果。略舉數則如下：

㈠三友的別出心裁

以前有張、王、李三位酒友，時常在一起飲酒取樂，愛說酒令，每能別出心裁。有一次在席間，張君提議：酒令的首句要把一個字拆成兩個字，次句要舉出同頭或同旁的兩個字，三四兩句則要根據上面一二兩句道出貼切而相關的隨口問話。如果不合格，當然要罰酒。於是張君先說：「一個『出』字拆開兩個『山』，二字同旁錫與鉛；不知那山出錫？那山出鉛？」王君想了一想，就接着說：「一個『回』字拆開兩個『口』，二字同旁湯與酒，不知那口喝湯？那口喝酒？」李君也不甘示弱，最後說：「一個『朋』字拆開兩個『月』，二字同頭霜與雪；不知那月下霜？那月下雪？」各見其巧，於是相與鼓掌大笑，少不得那黃湯又要多喝兩瓶。

㈡幕僚的趁機釋嫌

在明朝憲宗年間，都御史韓雍很愛行酒令。有一天，他與幾位幕僚同桌飲酒，其中有位幕僚名叫夏塤，其爲人也小有才，可惜平時行爲不太檢點，而且還有點慢上。韓雍對此人頗感不悅，每欲叱去，乃在席間作一點暗示性的警告，就出了一個酒令，以一個字中拆出「大人與小人」來，再湊上兩句俗語，也要相關而合於情境的。韓雍先說：「『傘』字有五『人』，下列衆小人，上奉一大人，所謂有福之人人服侍，無福之人服侍人。」夏塤總算有點小聰明，一聽就有感覺，當卽跟着就說：「『夾』字有三人，旁侍兩小人，上擁一大人，所謂人前莫道人長短，始信人中更有人。」在隨口暗示中還能表達出自我的一點感觸，相當巧妙。當場逗得韓雍開懷大笑，不僅前嫌盡釋，而且愛惜有加。

(三)小吏的因禍得福

清朝穆宗年間，山陽的縣令吳堂，爲官貪得，時常枉法，只是善於逢迎，乃得放膽胡爲。有一次，因辦案出了問題，上級派了一位大員前來調查。吳堂特設盛宴款待，並特邀請當地最有名望的紳士（一位告老還鄉的翰林）作陪，無非是想利用他一點老關係，代爲疏通懇託。那位紳士也很想做個和事佬，就在席間提議行酒令來助興。行令時要以帶水旁的字作適當的拆合，並以俗語作結。於是由他先說：

有水也是清，無水也是青，去水加心變成情；不看金剛看佛面，不看魚情看水情。

這一表達，當然含有濃厚的關說意味。誰知這位大員秉性高傲，並不賣他這老面子，跟着講出：

有水也是湘，無水也是相，去水加雨變成霜；各人自掃門前雪，休管他人瓦上霜。

一股強烈的峻拒意味，使場面顯得很僵，做主人的吳堂更下不了台。也許他多喝了兩杯酒，有點激動，只顧好歹出口氣，竟衝口而出：

有水也是淇，無水也是其，去水加欠變成欺；龍游淺水遭蝦戲，虎落平川被犬欺。

這麼一來，當然不歡而散。因案情重大，一本參上去，少不得撤職還要查辦。吳堂事後雖痛悔失言，却已難得挽回，只有惶恐待命的份兒了。

當時的朝廷，是慈禧太后在垂簾聽政。因這案情重大，直傳到慈禧耳裡，心中一動，突然想起一段往事。原來當她少女時代，遭逢家難，父親去世，相當困頓。母女倆人扶柩乘船由江南溯運河北上，不免淒淒涼涼。途經山陽縣，暫泊一霄。雖然窮困中，總是旗人優越的身分，在船頭上還得擺出一點派頭。時吳堂適在岸邊，本欲逢迎京中一位旗籍的顯宦，黃昏中誤上了此船，也就好歹拜祭了一下，並奉送了一點程儀，事後還覺得有點窩囊。當時他根本不知那船中落魄的少女，竟是日後當權的太后。太后一旦觸動舊情，即作回報，非但不准治吳堂的罪，反而特予提升，弄得大臣們都莫名其妙。就吳堂來說，連做夢也難得想到的後果，眞可謂因禍得福。

這則官場中不足爲訓的小故事，衹能說明一點，那就是慈禧的誤國，但憑一己的好惡，而不顧大體，連從這些小情節中也可體會得出。

四徐文長的使刁

徐文長的軼事前曾引述，據傳他後娶同邑張女爲繼室，嫁奩至豐，除衣物外，尚有良田百畝，由文長管理收租，但田賦仍由其岳父繳納，多年以後，岳父漸感不耐，屢催文長完糧繳賦，他總支支吾吾，不予理會。後來岳父爲謀解決，而又不傷情面，特煩請地方紳士張某李某調解，並鄭重其事，將文長約來，飲酒敍談，那位岳父想藉機有所諷諭，乃倡議行酒令爲樂。

那位岳父先問口——

有月也是期，無月也是其，除了期邊月，加欠變成欺。馬善被人騎，人善被人欺。

張某接着說出——

有力也是功，無力也是工，除了功邊力，加系變成紅。人無千日好，花無百日紅。

李某也跟着說出——

有口也是和，無口也是禾，除了和邊口，加斗變成科。且看三年後，一舉定登科。

最後輪到文長，也就從容說出——

有米也是粮，無米也是良，除了粮邊米，加女變成娘。嫁田不嫁粮，嫁女不嫁娘。

由女婿的酒令中所透露的消息已很明顯，爲免扯破臉，那位岳父也就祇有啞巴吃黃蓮。

七、訓話中官式風格的突破

在正式演講或訓話中有涉及拆字的，似不多見。猶記民國七十二年五月二十六日中央日報副刊「趣譚」中載有一則，題名爲「貝字訣」，作者署名爲「家齊」。他憶起多年前的一次朝會中，宋邦偉將軍對官兵訓話。宋將軍能不落俗套，別出心裁，僅「在黑板上大書六句貝字訣，高聲唸了一遍，立刻敬禮解散……」。那「貝字訣」乃是：

君子也愛才貝（財），
千萬不可今貝（貪）；

尤其要戒者貝（賭），
危害一家分貝（貧）；
一朝淪爲戎貝（賊），
罪過永難賣貝（贖）。

短短六句，粉筆一揮，大聲一唸，卽行解散，乾脆得出人意外，確能令人耳目一新。按一般官式訓話，總以疲勞轟炸方式居多。一般長官爲滿足其權威感，無視於實際的效果，而總是訓誡如儀，愈長愈覺過癮。難得這位宋將軍，很能體察聽衆的心理，並深諳中國文字的特性，在便於拆合的一項功能中予以靈活運用。竟能使這則「趣譚」的作者在「事隔十六年之久，歷歷不忘」。相信當時其他的聽者，亦當有類似的印象。試析其內容，誡貪誡賭，完全老生常談，若付諸平常的訓話，加上官腔官調，恐僅能發揮催眠的效果。以上這則小小的事例，推陳出新，惟獨中國方塊字才能有此妙用，值得多加體會。

第二章　玄機性的江湖卜筮

一、概　說

將拆字運用於卜筮，而形成江湖上一種行業，始於何年何代，已很難考證。根據一般傳說，其歷史也相當久遠，遠在唐宋時代，卽頗爲盛行，而且不乏名家。其流傳之廣，更遍及大江南北。現代雖較少見，但在半個世紀前，人們還可隨處看到街邊的測字攤子，生意不惡。擺攤爲人測字者，固屬江湖術士之流，却也要具備幾項基本的條件：首先，要對中國文字有相當程度的理解，並對文字結構也要有些研究，才能附會得宜；其次，要富有急智與相當口才，才能隨機應變，自圓其說，而令人信服；再其次，要懂得一些觀人術，並善於察言辨色，觀察其衣着儀態，揣摩其言語舉動，再按字而拆，或可言中；若能稍通易理，當更有較玄妙的發揮。

就民俗學的觀點言，既然在我們的社會中有此一行，必然也發揮了一些功能。想到原始人類，出外狩獵，不知自決方向，還要憑折取樹枝，抛在地面，觀其枝梢指向，以定行方，當屬一項最簡便的卜筮方式。據當代人類學家李亦園教授的分析，此種卜定行方的方式，不僅可以加強決心與勇氣，且就自然生態來講，也因或然率的關係，避免單憑理智判斷，只顧往野獸多處狩獵，而至趕盡殺絕。如此看來，行方任卜，當能留出緩衝時間，以維持野生動物的繁衍，讓人類取之不盡，正是一大好事。

人們在困惑不知所從時，求神問卜，在心理上也可說是一種解決的辦法。於是在卜筮中的測字這一行，也就應運而生。在過去，一般人的心目中，測字者的地位較之算命打卦者要略勝一籌，每以「測字先生」稱之。不過，其間亦多濫竽者，但求糊口，未免語涉虛妄，不值一道。其較有素養者，談言微中，則往往能發揮一些指引與激發的功效。抗戰期間，政府西遷重慶，陷區人心思漢，尤以青年們多嚮往於負笈西行。而父母們則因擔心烽火中的長途艱險，致爭議難決，求於卜筮，每因有心的測字先生從中化解，使父母們深信西行大吉，逐能成行，後來事實證明，果然大有成就。其間的觸機權變，頗值運用。如果我們能對此道稍有瞭解，不僅可作茶餘談助，以增交遊間的一些情趣；還可於親朋中遇有困惑難於自拔者，藉測字巧作解說，或可收到相當的效果。

二、流傳的趣聞

如前所言，測字者不僅要精於字的拆合，隨機生義；而且還要善於察言觀色，才能作神奇的推斷。因此，以同樣一個字，面對不同的求卜者作測析，就會有判然不同的結果。而同一求卜者，經求教於不同的測字者，雖拈出相同的字，也不免各有一套解說，而顯出高下巧拙來。還有一些名人的奇遇，經過測字而顯得非常靈驗，彷彿獲得神明的指點。這其間也許出於好事者的湊趣，信口而扯，因事附會；但言之鑿鑿，並廣經流傳，終於成為動人的故事，信之不疑。為了逢場助興，我們也寧可信其為眞。茲就記憶所及，並參考手邊有限的資料，選擇一些有趣而不太俗濫者予以列舉。

㈠漢高祖夢羊

按中國傳統的舊觀念，皇帝乃屬龍種，有非凡的來頭。可是漢朝開國元勳劉邦的出身，並不怎麼高貴。當他既得天下之後，少不得就會有些能動腦筋的臣屬為其設計星象之類的徵兆，以示天命之所歸。付諸傳聞，當成佳話，連江湖卜筮之流，也列入利用的範圍。

在劉邦當年不得意時，幹了個小小的亭長，也許有點野心，却未必就有什麼了不起的大志。據說有一夜，他做了一個怪夢，夢中追趕一隻羊，剛扯住角，角就脫開了；再扯尾巴，尾巴也扯落了。他醒來一想，按古書所論，羊乃代罪之物。且打劫強徒的暗語中，也慣把過往客商說成「肥羊」的，少不得聽由宰割。況實際情況中，羊入虎口，更會遭殃，總是不吉的兆頭。他悶悶不樂，信步走到街頭，看見一個測字攤子，好歹坐下，說出夢中情境，想請卜者解破解破，或可逢凶化吉。那卜者按照老規矩，要他寫出一個字來。他一時懶得多想，隨手就寫出個「羊」字。卜者看過字，抬起頭，認眞對他全身端詳一番，越看越入神，突然眉梢一揚，把桌子一拍，肅然起立，向他倒身下拜，拜得他一頭霧水，忙問原故。卜者滿臉堆笑，神祕兮兮，湊近他耳邊，輕聲透露：「這是最特別的徵兆，必然鴻運當頭。以您夢中所歷，又信手寫出，觸發了天機，這分明是登極之兆！就請想想看；『羊』字拔掉角，又扯掉尾，該是個什麼字？這就不用再多說了，您必須要好自為之。」劉邦再一回味，頓時心裡明白，自然十分高興。以後他幹起事來，也就特別起勁。他那句留在青史上的名言：「大丈夫當如是也！」說不定還是受了那測字先生的啓示，有了信心，才會脫口而出的。

(二)漢光武與銅幣

東漢光武帝是一位中興的明主，使劉氏天下失而復得，當然得來非易；歷經大小戰役，備嘗艱辛。當他初起南陽時，處境並不順利。那一晚，他正獨自挑燈枯坐，陷入沉思。侍從悄悄走到他身邊，報告剛才在街邊聽到的一件新鮮事。

就是剛才黃昏時分，在街邊茶樓上偶聽到兩位客人低聲聊天，其中一位談起他昨天在街頭卦攤邊看到一位買賣人想卜測未來的大局，能不能平穩，生意能不能有轉機。卜者要他拈個字，他却懶得拈，隨手指指桌上一枚銅錢，錢上正好有字，但是兩個字。

「不管它幾個字，就好歹替我測測看吧！」

那卜者低頭看看錢，錢上鑄的乃是「泉傎」二字，再抬頭看看天，跟着一陣搖頭晃腦，這才說：「放心吧，天下就要太平了，生意就要興旺了。」隨又壓低喉嚨輕聲細語：「天機正在這錢上，且將『泉』字拆開看，乃是『白水』二字；再將『傎』字拆開看，乃是『眞人』二字。眞人者，乃是眞命天子也。却不知這白水應在什麼上面，一時很難參透，只有等着瞧了。」

這事一經傳述，在茶樓上聊天的兩位茶客也參不透。那位侍從倒是有心人，在一邊仔細揣摩，突然想到主人劉秀，祖居南陽白水，正好應驗，就一團高興奔回來，說明經過。聽在頗有雄心的劉秀耳裡，宛如打一針興奮劑，頓時忘却了疲勞，消除了疑慮。

㈢梅妃一卜知貴

在稗官野史中，唐明皇與梅妃江采蘋的一段纏綿悱惻的愛情故事，相當動人；尤其是經過平劇舞台的處理，作細膩的表達，更能賺人熱淚。

傳說梅妃江采蘋原籍福建，出生於書香門第，其父乃是儒醫，頗有名望。采蘋資賦聰慧，天生麗質。少女時代，深閨簡出。有一天，來了一位張姓老者，因與江父係屬至交，邀至內廳款待，品茗清談，采蘋隨侍父側。那張翁對她面孔仔細端詳一番，盛讚氣質非凡，乃屬貴相。江父素知這位老友深通易理，且精於命相，就要女兒寫個字，以供測析。采蘋帶着嬌羞，勉強從命，好歹在紙上揚了兩筆，寫成個「卜」字。張翁一看，就縱聲大笑，連說：「可賀，可賀，將來可以入選進宮，非比等閒的。」並就字作解，因這「卜」字係信筆所寫，很像一截樹枝連着一片葉子，觸及玄機，正是「金枝玉葉」之兆。更進一步作解，「卜」字上有一橫，乃是「下」字；下有一橫，乃是「上」字。今無此一橫，乃屬不上不下；依此看來縱不能封后，亦必爲妃。

(四)宋高宗一劃洩機

宋室難敵北方強胡，高宗南奔臨安建國，國勢粗定。一日微服出遊，聽說謝石精於卜筮，乃至其家求教。謝石不知來人的身分，仍按一般規定，先請拈個字，以便測卜。高宗懶得去拈，就隨便用手杖在地面上一劃。謝石心中一驚，細察來客，氣宇非凡，必有來頭，觸動靈機，連忙施禮，帶着含混的語氣說：「土上加一劃，這就足夠了，不用再多說了。」高宗故裝不懂，祇隨口說：「既然你不願解釋，我就再拈個字吧。」於是搖搖卦筒，就認眞拈出一個字捲兒，打開一看，乃是個「問」字。謝石又仔細參詳，心中更加明白，斷然說：「就字論字，左看乃是君，右看也是君，您莫非……」高宗卽刻抬手示意，又扯開說：「我要再拈一字。」於是又拈出一個字捲兒。謝石打開一看，乃是個「春」字；沉吟一陣，輕輕嘆口氣說：「恕小的斗膽直言，春日雖好，可惜秦頭太重，壓得日色無光。」這有心之言，分明在暗諷朝政。

高宗連連頷首，似有所悟，可惜回到宮庭，就置諸腦後。縱容奸相，自毀長城，大約也是命中註定的。（按以上所拈「問」字，作三部分拆開，將門的一邊「[illegible]」配「口」，從左邊看，頗像「君」字；再將門的另一邊「[illegible]」配「口」，反面看才像個「君」字。不過，若以古篆書的字形來看，正反有時可以通用，就如「[illegible]」與「[illegible]」、「[illegible]」與「[illegible]」，故此「問」字拆開看，左右都像君，似尚可牽強。）

(五)明思宗不堪三測

明思宗崇禎皇帝，在憂患中很想力圖振作，可惜困於奸佞，終於國破身亡，令人惋惜。方當流寇橫行時，太監王承恩憂心悰悰，出宮問卜，找到一位名家，請教時局的變化，測定安危。承恩先在卦筒內拈出個「有」字，字義不惡，心中暗喜，誰知那卜者竟嘆口氣說：「

且把『有』字拆開看，一爲『ナ』，一爲『月』，大明江山顯然去了一半。」承恩情急之下，忙又拈出一個字捲兒，打開乃是個「友」字。卜者更皺起眉說：「請看，『友』字乃『反』字的出頭，賊寇已得勢了！」承恩更加惶急，連說：「那都不算，我再另拈一個。」隨手又拈出個「酉」字，卜者更大驚失色說：「這『酉』字乃是『尊』字的去頭去足，連至尊都恐有大難了！」

後來，崇禎帝終於自縊於煤山，承恩亦陪同殉難，堪稱節烈。

㈥秀才問祿

明思宗年間，有一位秀才，很不得意，聞說有位卜者精於測字，他就專誠去求教，想問問前程如何？他看到攤後的牆上掛着一幅紅布的橫匾，上書「誠則靈」，他就寫了「靈」字求測。卜者問起他家中是否有姊妹？告以有一姊，已出嫁。再問姊丈作何生理？告以現爲兵部侍郎。卜者沉思一陣，終於有了結論：「考試恐難得意，但一年之內，必得官祿。」追問緣故。卜者却又故弄玄虛，推說天機不可洩漏，漏則失靈。如言不實，願任人掀掉攤子。說也怪，不出一年，果然應驗了。事後，有好事者願出一筆賞金，要卜者講出道理。據其分析：這「靈」字中間三個口，只因一並排列，算不得是正「品」（品示官爵），又這字的上部爲「雨」字，下部爲「巫」字，其所憑藉者乃在「雲雨巫山」之間，這當然是道地的裙帶關係。

㈦紀曉嵐的官途

清代文人紀曉嵐，博學多才，且富急智。關於他的逸事，頗多傳聞，爲人所樂道。他於乾隆十九年甲戌科殿試後，方待傳臚，一日閑步到街頭，見街邊一位卜者，屬士子模樣，儀表不俗，乃在其測字攤邊坐下，隨手寫了個「墨」字，想測知這次殿試的結果如何。卜者乃就字拆析：「這『墨』字上半部爲『里』字，拆開爲『甲、二』，配合中間的四點，應該爲二甲第四名。又因這四點爲『庶』字的脚，且下面的『土』又近似『吉』字的頭，當屬庶吉士之兆。」

發榜後，果然不差。他以才華受知於乾隆皇帝，宦途相當得意。後因查辦鹽運使盧見曾的貪污案，乾隆怪他走漏消息，下旨革職。在覊押前夕，他特到街邊，再度訪那卜者，問案情的演變，寫了個『重』字。卜者斷然說：「這個字很明顯，拆開乃『千、里』二字，恐怕要發配到邊疆哩！」他爲了想測知發配何方？是否能夠生還？又寫了個「名」字請測。據卜者的分析：「名」字下爲「口」字，上爲「夕」字，「夕」乃「外」的偏旁；且「夕」乃日之西，故發配的地點恐怕要到西域。若按字形，「名」既有點像「君」，又有點像「召」，故當有恩准賜還之日。再「口」，內加兩筆，可爲「四」字，今無此兩筆，大約不滿四年卽返，後均得驗。

(八)李光地的祈夢

在「子不語」中有一則故事，敘述李光地年輕時，家境貧困，却很好學，聞說九龍灘的廟中祈夢頗爲靈驗，偶然動念，也去祈夢，夢見一位天神賜給他十字箴言：「富貴無心想，功名兩不成。」一時不免懊喪。過後也就淡然處之，仍勤讀不輟，一心向上。後來竟高中戊戌年的進士，官運亨通，直做到宰相。有一天，與友人閑聊，偶談起昔日在廟中祈夢的事，認定純屬荒謬。湊巧那位朋友精於卜筮，善解玄機。經他就那十字箴言思考後，頓有所悟，卽加說明：原來玄機藏在「無心想」與「兩不成」上。按卜筮的解釋，前者的「想」字若是無「心」，分明是個「相」字。後者提示有兩個似「成」而却非「成」的字，正可推想到「戊戌」年。一經如此附會，也居然言之成理，乃使賓主盡歡。

(九)字同運不同

淸光緒年間，有張、王、李三位舉子一同赴京趕考，客中無聊，同到街邊問卜，問問將來功名如何。三人同在攤邊坐下，張君先拈出個紙捲，打開一看，乃是個「囚」字，相當懊惱，連稱晦氣。誰知卜者竟大聲恭禧，連稱大吉大利。據其分析，這「囚」的外框「口」乃作「國」義解，內僅一人。能考得國內獨佔鰲頭的，當是狀元無疑。張君自是十分高興。

王君心中大不自在，亦甚不以爲然，想故意難難這位卜者。他不願再拈，放下手中摺扇，抓起筆來，自行寫了個「囚」字，問考試結果如何？那卜者冷眼觀察，不覺一笑，從容分析：「囚」字當然可作同樣的解釋，但因寫時在桌上橫放了一把摺扇，無端湊上了一橫，成了個「因」字，故祇能因人成事，居於榜末；且在寫此字時分明是有心的，「因」下加「心」，成了個「恩」，而今會試，正逢太后萬壽，恩准增加副榜賜同進士出身五十名，當屬恩科中的一員。

李君在一旁靜聽，覺得同來的這兩位所測得的結果都很不錯。他冷眼瞅準了剛放回筒內的那個紙捲，也就放下摺扇，卽行拈出，一看當然又是個「囚」字。誰知那卜者沉吟片刻，竟嘆了一口氣。據其分析：因桌上已有一把摺扇未曾取回，而今又湊上一把，偏偏這兩把摺扇又是橫豎交叉，很像個「十」字，「囚」中再加上「十」，成了個「困」字，故今科恐怕無望了。

㈩袁世凱爲日可數

民國初年，袁世凱一心想做皇帝，不顧一切，硬要逆天行事。連他心腹幹部如馮國璋、段祺瑞及王士珍之流，也都不大贊成。勉強做了皇帝，總覺惴惴不安。其子袁寒雲更是憂心忡忡。一日，寒雲僞裝成平民行商模樣，暗自走訪一位名卜者，想問問眼前局勢是否會有變化。他愼重地搖搖卦筒，拈出一個紙捲，打開一看，乃是個「珍」字。卜者不明這位顧客的身分，只以爲是普通行商，乃信口直言。照字分析：「珍」字的一邊爲「王」字，當然指的是高高在上的人；另一邊拆開，上頭像個「八」字，下頭乃是三撇，暗示爲王的日數只有八十三天，故局勢不久就要有大變化。寒雲倒抽了一口冷氣，付了卜資，悄悄走開，只當成是一派胡言，懶得再去計較了。

按這一個測字的小故事，所卜日期太過明確，未免神乎其神。冷靜想想，可能是好事者於事後附會的成份居多。姑妄聽之，聊以湊趣。

(十一)張宗昌嚇阻情敵

民國初年，軍閥橫行，作威作福，張宗昌亦不例外。他有位七姨太太名叫亞仙，美艷風騷，本是風塵中的尤物。因她在海灘邊邂逅了當時海軍將領溫樹德，英俊瀟灑，風流倜儻，兩人竟一見傾心。以後找機會，亞仙藉口要樹德教他游泳，在淺水中的肌膚之親，一些有意無意的小動作，讓張宗昌看在眼裡，動了醋勁，却又不便公開發作。

第二天，張在官邸中召見溫樹德，照樣談談笑笑，信步同走到庭中噴水池邊，看到池中有一群大錦鯉在戲水。張宗昌隨口說：「咱吃過各色各樣的魚，還沒嚐過大錦鯉的滋味。」

突然拔出手鎗，怦的一聲，頓時水面浮起一條大錦鯉；硬要留樹德同飲幾杯，嚐嚐新鮮。樹德連忙託故告辭，事後愈想愈不對勁，就不敢再去見亞仙了。一日，他悶得無聊，在街邊閑逛，見到個測字攤子，隨便坐下，隨手從卦筒中拈出個紙捲，想問問交友的結局如何？那卜者打開紙捲，原來是個「黎」字，仔細端詳這客人的儀表，一派風流樣兒，心中暗自推斷，要問的必然涉及情場中的糾葛；乃就字分析：按這「黎」字的下面乃是「水」字，水上頂着個「人」字，所交的朋友當屬女性。且按此聯想，女人乃屬禍水，故相交不可不慎。再看字的上部，一邊爲「禾」，一邊爲「ㄉ」，很像鐮刀的形像。禾到秋天總要被割的，此非平安和合之兆。再看這「黎」與「離」的音同，所以還是遠離事非的好。現已入秋，時間緊迫，能愈早離開愈好。樹德本是聰明人，一經點破，頓時明白，回去後就作了一些安排，準備辭職遠走。那一晚，有人按門鈴，不敢驀然就開，經詢問，聽到嬌聲細氣，知是亞仙前來密晤。樹德總算相當機警，卽忙跑上樓，熄掉燈，偷窺到門外牆角附近，果然有幾個不三不四的人物在暗盯着亞仙。他又趕快跑到門邊，隔著門板告訴亞仙：情況不對，趕快走開爲妙。他連後門都不敢開，就從樓上陽台翻越到鄰舍，好歹脫開身，遠走高飛，總算保全了性命。

第三章　益智性的燈謎

在謎語中，有很多以字形或筆畫結構的拆合，作巧妙的安排，頗見心機，而令人叫絕，這也是由於中國方塊字的特性，所顯示出的特色。按謎語源出於隱語。〈漢書・藝文志〉有隱語十篇，可算得是最早的謎語。

一、有關的傳説

東漢蔡邕於曹娥碑的背面書「黃絹幼婦，外孫齏臼」八個字，引得曹操與楊修鬥智賭猜。楊修一看卽已明白，曹操行了一程，經過苦思後才想通，二人同時出示所猜的結果，乃「絕妙好辭」四個字。原來是以兩字湊成一字，這也可算得是最古老的猜謎故事。宋代周密的〈武林舊事〉載：「有以絹剪寫詩詞，時寓譏笑，乃畫人物藏頭隱語，及舊京諢語，戲弄行人。」似可算得是最早的燈謎。燈謎又稱燈虎或文虎，係指射字而言。唐朝大詩人李商隱的詩：「隔座送鉤春酒暖，分曹射覆蠟燈紅。」正是描寫上元觀燈猜謎的雅興。宋朝宰相王安石不僅工於詩文，亦雅好製謎，流傳後世，爲人所熟知的如：

目字加兩點，不作貝字猜。

貝字欠兩點，不作目字猜。

前一則的謎底爲「賀」字，後一則的謎底爲「資」字。這都能超越平淡，稍弄玄虛，費點心思，乃覺有趣。

二、按謎格舉例

猜謎必須先懂謎格，也就是製謎的一些成規。不懂規格，很難猜中，也就很難體味到其中的巧妙與樂趣。謎格因時代與地域的不同而略有差異。概括言之，約有二三十種謎格，宜加辨別。要附帶說明的，好多字謎的以字拆合，都不合文字學上六書的原理。有些僅能就楷體字形，加以牽強附會。好在僅屬文字遊戲，稍能逗趣卽可，不必認眞計較。茲僅就字謎部分，按不同規格，舉例如下：

㈠象形格

象形格係將謎面所暗示的字形，歸納而成謎底：

例一：淺草隱牛角，疎籬露馬蹄。（射一字）

謎底為「無」字。

註：且看這「無」字上面似隱見一牛角，中間很像籬欄，下為四只馬蹄。

例二：落花人獨立，微雨燕雙飛。（射一字）

謎底為「倆」字。

註：「倆」字的左邊分明是立人，右邊外像「雨」的輪廓，內像兩隻起飛的燕形。

例三：山在虛無縹渺間。（射一字）

謎底為「四」字。

註：細看「四」字內的空白處，亦即虛無間，略顯山形。

㈡集錦格

集錦格係將謎面所示之意，集合而成謎底之字。

例一：螢（射一字）

謎底爲「花」字。

註：相傳螢係由草化生，以「艹化」集合而得此字。

例二：半推半就。（射一字）。

謎底爲「掠」字。

註：取「推、就」的左半邊卽得。

例三：皆大歡喜。（射一字）。

謎底爲「筷」字。

註：以「皆」解爲個個，「歡喜」也就是「快意」，簡化爲「快」，集合而得。

與此頗爲相似的，尚有：

爭先恐後。（射一字）　謎底亦「筷」字。

互不相讓。（射一字）　謎底爲「箏」字。

多生不育。（射一字）　謎底爲「笑」字。

滿朝朱紫。（射一字）　謎底爲「管」字。

往來無白丁。（射一字）　謎底爲「簣」字。

㈢捲簾格

捲簾格係將合乎謎面之意，倒捲過來，即成謎底。

例一：棄婦。（射一字）。

謎底爲「饜」字。

嫁個丈夫是烏龜。（射一字）。

謎底爲「養」字。

註：前一謎面可聯想到「良人厭」，後一謎面可聯想到「良人王八」，各倒捲過來，合成一字，即爲謎底。

例二：一年半載。（射一字）。

謎底爲「肸」字。

註：一年再加半載，乃「十八月」，倒轉過來，左右上下拼合，即成謎底之字。

例三：霸王第。（射一字）

謎底爲「扇」字。

註：楚霸王的宅第，當屬「羽戶」（項羽的門戶），倒轉過來，卽合成謎底之字。

(四)蝦鬚格

蝦鬚格須將謎底頭一個字拆開，當成兩個字讀，才能與謎面的意思相合。

例一：僾子文憑。（射文件名稱）。

謎底爲「保證書」。

註：將「保」字拆開，分成「呆人」二字，卽爲「呆人證書」，亦卽謎面的含義。

例二：掌上明珠難再得。（射一字）。

謎底爲「姿」字。

註：將「姿」字上半分開成「欠二」兩字，再連下半「女」同讀，卽爲謎面的含義。

(五)燕尾格

燕尾格係將謎底末一字拆開，配合上面字同讀，才能與謎面的意思相合。

例一：處處停兌。（射名詞二）。

謎底爲「紛歧」。

註：將詞末「歧」字拆開，即成「止付」，配合上面字，即爲謎面的含義。

例二：夫婦居室無兒女。（射〈中庸〉一句）。

謎底爲「一家仁」。

註：將句末「仁」字拆開，即成「二人」，配合上面字同讀，即合謎面的含義。

(六)會意格

會意格祇要體會謎面的意思，即可直接猜得謎底，不必多費周折，可謂無格之格。一般通俗的謎語多屬此類，故題材亦最多。

例一：春雨綿綿妻獨宿。（射一字）。

謎底爲「一」字。

註：以「春」字爲構思的起點，天氣因「雨綿綿」而自然無「日」；復「妻獨宿」而自然無「夫」，經兩次消除，即得謎底。

例二：存心不善，有口難言。（射一字）。

謎底爲「亞」字。

註：謎底這個字如果「存心」，卽爲「不善」（不善卽惡）；另一方面，謎底這個字如果「有口」，就會「難言」（難言卽啞）。二者都無，正是謎底之字。

例三：春風不與周郞便。（射一字）。

謎底爲「趫」字。

註：（唐詩）中杜牧題「赤壁」的七言絕句詩，該詩的三四兩句爲：「東風不與周郞便，銅雀春深鎖二喬。」上下句形成因果關係。東風如不肯方便，赤壁之戰必然改觀，曹操得利，喬家兩個美女勢必要遠走他鄉，聽任銅雀藏嬌了。

(七)結　語

以上六格，僅係舉例。按燈謎尚有很多的格，因未涉及單純的拆字，故從略。若按廣義解釋，燈謎的全部都可算得是中國文字的一項特色，值得多加瞭解，好在坊間不乏專書，可供有興趣者的研究。

第四篇　巧妙的排列

——回文的精心配置與奇特組合

第一章　回文的體裁

一、文體簡析

將中國方塊字排列得很巧妙，形成一種獨特的文體，當以回文最具代表性。談到回文這一體裁，目前已鮮少人知，日常也很少注意到。若就發揮中國文字的特色言，恐怕這一體裁是最能表現出慧心匠意，爭奇鬥巧，而多彩多姿多情趣的了。因方塊字在單音單形的排列組合上，可說是佔有先天的優勢——一種幾乎令人難以想像，而近乎奇妙的安排方式。故單就探討中國文字特性，及其所能發揮的特色言，值得動懷古的幽情，予以相當的珍惜，而作較廣泛的瞭解。

所謂「回文」，似可從兩方面來加以說明：

㈠美學上的分析

就美學上廣義的解釋，回文乃是上下兩句詞彙大多相似，而詞序恰好相反的這麼一種辭格。如：

「美言不信，信言不美。」

「仕而優則學，學而優則仕。」

就修辭學的觀點言，似有一種加強的氣勢，以及反覆烘托的美感。按此標準衡量，在古往今來的文體中多有善加運用的，祇是用之成習，習焉不察而已。

黃慶萱教授在其所著〈修辭學〉第二十七章「回文」中談到：

「自然與人生，有時是周而復始，循環不息的。日月的麗天，星辰的運行，晝夜的交替，四時的來往，人事的滄桑，情緒的周期，都是很好的例子。……而宇宙人生的循環、相關、因果等等現象，也就形成語文上『回文』辭格的淵源。回文與圓形頗有相似之處……就美學觀點而論，圓形被認為具有純粹簡單之美，以及連續不斷之妙。由於純粹簡單，所以能節省注意力；由於連續不斷，所以有圓滿的感覺。這種情緒上的性質，又成為回文在美學上的基礎。……」

㈡傳聞中的瞭解

根據一些傳聞中的瞭解，總認爲：將文字經過巧妙的配置，作成特殊的排列，使有限的單字組合成更多的文句，與更豐沛的義涵，且顯示濃厚的趣味以及圖案之美，實在需要相當的智慧與耐心的。

這以漢代蘇伯玉之妻的「盤中詩」，及符秦竇滔之妻蘇蕙的「璇璣圖詩」堪爲代表。而且這兩位才女耗費心力，運用智慧，以巧思組合有限的文字，將之安排成美觀的圖案，以發抒其遭受捐棄的無限柔情，終於使薄倖的夫君感悟，而慶獲團圓的故事，頗爲後世所樂道，且待以後有關章節再作說明。茲就一般的文體及較特殊的圖案中摘述一些回文的實例，以供欣賞。

第二章　一般文體中回文的應用

在一般文體中所含回文的實例可說相當的多，多到不勝枚舉。爲了易於暸解，且從很簡明的到較繁複的，逐次列舉如下：

一、慣用語或成語中的蘊藏

從俚俗、慣用語或成語中，可以發現相當多的實例，且選擇一部分，列述如下：

人生，生人。

遊上海，海上遊。

不得安，安得不？

心卽佛，佛卽心。

美而廉，廉而美。
人人爲我，我爲人人。
德無常師，師常無德。
落花流水，水流花落。
長生不老，老不生長。
凶多吉少，少吉多凶。
月明風清，清風明月。

以上的句法，顯然都是可逆的；不過，一經逆轉，順句與逆句的涵義往往大有出入。比如說，「長生不老」與「老不生長」，幾乎是不相關的。還有，「德無常師」乃是典雅而有相當哲理的，經逆轉成爲「師常無德」，就成爲俗不可耐的尖酸語調。細味上句所含的哲理，與下句所道破的一些事實，二者倒也相映成趣。

再從更廣泛的範疇言，所含回文的實例也相當的多，且稍作列舉：

水車，車水。
不得了，了不得。
文不文，武不武。

妙不可言，不可言妙。

人同此心，心同此理。

用人不疑，疑人不用。

費力不賺錢，賺錢不費力。

福兮禍之所倚，禍兮福之所伏。

嬝嬝婷婷，齊齊整整，姐姐鶯鶯。

尋尋覓覓，冷冷清清，悽悽慘慘切切。

諸如此類的運用，不拘泥於常格，反較活潑而生動，這在修辭學上言，均能發揮相當的效果。

二、聯語中的運用

在聯語中如不拘泥於字字可以回讀，則凡轆轤體、聯珠體、連環句、子母句、重疊字，以及顛倒字等，略具回文意味者皆可屬之。諸如：

筆架架筆，草耙耙草。

風扇扇風風動扇，水車車水水隨車。

移椅依桐同玩月，點燈登閣各攻書。

以人名巧成回文聯者，在眼前時人中即有一例：

嚴孝章，章孝嚴。

以地名巧成回文聯者，在台灣地區即有二例：

安平平安是福，景美美景如畫。

樹林林樹樹蔭濃，花蓮蓮花花氣幽。

另有一回文聯，頗具故事性。相傳古時在交通要道及城門口多設有關卡，以管制行旅，按例是日落閉關。有一次，有個關吏想偷懶，在日將落而尚未落時即行閉關。適一儒生欲入，乃據理力爭，關吏故意為難，要以作對聯來考考這儒生。由關吏先出上聯，如能對出，即放入關，其所出上聯為：

開關遲，關關早，阻過客過關。

此乃即景而作，頗不易對，幸此過客才思尚捷，乃就聯論聯，亦略含抗議的意味，其所對下聯爲：

出對易，對對難，請先生先對。

一則寫實，一則辨理，相當貼切。關吏至爲嘆服，而欣然放其入關。

三、詩中的安排

在格律詩中，此類的實例亦甚多，尤以在回文的各式圖案中，多以情詩爲主，三言、四言、五言、六言以及七言，靈活安排，句任順逆，字可重用，或作分拆，總在巧妙的配合中呈現其趣味，縱屬文字遊戲，亦有助消閑益智。茲按詩的五言七言分別舉例。

㈠五言例

古別離（張奕光）

*郎念妾居家，妾思郎去遠；長亭與短亭，離別苦天晚。

◎晚天苦別離，亭短與亭長；遠去郎思妾，家居妾念郎。

關山月（張奕光）

*明月照空山，遠行夜上關；情知獨夢醒，枕染淚斑斑。

◎斑斑淚染枕，醒夢獨知情；關上夜行遠，山空照月明。

即　景（王　融）

*斜峯繞曲徑，聳石帶山連；花餘拂戲鳥，樹密隱鳴蟬。

◎蟬鳴隱密樹，鳥戲拂餘花；連山帶石聳，徑曲繞峯斜。

泊　雁（王安石）

*泊雁鳴深渚，殘霞落曉川；柝隨風斂陣，樓映月低弦；
漠漠汀帆轉，幽幽岸火燃；壑危通細路，溝曲繞平田。

◎田平澆曲溝，路細通危壑；燃火岸幽幽，轉帆汀漠漠；
弦低月映樓，陣斂風隨柝；川曉落霞殘，渚深鳴雁泊。

在七絕詩中詠四季的回文詩頗多。茲舉兩位作者，兩種不同排列形式的「春」詩，作為比較，以供欣賞：

㈡七言例

春（薛濤）

*花朵幾枝柔傍砌，柳絲千縷細搖風；霞明半嶺西斜日，月下孤村一樹松。

◎松樹一村孤下月，日斜西嶺半明霞；風搖細縷千絲柳，砌傍柔枝幾朵花。

春（佚名）

*花枝弄影照窗紗，影照窗紗映日斜；

◎斜日映紗窗照影，紗窗照影弄枝花。

（此詩屬減字轉連環類，其一、二句與三、四句自成順逆。）

在七律詩中的回文，相傳有一則小故事。據說，從前有位潦倒的文士，因家境清寒，十分無奈，冒險外出投軍，遠去他鄉。家中妻兒，難以維生，偏又碰上飢荒，流亡到隣邑，在一位老員外家幫傭。夫妻離散，事隔多年，渺無音訊。後來那文士在軍中小有成就，特地請假返鄉探親。誰知其所居村落，盡是斷垣頹壁，一時無從探詢，乃在所屬小鎮的街頭貼出尋人的啓事。他滿腹悽涼，難以排遣，一時有感，乃在啓事後邊附了一首詩，黯然離去。其詩爲：

枯眼望遙山隔水，往來曾見幾心知，
壺空怕酌一杯酒，筆下難成抒感詩；
途路阻人離別久，訊音無雁寄回遲，
孤燈夜守長寥寂，夫憶妻兮父憶兒。

此事輾轉傳到隣邑，經熱心者的抄錄轉告，其妻喜出望外，即刻懇求員外家的西席，按址代爲寫信聯絡。那位西席也略有才情，除代爲訴說一些近況外，也在信尾和了一首詩，按回文的體裁，將原詩一字不改，倒轉過來，比起原詩毫不遜色，且各有意境。其詩爲：

兒憶父兮妻憶夫，寂寥長守夜燈孤，
遲回寄雁無音訊，久別離人阻路途；
詩感抒成難下筆，酒杯一酌怕空壺，
知心幾見曾來往，水隔山遙望眼枯。

那位丈夫接信，當然無限高興，即刻又請假返鄉，趕至隣邑，久別重逢，悲喜交集。老員外特設盛宴款待，並作厚贈，助其重整家園，堪稱幸運。

四、詞中的巧構

詞中的回文，其巧構的方式多有不同，且略舉三種，以供參考比較。

㈠上下句相互回讀的方式

菩薩蠻（蘇　軾）

落花閑院春衫薄，薄衫春院閑花落，遲日恨依依，依依恨日遲。　夢回鶯舌弄，弄舌鶯回夢，郵便問人羞，羞人問便郵。

㈡全部回轉倒讀的方式

菩薩蠻（暮江行四調之一）（李暘日）

*清心似水江行晚，傍隄橫簇楓林遠，溪屋石流泉，秋雲白滿天。　晴曛斜照際，空色添明媚，幽花岸側芳，紅泛暮歸航。

◎航歸暮泛紅芳側，岸花幽媚明添色，空際照斜曛，晴天滿白雲。　秋泉流石屋，溪遠林楓簇，橫隄傍晚行，江水似心清。

㈢上下闋回轉及各句回讀的方式

浣溪沙（初夏晚坐）（張雋春）

*綠樹千村暮鳥飛，青山幽壑夜猿啼，輕風度柳拂前溪。　平浪碧波浮淡月，情孤徑影落花籬，屏巒滴翠野雲移。

◎月淡浮波碧浪平，籬花落影徑孤情，移雲野翠滴巒屏。　飛鳥暮村千樹綠，啼猿夜壑幽山青，溪前拂柳度風輕。

五、結　語

按回文的運用，除上述一些體裁外，其他在曲、賦等文體中也每見佳構。因較不通俗，且篇幅較長，姑從略。如對回文具有興趣，欲作進一步研究者，可參看仲厚先生編著（回文文字奇觀）一書，當能獲較完整的概念。

第三章　回文的圖案之美

將詩詞之類的美文安排於各種美觀的圖案中，或廻環曲折；或左右螺旋；或以方塊劃區，縱橫顚倒而成迷陣，以顯趣味。復有在花式奇巧的圖形中嵌入少數文字，上下順逆，左右逢源，或重疊借用，或分拆借用，或遞相借用；變化繁多，因而繁衍出多首詩詞，多重文義，更能凸顯出單音單形的方塊字適於排列組合上的特性。回文圖案的製作者必須煞費心機，連一般欣賞者也得多用腦力，必經多番探索，而後豁然有悟，就在這豁然間自有一股沾沾的喜悅，情趣也就隨之而生。

此類回文圖案，或有出於深閨怨婦的匠心，文字巧排，金針細綉，五彩繽紛，遠寄征人，更能充分表達言外的情意。即以一般休閑消遣而論，縱出於文字遊戲，爭奇鬥智，各發文思，亦多可取。玆由簡而繁，列舉一些圖案於後，並附以文字說明。對其中不易簡單說明的，再另加副圖標示，以稍有助於讀者自行尋求解析，然後再與答案相印證，如此既可稍節思考時間，而仍能產生相當的趣味。

一、妝奩鏡背篆文

古時所用的鏡子，多以青銅所製，磨得平滑，光亮足以鑑容。鏡背往往有些古雅的圖案或篆文。尤其新婚妝奩用鏡，鏡背圖案不僅美觀，篆文更多善頌善禱的詞句。下圖爲「愛河永浴」四字，明顯易解，若按順時鐘的方向，從其中任何一字讀起，均可成句，均能達意，如此可得四句。

青銅鏡背篆文

二、茶壺環腹題字

愛品茗者，多愛用紫砂茶壺。昔以江蘇宜興所產最爲有名。壺的款式不僅繁多，且在壺腹上每有繪畫或題字。下圖乃在壺腹題字者，計爲「可以清心也」五字。壺放在茶桌上，圍坐品茗的人，各可從其迎面所見的字讀起，按順時鐘方向環讀，分別各得一句，則爲五句，不僅均可達意，且仔細玩味，句中意境各有不

茶壺環腹題字

同，堪助雅興。

三、靈檀兒圖

此圖外觀，頗似香爐，又似神案的正面平視形象。圖中文字爲詠梅的詞，寄調「菩薩蠻」，作者的姓名失傳。閱讀時可依原圖左邊的副圖所解析，循箭頭方向，先由㈠開始順讀得一句，再逆讀得一句，然後依次㈡㈢㈣順逆各得二句。如此共八句，合成全調。副圖中雙圈者，表示此字讀過兩次，四圈者則讀過四次（以下其他各副圖有雙圈或雙圈以上者，亦均表示該字讀的次數）。全部筆錄後，請再看答案。其答案爲：

老梅殘影橫窗小，小窗橫影殘梅老；梅作雪花飛，飛花雪作梅。　窗明月映光，光映月明窗；雪香浮夜月，月夜浮香雪。

靈檀兒圖

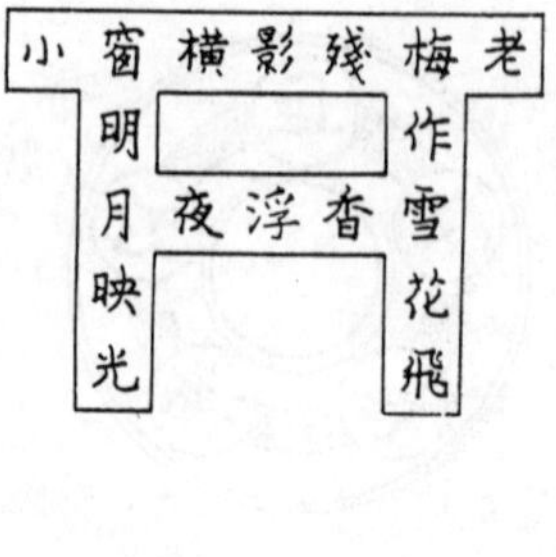

副圖

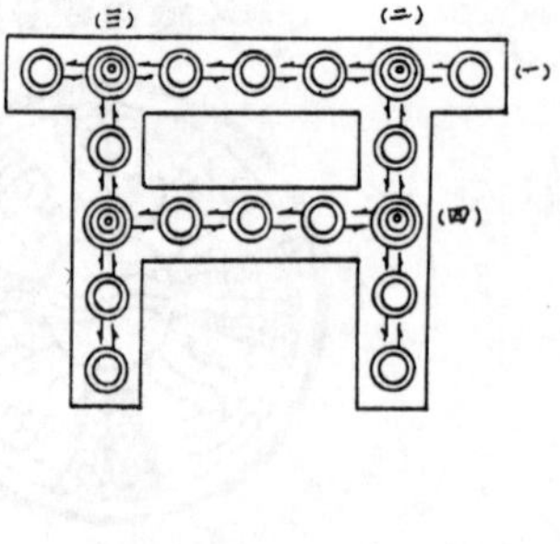

四、水晶菓盤文

嘗見水晶菓盤盤底刻有文字者，在大圓盤邊八個小圓盤的盤底各刻一個字。計分兩句，每句四字，可以其中任何一字爲起點，順讀或逆讀均能成義，文字相當雅潔，配以菓盤玲瓏瑩澈的質感，益覺可愛。按此八個字，在以下所舉「八花轉輪鈎枝鑑銘」的圖案圓心八個花瓣中亦有，並有詳細的解讀，可以參看。以如此待客的器物上，配以此種回文。嘉賓歡敍，圍坐一桌，各可從其最近面前的字，順讀或逆讀，茶餘酒後，更能增加情趣。

五、轉尾連環圖

此爲詠春景的七言絕句詩，由下頁文字下面的副圖頂端，按「↓」箭頭所示讀得一句，再依次按「⇣」、「↓」、「⇣」箭頭所示各得一句，共四句。逆讀亦可得四句。筆錄後，請對照答案。其答案爲：

水晶菓盤文

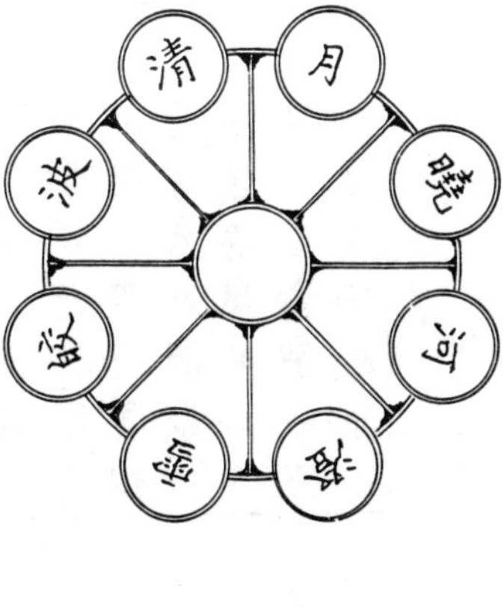

轉尾連環圖

*春晴喜鵲噪前津，鵲噪前津柳媚新；
津柳媚新花戀蝶，新花戀蝶去來頻。
◎頻來去蝶戀花新，蝶戀花新媚柳津；
新媚柳津前噪鵲，津前噪鵲喜晴春。

六、錦纏枝圖

此為詠消寒讌飲七言絕句詩，由下頁下面的副圖左下方三圈處，循箭頭所示讀至雙圈處為句尾，此雙圈處亦為下句的開端。如此以順時鐘方向旋讀至圖的中心，共得八句（二首詩）。由內向外逆讀，亦可得八句（二首詩）。自行試讀後，再對照答案。答案如下：

1. *寒泉漱玉清音妙，妙處深居近翠巒；
巒秀聳岩飛澗水，水邊松竹檜宜寒。
2. *寒窗靜室雅邀客，客待閑吟恣取歡；

副圖

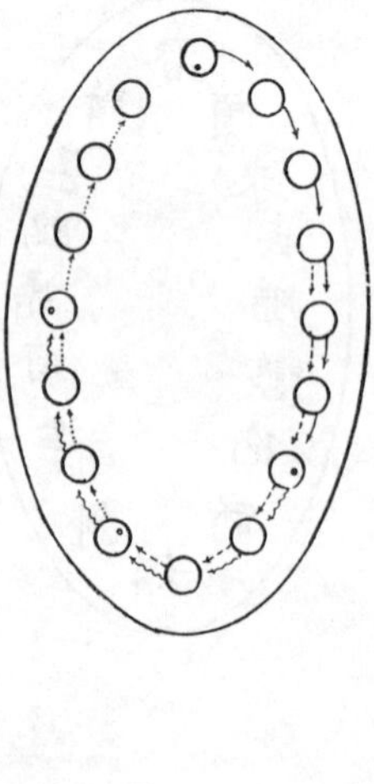

錦纏枝圖

妙	處	深	居	近	翠	巒
音	雅	邀	客	待	閑	秀
清	室	喜	來	歸	吟	聳
玉	靜	席	殘	興	恣	岩
漱	窗	終	闌	酒	取	飛
泉	寒	陪	燬	宴	歡	澗
	宜	檜	竹	松	邊	水

歡宴聚陪終席喜，喜來歸興酒闌殘。

1. ◎寒宜檜竹松邊水，水澗飛岩聳秀巒；
巒翠近居深處妙，妙音清玉漱泉寒。

2. ◎殘闌酒興歸來喜，喜席終陪聚宴歡；
歡取悠吟閑侍客，客邀雅室靜窗寒。

七、衍波箋

此爲詠雪景七言絕句，由下頁下面副圖圓圈箭頭所示，按逆時鐘方向，讀七字爲一句，共得八句（二首詩）。由內向外倒讀，亦可得八句（二首詩）。試讀後，再對照答案。

答案如下：

1. *開簾怯對曉寒嚴，篆裊香爐獸炭添；
梅影瘦看時倚樹，迴文鏤瓦綴霜簷。

2. *陰陰雨雪點庭階，瑟瑟寒風飄井槐；

副圖

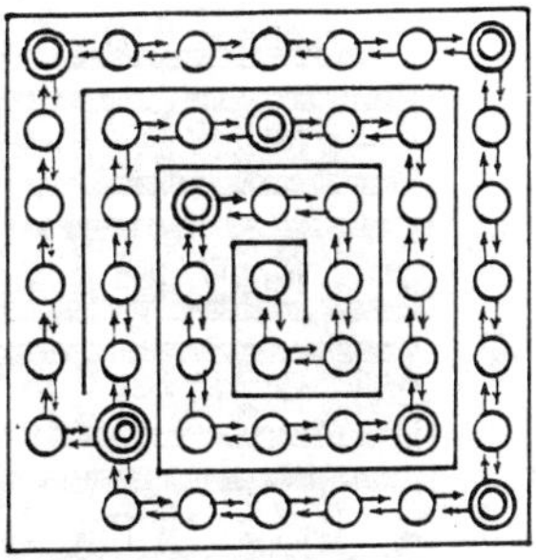

衍波牋

嚴	寒	曉	對	怯	簾	開
篆	雨	陰	陰	簷	霜	綴
裊	雪	開	窗	冷	院	瓦
香	點	擁	冰	隨	深	鏤
炉	庭	袖	釵	處	槐	文
獸	階	心	鴛	幾	井	迴
炭	瑟	瑟	寒	風	飄	樹
添	梅	影	瘦	看	時	倚

深院冷窗閑擁袖，心驚幾處墜氷釵。

1.。簷霜綴瓦鏤文迴，樹倚時看瘦影梅；
添炭獸爐香裊篆，嚴寒曉對怯簾開。

2.。釵氷墜處幾驚心，袖擁閑窗冷院深；
槐井飄風寒瑟瑟，階庭點雪雨陰陰。

副圖

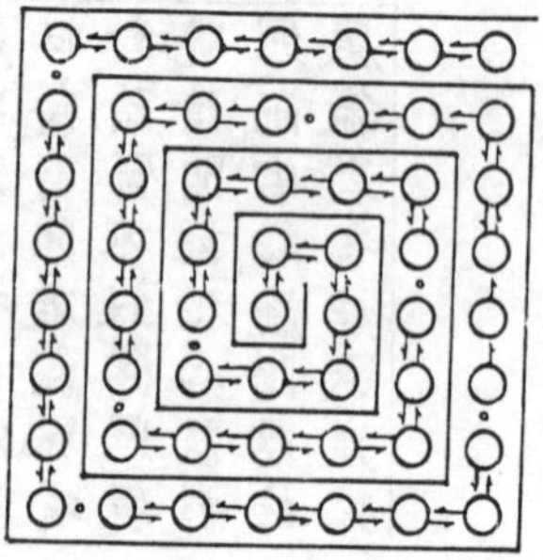

八、首尾曲折圖

此爲詠隱逸詩七言律句，每句之首均要向前句之尾借半個字，作爲一個字用。如下圖，由上循箭頭開始，其首句方塊空白；係由最下面句尾借「漿」的下半，爲一「水」字，共七個字湊成一句，其下一句則又從其句尾借得半字，以下仍按箭頭循序轉借，形成循環。其詩爲：

首尾曲折圖

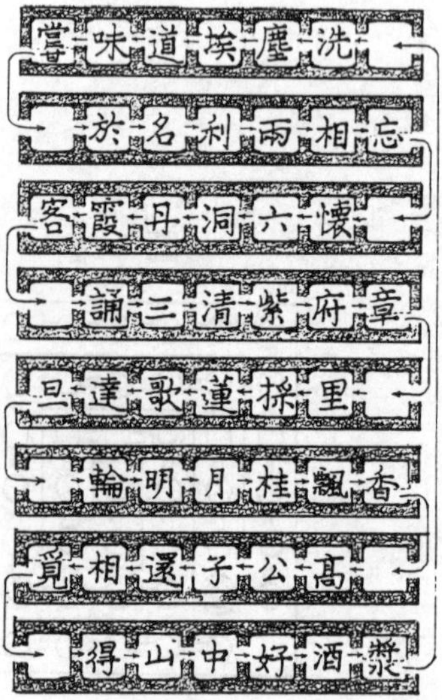

水洗塵埃道味嘗，甘於名利兩相忘，
心懷六洞丹霞客，口誦三清紫府章；
十里採蓮歌達旦，一輪明月桂飄香，
日高公子還相見，見得山中好酒漿。

九、錫朋（六角聯輝圖）

六角聯輝圖

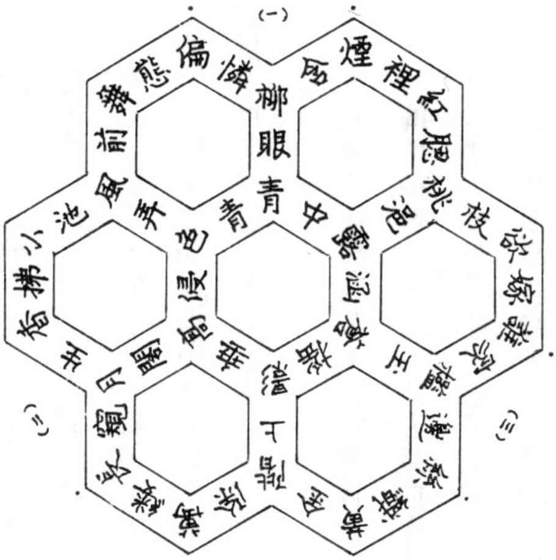

副圖

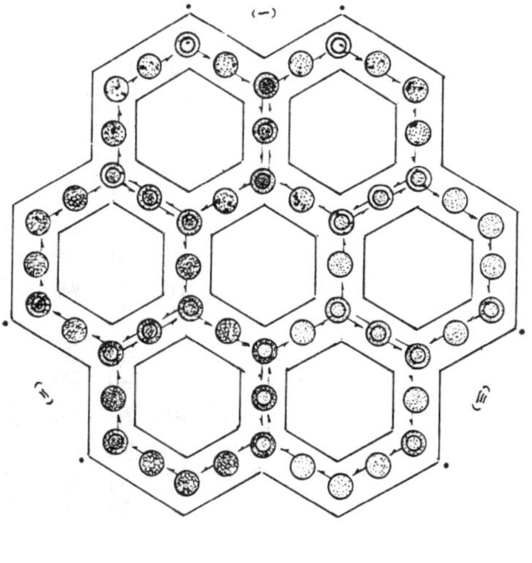

此爲詠春景七言絕詩，在圖上兩兩相聯的六角形中嵌詩一首，其他依次兩六角相聯者各得絕詩一首，共三首。按上頁下面副圖，先以㈠右側角尖黑點下的字爲開端，循箭頭所示，在此六角內讀七個字，成一句：繼以句末字兼作下句的句首字，復得一句。再由㈠左側角尖黑點下的字爲開端，循箭頭所示，讀法如前，亦得兩句，合成絕詩一首。其他㈡㈢可類推。

請試讀後，再對照答案，其答案爲：

1. 烟裡紅腮桃浥露，露中青眼柳含烟；
偏憐柳眼青青色，色弄風前舞態偏。
2. 香拂小池風弄色，色侵高閣月生香；
長窺月閣高垂影，影上階除萬縷長。
3. 絲織黃金階上影，影搖蒼玉檻邊絲；
誰家檻玉蒼涵露，露浥桃枝欲嫁誰。

十、柳帶同心結

此結中嵌詞二首：一爲「如夢令」（送別）；一爲「思佳客」（閨怨）。按下面副圖內

柳帶同心結

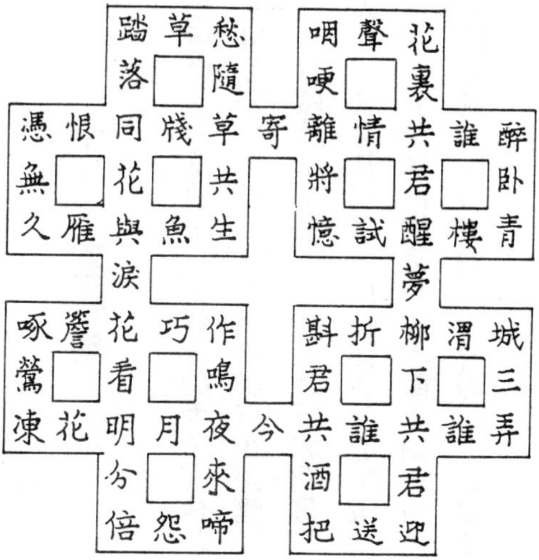

副圖

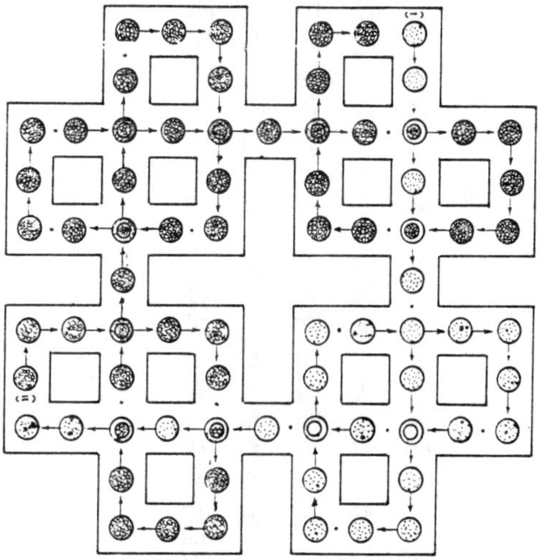

㈠下圓圈箭頭所示起讀，小黑點處爲斷句，讀到㈡下結束，此爲「如夢令」。再由㈡上圓圈箭頭所示起讀，小黑點爲斷句，讀到㈠左結束，此爲「思佳客」。試讀後，再對照以下所錄答案：

如夢令（送別）

花裡共君醒夢，柳下共君迎送，把酒共君斟，折柳渭城三弄。誰共？誰共？今夜月明花凍。

思佳客（閨怨）

鶯啄簷花巧作鳴，夜來啼怨倍分明，看花淚與花同落，踏草愁隨草共生。魚與雁，久無憑，恨同牋草寄離情，共誰醉臥青樓醒？試憶將離哽咽聲。

十一、盤詩圖

相傳漢朝人蘇伯玉有位賢慧的妻子，他却遠客四川，久而不歸。其妻居長安，想念甚切，乃運用巧思，將其心中的幽怨嵌寫在圓盤形的圖案中，由內而外，共分七層，左右旋轉，組成三言古體詩二十七韻，在最外層亦間雜有七言句，總計爲一百六十七字，得四十九句。單論此詩，含意甚明淺，但經這番苦心的安排，頓覺意溢言外，當然會讓他丈夫感動，終使春閨夢圓，千古傳爲佳話。按下面副圖，由中心圓圈循箭頭，從缺口轉至外層。圓圈間的小點乃是斷句處。左右旋轉，層層轉出。於試讀後，再對照以下所錄：

盤中詩

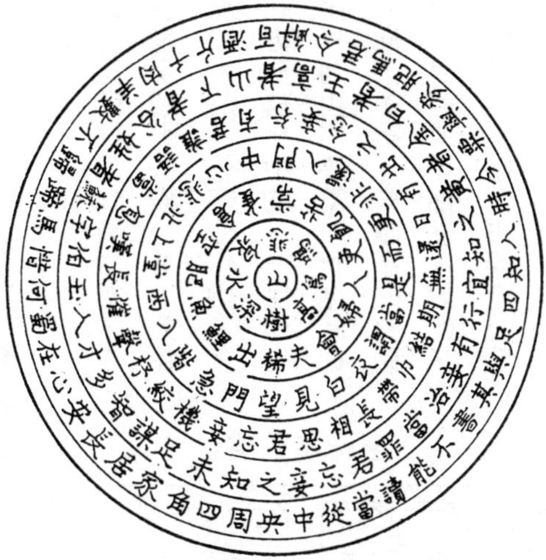

副圖

山樹高，鳥鳴悲。泉水深，鯉魚肥。空倉雀，常苦飢。吏人婦，會夫稀。出門望，見白衣。謂當是，而更非。還入門，中心悲。北上堂，西入階。急機絞，杼聲催。長嘆息，當語誰？君有行，妾念之。出有日，還無期。結巾帶，長相思。君忘妾，未知之。妾忘君，罪當治。妾有行，宜知之。黃者金，白者玉。高者山，下者谷。姓者蘇，字伯玉。人才多，智謀足。家居長安身在蜀，何惜馬蹄歸不數？羊肉千斤酒百斛，令君馬肥麥與粟。今時人，知四足。與其書，不能讀，當從中央周四角。

十二、重重結綺窗

此為詠閨情的律詩二首，在下圖兩扇窗櫺中各嵌一首。凡在菱形櫺格中的，一字分作兩字讀；凡在方形櫺格中的，一字僅一讀。第一句由右邊第一行循箭頭所示，向下順讀，先讀字的整體，再讀其偏旁或一部分，如此三個字可當成六個字，再湊合方格中的一個字，即得七言一句。第二句亦同。第三句（亦即第二行

重重結綺窗

），循下面箭頭所示，向上逆讀，先讀字的偏旁或一部分，再讀字的整體。第四句亦同。第五、六句讀法同第一、二句。第七、八句讀法同第三、四句。以上爲右扇窗櫺上的一首律詩。至於左扇窗櫺上所嵌律詩的讀法，與右扇上的完全對襯，先由右邊行下箭頭所示開始。試讀以後，再對照以下所錄：

1. 晚日閑門竚立看，艑舟江水鯉魚難，
心情長悵言詞苦，足趾多移目泪酸；
凭几飄風燈火暗，裁衣明月剪刀寒；
千重山岳人何在？香馥金鑪夕夢殘。

2. 石砌林森鳥鵲群，手摩金釧水沉焚，
癡疑游子愁心切，占卜詭言信口聞；
羽扇車輪人似粉，木桃玉玖女如雲；
褰衣花草雖佳境，錦帛紅絲総念君。

十三、佳麗芳名榜

佳麗芳名榜

春深太真液晚聞鶯鶯道韞語問關弄玉轉清
解煥　真向誰　含多少　入名
從來紅兒女解題紅紅玉兒葉偏能小玉字工
記取　家入似　家家在　樓中
皓齒明君睢試越羅敷小青花散葉采蘋蓮歌
雲中　去湘山　草湖邊　藻多
惆悵紅拂絲客思秋娘綠珠行誰許鄭旦交遊
爭如　拭書牋　珮憑予　夕求
閒來無雙事試評花蕊采春聚香蓮碧玉樹葩
欲訪　成見半　風直到　清家
空聞夜來夜與朝朝雲若蘭散高唐紅線粉消
夢裏　回更誰　牋難畫　難挑
永巷樊素籠強屬文君妹喜恩如水合德還分
何如　賞東鄰　結梁鴻　濯群
楊家嬌娘艷畫屏紅綃盼盼縠香圍紫玉閣中
爭得　行垂一　來綵袖　簫風
芳名麗華字繼耶西施壽陽粉塗朱史鳳冊迷
小偶　牋千古　春詞倩　毫題
翩然絳仙節是耶非煙永新霧青鸞飛燕復飛
不負　遊今夕　詩准付　銜歸

副圖

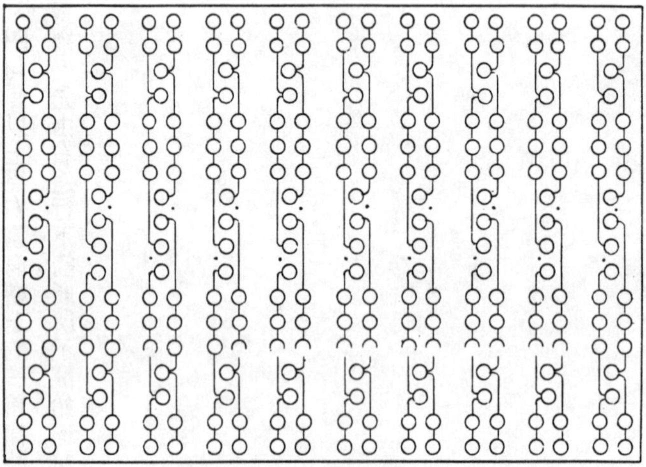

此爲雜詠七言絕詩，共十首，將古代有名的佳麗嵌入詩中，每首嵌入四名，詩意仍自然流暢，不露斧鑿痕，在遊戲筆墨中也算較有情趣的。按此榜下副圖中的圓圈直行向下讀，並依次由右向左。圓圈有線串連者爲一句，每行得二句，以兩行爲一組，共四句成詩一首。試讀以後，再對照以下所錄：

1. 春深太液曉聞鶯，鶯語間關弄轉清；
解喚真真向誰道？蘊含多少玉人名。

2. 從來紅女解題紅，紅葉偏能小字工；
記取兒家人似玉，兒家家在玉樓中。

3. 皓齒明眸試越羅，數花散葉采蓮歌；
雲中君去湘山小，青草湖邊蘋藻多。

4. 惆悵紅稀客思秋，娘行誰許鄭交遊？
爭如拂拭書箋綠，珠珮憑予旦夕求。

5. 閑來無事試評花，蕊聚香蓮碧樹葩；
欲訪雙成見豐采，春風直到玉清家。

6. 空聞夜夜與朝朝，雲散高唐紅粉消；
夢裏來回更誰若？蘭殘難畫線難挑。

7. 永巷樊籠強屬文，君恩如水合還分；
何如素質東隣妹，喜結梁鴻德耀群。

8. 楊家嬌艷畫屏紅，綃縠香圍紫閣中；
爭得娘行垂一盼，盼來綵袖玉簫風。

9. 芳名麗字繼耶西，施粉塗朱史冊迷；
小偶華殘千古壽，陽春詞倩鳳毫題。

10. 翩然絳節是耶非？煙霧青鸞飛復飛；
不負仙遊今夕永，新詩准付燕銜歸。

十四、陽關疊

此爲詠送行的長短句，共三十四句，二百字。圖中以兩個疊字各成一組，大多由上下句分用一字，形成重疊的趣味性。在節奏與意境上也很能表達惜別依依之情。照錄如下：

陽關疊

柳柳 色色 青青 青青 滿滿 城城 煙煙 雨雨 春春 光光
送送 遠遠 行行 君君 向向 燕燕 山山 路路 前前 去去
旗旗 亭亭 芳芳 草草 青青 無無 數數 山山 翠翠 水水
潺潺 湲湲 行行 路路 難難 時時 往往 還還 多多 是是
名名 場場 客客 行行 急急 寧寧 論論 山山 水水 程程
千千 百百 人人 戀戀 芳芳 春春 不不 似似 君君 家家
有有 老老 親親 長長 倚倚 門門 望望 君君 馬馬 到到
金金 臺臺 下下 桂桂 花花 香香 報報 高高 堂堂 正正
屆屆 稀稀 齡齡 壽壽 春春 酒酒 遲遲 君君 衣衣 錦錦
傾傾 金金 斗斗 汎汎 春春 風風 人人 共共 醉醉 融融

柳色青，柳色青青青滿城。
滿城煙雨春光送，煙雨春光送遠行。
遠行君向燕山路，君向燕山路前去。
前去旗亭芳草青，旗亭芳草青無數。
無數山，山翠水潺湲。
翠水潺湲行路難，行路難時時往還。
往還多是名場客，多是名場客行急。
行急寧論山水程，寧論山水程千百。
千百人，戀芳春，人戀芳春不似君。
不似君家有老親，家有老親長倚門。
長倚門，望君馬，望君馬到金台下。
到金台下桂花香，桂花香報報高堂。
高堂正屆稀齡壽，正屆稀齡壽春酒。
春酒遲君衣錦傾，遲君衣錦傾金斗。
金斗汎，汎春風。
春風人共醉，人共醉融融。

十五、顛倒鴛鴦結

此爲詠閨情的七言絕詩共八首，圖內文字的排列，顛倒交錯，乍看頗爲複雜，難理頭緒。可先參看圖後的副圖，由㈠下雙圈箭頭所示，轉折讀至頂雙圈處爲一句（凡圖內雙圈，皆是兼作他句重讀的字）。再循箭頭讀得四句爲一首。其㈡至㈧的讀法均同。試讀以後，再對照以下所錄：

1. 難向雕籠鸚鵡傳，傳言不到玉關前；
鴛鴦枕上鴛鴦夢，夢斷寒宵已隔年。

2. 年去年來絲袖殘，殘花不耐倚闌看；
鴛鴦機上鴛鴦錦，錦織成來欲寄難。

3. 嗔忿雙眉鎖不開，開簾小玉喚看梅；
鴛鴦裙上鴛鴦綉，綉得郎曾讚嘆來。

4. 來向花前賞暮春，春園消恨百花新；
鴛鴦花上鴛鴦果，果核雙仁亦可嗔。

顛倒鴛鴦結

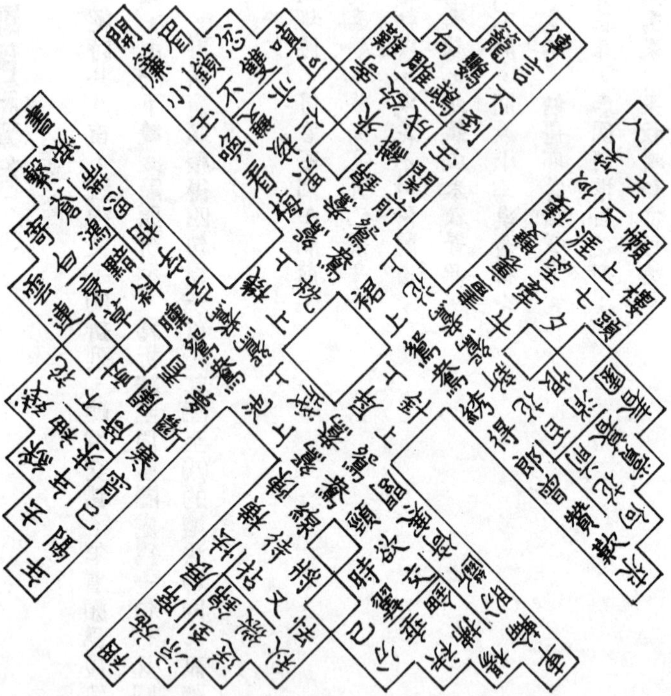

副圖

5. 分袂垂楊拂鈿車，車輪盼斷倚寒閨；
鴛鴦牋上鴛鴦字，字字相思帶淚書。

6. 書繫蒼鴻寄白雲，雲連衰草黯斜曛；
鴛鴦池上鴛鴦頸，頸欲交時翼已分。

7. 秋送微涼到錦裀，裀施席展怯橫陳；
鴛鴦屏上鴛鴦畫，畫裡雙棲似笑人。

8. 人去天涯懶上樓，樓頭七夕望牽牛；
鴛鴦針上鴛鴦線，線待拈將又怯秋。

十六、心字團香圖

此亦詠閨情的七言絕詩，圖分四塊，就像四把展開的摺扇。在四扇的外緣順逆讀，每扇各得詩二首，四扇詩得八首。再合四扇內圓逆讀得一首，共爲九首。以下面副圖的右上扇爲例，其㈠爲箭頭由扇面的外緣順讀，讀至㈡處，再由㈡處逆讀至㈠處。其他三塊扇面讀法均同。合四扇所成的內圓，由㈨處依箭頭循反時鐘方向環讀。請於試讀後，再看以下所錄：

心字團香圖

副圖

1. 簫聲一度合鶯黃，綠柳垂臨溪水香；
嬌色泥時霑露雨，挑燈且去聽更長。

2. 長更聽去且燈挑，雨露霑時泥色嬌；
香水溪臨垂柳綠，黃鶯合度一聲簫。

3. 簫吹聽到乍昏黃，裊裊中庭一縷香；
嬌怯最憐當坐久，挑棋幸得破愁長。

4. 長愁破得幸棋挑，久坐當憐最怯嬌；
香縷一庭中裊裊，黃昏乍到聽吹簫。

5. 黃菊題殘詩戰挑，影疎含意豈姿嬌；
長才擅處何曾也，香盥手須且弄簫。

6. 簫弄且須手盥香，也曾何處擅才長；
嬌姿豈意含疎影，挑戰詩殘題菊黃。

7. 黃花菊影照燈挑，篆似煙時映色嬌；
長夜消難酒醉盡，香焚且去聽吹簫。

8. 簫吹聽去且焚香，盡醉酒難消夜長；
嬌色映時煙似篆，挑燈照影菊花黃。

9. 芳時憐惜徑花明，酒中且教倚玉笙；
何處難禁傾兩耳，頻聽垂柳亂啼鶯。

十七、八花轉輪鈎枝鑑銘

相傳此圖乃是唐代南海奇女子所製，圖中嵌入一百九十二字，以四字爲一句，可廻環閱讀。其讀法頗多，茲列舉五種。按此圖後的副圖，中心花八個尖瓣內圓圈，可以任何一圈爲起點，順讀或逆讀，以四字爲一句，各能表義。外圍環內八個圓圈的讀法，亦與中心花相同。在整體廻環的帶內，則要從中心花下的1.先開始，仍以四字爲句，循帶內圓圈箭頭所示，廻環曲折，直讀至中心花下右方2.處爲止。再由2.處循箭頭所示，如前句法逆讀至1.處，各有表義，逸趣橫生。至於帶的重疊處，其上的雙圓圈，係於順讀及逆讀時，各重讀兩次者。於試讀後，再對照下面所錄：

(一)中心花

*（順讀）

波淸月曉　河澄雪皎

清月曉河　澄雪皎波
月曉河澄　雪皎波清
曉河澄雪　皎波清月
河澄雪皎　波清月曉
澄雪皎波　清月曉河
雪皎波清　月曉河澄
皎波清月　曉河澄雪

。（逆讀）

曉月清波　皎雪澄河
月清波皎　雪澄河曉
清波皎雪　澄河曉月
波皎雪澄　河曉月清
皎雪澄河　曉月清波
雪澄河曉　月清波皎
澄河曉月　清波皎雪
河曉月清　波皎雪澄

八花轉輪鈎枝鑑銘

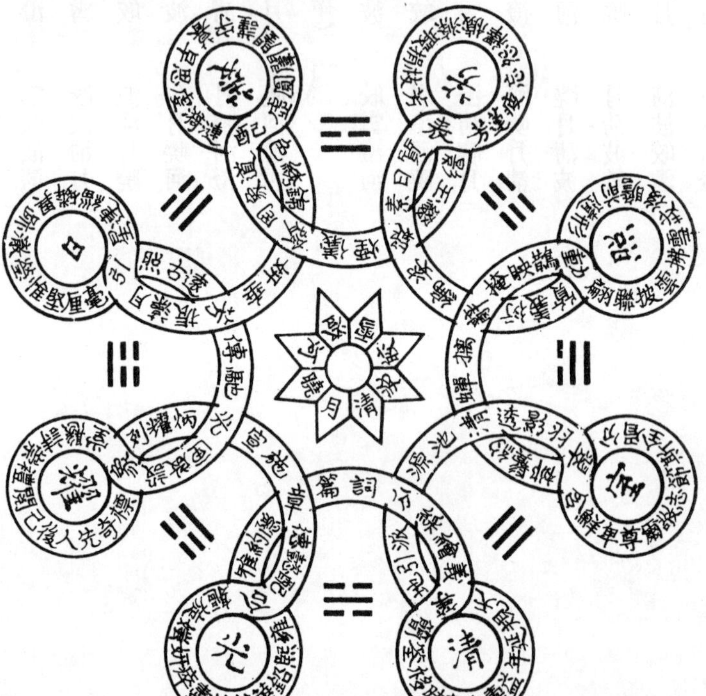

副圖

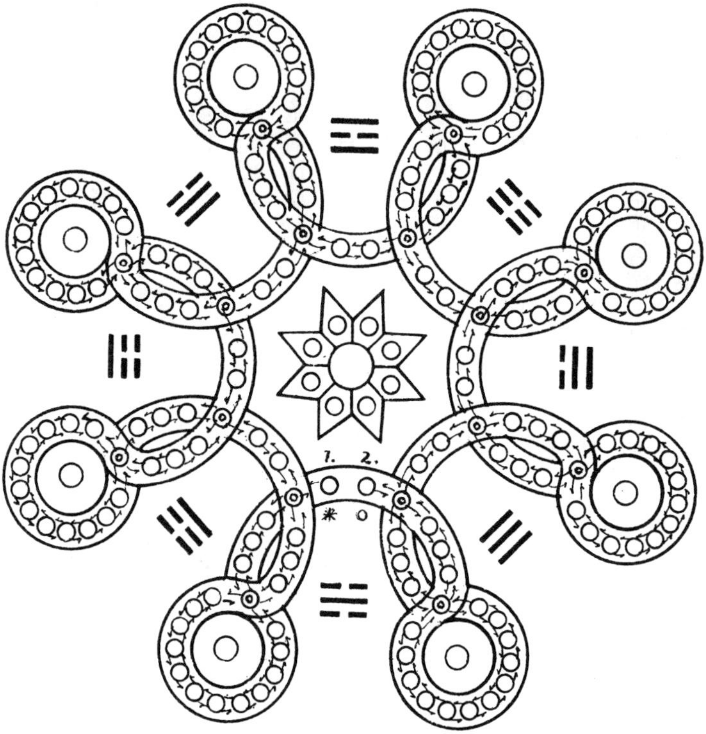

㈡外圍環

光耀日菱　芳照室清
耀日菱芳　照室清光
日菱芳照　室清光耀
菱芳照室　清光耀日
芳照室清　光耀日菱
照室清光　耀日菱芳
室清光耀　日菱芳照
清光耀日　菱芳照室

㈢迴環帶

1.＊（順讀）

篇章隱約，雅合雍熙。鉛華著飾，盡瘁姸媸。
旋軀合配，懿德章施。宣光炳耀，列象標奇。
先人後己，閱禮崇詩。懸堂象設，啓匣光馳。

傳芳遠古，照引毫釐。堅惟瑩澈，跡異磷緇。
連星引月，藻振芳垂。姸齊錦繡，色配漣漪。
虔思早暮，守謹閨闈。圓虛配道，象罔齊儀。
煙疑綴玉，影表芳枝。捐瑕滌穢，釋怨忘疲。
蓮芳表質，日素疑姿。編辭衍義，質動形隨。
前瞻後戒，雪拂雲披。聯翩動鵲，映掩辭摛。
蟬清約鬢，柳翠分眉。全斯節志，敬爾尊卑。
鮮含翠羽，影透清池。源分派引，地等天規。
延年益壽，代變時移。筌簡等義，繪綵分詞。

2.（逆讀）

詞分綵繪，義等簡筌。移時變代，壽益年延。
規天等地，引派分源。池清透影，羽翠含鮮。
卑尊爾敬，志節斯全。眉分翠柳，鬢約清蟬。
摛詞掩映，鵲動翩聯。披雲拂雪，戒後瞻前。
隨形動質，義衍辭編。姿疑素日，質表芳蓮。
疲忘怨釋，穢滌瑕捐。枝芳表影，玉綴疑煙。

儀齊罔象，道配虛圓。闈閨謹守，暮早思虔。
漪漣配色，綉錦齊妍。垂芳振藻，月引星連。
緇磷異跡，澈瑩惟堅。鳌毫引照，古遠芳傳。
馳光匣啓，設象堂懸。詩崇禮閱，己後人先。
奇標象列，耀炳光宣。施章德懿，配合軀旋。
嬿妍瘁盡，飾著華鉛。熙雍合雅，約隱章篇。

十八、織錦璇璣圖

相傳織錦璇璣圖乃蘇蕙所製作。按〈晉書〉列女傳所載：

竇滔妻蘇氏，始平人也，名蕙，字若蘭，善屬文。滔，符堅時爲秦州刺史，被徙流沙，蘇氏思之，織錦爲廻文璇璣詩以贈滔，宛轉循環以讀之，詞甚悽惋，凡八百四十字。

在清人李汝珍所著〈鏡花緣〉第四十回及四十一回談到唐太后武則天「因見蘇蕙織錦廻文璇璣圖，甚爲喜愛……即親自作了一篇序文。」其序文內容爲：

前秦苻堅時，秦州刺史扶風竇滔妻蘇氏，陳留令武功蘇道質第三女也。名蕙，字若蘭。智識精明，儀容秀麗；謙默自守，不求顯揚。年十六，歸於竇氏，滔甚愛之。然蘇氏性近於急，頗傷嫉妒。滔字連波，右將軍于眞之孫，朗之第二子也。風神秀偉，賅通經史，允文允武，時論尙之。苻堅委以心膂之任，備歷顯職，皆有政聞。遷秦州刺史，以忤旨謫戍敦煌。會堅克晉，襄陽慮有危逼，藉滔才略，詔拜安南將軍，留鎭襄陽。初滔有寵姬趙陽台，歌舞之妙無出其右。滔置之別所。蘇氏知之，求而獲焉，苦加箠辱。滔深以爲憾。陽又專伺蘇氏之短，讒毁交至，滔益忿恨。蘇氏時年二十一。及滔將鎭襄陽，邀蘇氏同往，蘇氏憤之，不與偕行。滔遂携陽台之任，絕蘇氏音問。蘇氏悔恨自傷，因織錦爲廻文，五采相宣，瑩心耀目，縱橫八尺，題詩二百餘首，計八百餘言，縱橫反覆，皆爲文章。其文點畫無闕，才情之妙，超古邁今，名璇璣圖。然讀者不能悉通。蘇氏笑曰：徘徊宛轉，自爲語言，非我家人莫之能解。遂發蒼頭齎至襄陽。滔覽之，感其妙絕，因送陽台之關中，而具車從盛禮迎蘇氏歸於漢南，恩好愈重。蘇氏所著文詞五千餘言，屬隋季之亂，文字散落，而獨錦字廻文盛傳於世。朕聽政之暇，留心墳典，散帙之次，偶見斯圖。因述若蘭之多才，復美連波之悔過，遂製此記，聊以示將來也。大周天册金輪皇帝製。

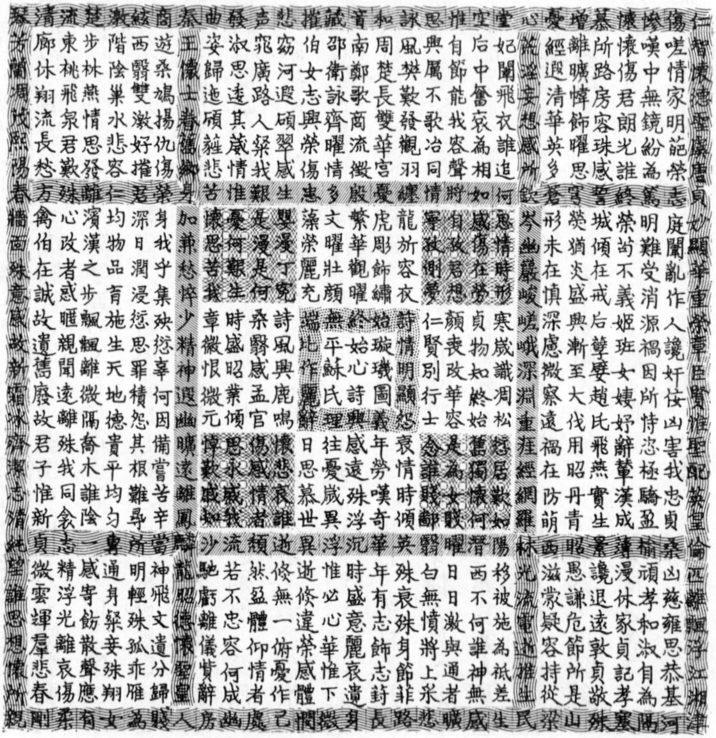

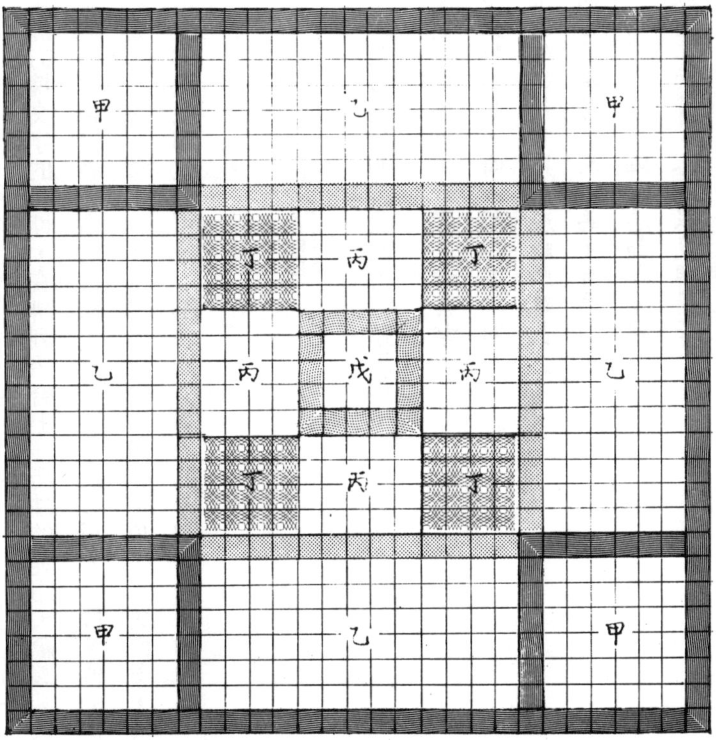
甲
乙
甲
丁
丙
丁
乙
丙
戊
丙
乙
丁
丙
丁
甲
乙
甲

此圖所列文字計二十九行，每行二十九字，共八百四十一字，排列成一個整齊的正方形。蘇氏可說充分掌握方塊文字的特性，在排列組合上作巧妙的運用，蘊義甚爲繁複。解讀的方法，歷來頗多不同。茲擇其較通俗的讀法，作較簡單的分析。一般流傳的原圖爲五色（計分紅書、黑書、藍書、紫書、黃書）。本書所繪之圖僅係單色，爲免混亂，故以副圖作輔助說明。按副圖方格中的深淺網紋，可分：⑴外框、⑵角框、⑶中框、⑷內框、⑸甲區、⑹乙區、⑺丙區、⑻丁區、⑼戊區。

㈠外框文字的讀法

外框上的文字係七言絕句的詩共四首，順讀爲：

仁智懷德聖虞唐，貞妙顯華重榮章；
臣賢惟聖配英皇，倫匹離飄浮江湘。
津河隔塞殊山梁，民生感曠悲路長；
身微憫己處幽房，人賤為女有柔剛。
親所懷想思誰望，純清志節齊冰霜；
新故感意殊面牆，春陽熙茂凋蘭芳。

琴清流楚激絃商，秦曲發聲悲摧藏；
音和詠思惟空堂，心憂增慕懷慘傷。

以上的四首詩，逐字逆讀，或逐句逆讀，均可各得四首。

㈡角框文字的讀法

角框位於四角，讀法均相同，茲以右上角框舉例，順讀爲：

仁智懷德聖虞唐，貞志篤終誓穹蒼；
欽所感想妄淫荒，心憂增慕懷慘傷。

以上的詩，逐字逆讀，或逐句逆讀，均可各成一首。其他三個角框，可依此類推。

㈢中框文字的讀法

中框上的文字爲七言絕句共二首，順讀爲：

欽岑幽巖峻嵯峨，深淵重涯經網羅；
林陽潛曜翳英華，沉浮異逝頹流沙。

麟鳳離遠曠幽遐，神經少悴愁兼加；
身苦惟艱生患多，殷憂纏情將如何？

以上的詩，逐字逆讀，或逐句逆讀，均可各得二首。

四 內框文字的讀法

內框上的文字，係四言絕句一首，順讀為：

詩情明顯，
怨義興理；
辭麗作比，
端無終始。

以上的詩，逐字逆讀，或逐句逆讀，均可各得一首。若將此框四角的四個字，兼由上下句重讀，則得五言絕句一首，順讀逆讀均可。其順讀為：

詩情明顯怨，
怨義興理辭；

辭麗作比端，
端無終始詩。

㈤甲區內文字讀法

甲區計有四區，分處四個角框內，讀法相同，區內係三言詩。玆以右上方的甲區爲例，須橫讀，從左從右均可，或左右交疊讀亦可。或從區中縱分爲二，各區內文字，或左或右交疊，亦均可讀，隨意變化，莫不成詩。玆以全區橫讀，其左右交疊讀法爲：

嗟嘆懷，所離經；遐曠路，傷中情。
家無君，房幃清；華飾容，朗鏡明。
葩紛光，珠曜英；多思感，誰為榮？

㈥乙區內文字讀法

乙區計有四區，讀法相同，祇是其上下兩區須橫讀，左右兩區須縱讀。此係四言詩。玆以上面乙區爲例，每橫行由左向右，數至第六字起向右讀，逐行而下，共得十二句。再由右向左數至第六字起向左讀，逐行而下，亦得十二句，分別爲：

邵南周風，興自后妃。
衞鄭楚樊，厲節中闈。
詠歌長嘆，不能奮飛。
齊商雙發，歌我袞衣。
曜流華觀，冶容為誰？
情徵宮羽，同聲相追。

××　　××

周南邵伯，窈窕淑姿。
楚鄭衞女，河廣思歸。
長歌詠志，遐路逶迤。
雙商齊興，碩人其頎。
華流曜容，翠粲葳蕤。
宮徵情傷，感我情悲。

按以上排列，將兩詩下半橫切開後，可各自成詩一首。前詩下半置後詩下半之上，亦可合成一首。前兩詩復可將每行上兩字略去，並去兩句間的標點，即成六言詩。

㈦丙區內文字讀法

丙區計有四區，讀法相同，惟上下區須橫讀，左右兩區須縱讀。此爲五言詩。茲以其右區爲例，順逆讀及行次調換讀均可，試分列如下：

寒歲識凋松，
貞物知終始；
顏喪改華容，
仁賢別行士。

×××

松凋識歲寒，
始終知物貞；
容華改喪顏，
士行別賢仁。

×××

寒歲識凋松，

仁賢別行士；
貞物知終始，
顏喪改華容。

×××

松凋識歲寒，
士行別賢仁；
始終知物貞，
容華改喪顏。

以上詩中的行與字尚可作其他方式的安排，還有待多用思考，多加探索。

(八)丁區內文字讀法

丁區亦有四區，讀法相同，且均為橫讀。逐句轉折，左右順逆讀之均可。此為四言詩。

茲以其右上區為例，分列如下：

思感自寧，
孜孜傷情；

時在君側，
夢想勞形。
××
形勞想夢，
側君在時；
情傷孜孜，
寧自感思。
××
寧自感思，
情傷孜孜；
側君在時，
形勞想夢。
××
夢想勞形，
時在君側；
孜孜傷情，

思感自寧。

㈨戊區內文字讀法

戊區為獨一的中心區，區內祇有九個字，外圍八個字，可讀為：

始平蘇氏，

璇璣圖詩。

始平為地名，乃蘇蕙的原籍。中央一個「心」字，雖很簡單，惟經解讀重重外圍的千言萬語，就顯得特別意味深長，無限幽情，溢於字外，自然產生一股感人的力量。

十九、結　語

以上所選十八個回文圖案，僅屬舉例性質。在圖形結構的安排上，由簡而繁，期使讀者較易體會到我們單音單形的方塊文字，在排列組合（包括拼拆）的運用上，有其高度靈活的特色。正因此種特性的高度發揮，才能產生出「回文」這種獨特的體裁。在巧妙圖形的安排上，使有限的文字，因讀法的變化而推衍出相當繁多的詞句及其不同的義涵，這是頗值稱道處。

也許，太過注重形式上的安排，文字的內容却很易失之牽強，甚至流於空洞，難爲大衆所接納。就以上面所舉的十八個圖例稍作檢討，不難發現其中僅少數幾個，如「盤中詩」與「璇璣圖」尚能表達一些眞摯的情感外，其餘不過是消閑湊趣的文字遊戲而已。此種格式，當然不值鼓勵。而今，回文的圖案幾成廣陵散；這也足以說明一切。

不過，這並非回文本身之錯，而錯在運用上的走入偏鋒。請稍回顧前面第一章中有關美學上的解釋，以及第二章，在一般文體中的實例，就會覺得回文自具難以磨滅的價值，更自有其鮮活的一面。且以前章所舉慣用語中的回文格調爲例：「人人爲我，我爲人人。」淺明易解，而且相當生動。尤以目前崇尚民主的時代，若僅記得上句，假「民主」之名以行，則必禍延子孫；若能兼顧下句，則一團和祥，足可開萬世的太平。

再以「德無常師，師常無德。」作解析。上句似很有哲理，下句似不過一種粗率的口語。上下似不太關聯，甚至有點滑稽，有點唐突。但經仔細玩味：上句「德」可作爲一種更抽象，而且廣泛的眞理來解；「師」可作爲一種令人信服的權威來解。說明任何眞理都具時空變異性，不能僵化於任何一種權威的信念中。下句正是依循上句的義理，加以反溯，說明任何信念一旦達於權威的程度，一旦自覺其權威，也正是失落之時。簡單八個字，因回文的運用，而使語法奇特，而使語氣加強；而在語意上更能令人回味無窮，而爲之忍俊不禁。這亦足說明回文的生動性，正有待我們從鮮活的語文中力求創新，則回文的園地仍大可耕耘。

第五篇　抑揚的對仗

——對聯的廣泛應用及其社教功能

第一章　概說

音調抑揚，自然悅耳；排列對襯，自然悅目，二者在聽覺與視覺上均可產生美感。此類文字組合，以中國傳統的對聯最具代表性，也最能顯現出方塊字的特色。它是以簡單的文字，表達出鮮明的義涵，又多張貼、懸掛或篆刻在很顯眼的地方，其潛移默化的作用，值得深入評估。

在過去，我國農業社會，對聯很受重視，尤其是季節性的春聯，普及到社會的各階層，一般農戶人家，雖目不識丁，在灶頭上總要貼一副「上天言好事，下界保平安」的對聯，縱婦孺亦莫不知其意義。爲了祈求平安，一年一度，總要對灶王爺作此表示，希望上天述職時，要多說好話。爲期神明樂意照辦，自然就心生約束，不能隨便幹出壞事。這種人神間的默契，自可產生相當的警惕作用，而無形中也就發揮了相當的社教功能，亦有助於基層文化的傳承。至於庵觀寺廟所刻的聯語，從進門開始，即到處可見，其告誡性尤爲強烈。就連村野路邊的小茶棚也往往貼副對聯，亦有寓意，就如——

為名忙，為利忙，忙裡偷閑，吃杯茶去。
謀衣苦，謀食苦，苦中作樂，拿壺酒來！

文字雖很明淺，却覺親切有味，充分表達出勞動者的心聲。至於上層的士大夫階級，除春聯外，家宅中更經常見到對聯。在客廳中的，如——

傳家有道惟存厚
處世無奇但率眞

在書房中更多雅致聯語，如

雨過琴書潤
風來翰墨香

好書悟後三更月
良友來時四座春

值得注意的是，這類雅聯的書法多很講究，且多出名家之手。有錢人家更不惜以重金求得墨寶，以之炫耀，並傳之子孫。這種書法與聯語的結合，更提高其藝術價值。至於在古蹟名勝的地方，更不乏此類藝術性的雅聯，而且流傳至廣，易入人心。就文化層面言，當然無形中也會產生一些作用。可惜目前工商社會，對此已不重視。縱在一些公共場所或古蹟名勝地區，還能見到對聯，也不過聊備一格而已，往往忽略其存在。一般小家庭中，書房客廳佈置則多傾向於新潮，已不再珍惜這項傳統藝術。單就表面看，對聯確已過時，已不再能發揮其社教功能。但就內涵言，仍具相當價值，甚至歷久彌新，故值得重加審察，深入研究。

第二章　對聯的特性

就文字組合方式言，對聯可說是最純淨的對偶。雖然在其他文體，尤其駢文中，對偶乃屬慣見，但對聯所呈現的最爲簡明，也最能雅俗共賞。

爲求深入瞭解，且先從本質的對偶性上加以探討。黃慶萱教授在其所著〔修辭學〕第二十三章中對此有相當精闢的說明：

對偶，在客觀上，源於自然界的對襯；在主觀上，源於心理學上的「聯想作用」，和美學上「對比」「平衡」「勻稱」的原理。而漢語的孤立與平仄之特性，又恰好能滿足這種客觀現象與主觀作用的表達。

他在說明「聯想作用」時，引用張仁青教授的分析，略爲三類：其一爲類似聯想，如言「狗」則思及「貓」；其二爲接近聯想，如言「櫻花」則思及「日本」；其三爲對比聯想，如「春花」與「秋月」、「香草」與「美人」。以上三類，皆由人心慣於聯偶的自然趨勢所促成。

他在論及美學領域時，更引用桑塔耶那在〔美感〕一書中「對稱」章所作的詳細說明。然後作成結論——

總之：對稱是一種個體化原則，有助我們去辨認各種客體。對稱的辨認，帶給人舒適快樂。對稱的繼現，帶給人滿足平靜。中國的宮殿，希臘的廟宇，羅馬的教堂，其正面總是採取對稱的形式，常給人莊嚴堂皇的感受，而且印象鮮明深刻。文學上對偶句亦具類似效果，理由都在此。

對聯是很具格律性的，諸如：整齊律、參差律、次第律、反覆律、對當律和重疊律等，在構思聯語時，總宜善加運用。尤其整齊律，更屬必要。其上下聯的字數不僅要相同，而且詞類更要相稱，慣例是虛對虛，實對實，例如名詞對名詞，動詞對動詞之類。至於聯中小句的長短安排層次劃分，於整齊中復多變化，以求活潑有致。

對聯也很注重節奏，除具備音樂性的高低、長短、疾徐等的變化外，且上下聯在情意與辭藻的運用上力求呼應，更表現出抑揚的節奏。尤其上下聯句中平仄聲的協調，更屬基本要求。以一般而論，上下聯中的字，凡雙數及句末者，其平仄聲宜力求相對，以產生抑揚悅耳的效果。至於上下聯中的單數字，則可不必計較。茲引黃花崗七十二烈士墓聯語加註平仄聲以作印證——

——————

一片春雲凝紫氣

————

幾番風雨憶黃花

第三章　對聯的起源及品類

一、起　源

對聯又稱楹聯，所謂楹聯，乃指屋宇殿堂以及廊榭間支柱上懸掛、張貼或鐫刻的聯語。以後更推廣到門側及室內。究其起源，最早可推及農曆春節應景的桃符。據古籍的記載：「海中有度朔之山，上有桃木蟠屈三千里，卑枝東北有鬼門，萬鬼所出入也。神荼、鬱疊二神居其門，主閱領諸鬼，其惡害之鬼，執以葦索，食虎。故十二月歲竟，畫荼、疊併懸葦索於門戶，以禦凶也。」復據〈荆楚歲時記〉所載：「荆楚一帶居民，於正月初一，在門旁設二板，以桃木爲之，而畫神荼、鬱疊象以壓邪，謂之桃符。」這種用桃木雕刻以作辟邪的神像，一年要更換一次，相當麻煩，以後就用紙繪的神像代替，以後復嫌繪像也不簡單，就改以紙寫兩神的名字貼在門上。以後又嫌這樣太單調，而且專爲辟邪，未免消極，於是改用祝賀的文字，以紅紙書寫，兩兩對應，終於演變成爲善頌善禱，且富於喜氣的春聯。

至於正式的對聯，有史料可查的，乃起於唐末五代。後蜀主孟昶的創始。據〔蜀檮杌〕所載：「蜀未歸宋前一年，歲除日，昶令學士辛演遜題桃符於寢門，以其詞非工，自命筆云：『新年納餘慶，佳節號長春。』」這可算得是最早的春節應景門聯。迨至宋代，文人雅士也多注意到對聯的製作，但已不限於門聯。如宋代大儒朱熹，就曾製作一聯，懸掛在他的書齋內。聯文爲——

爲善最樂
讀書便佳

這聯的文辭相當典雅，勵志遣懷，兼而有之。此堪稱雅聯典型之作，以後常被引用。迨至明代，其開國皇帝朱洪武起自民間，似乎瞭解到春聯所能發揮的社教作用，乃大力提倡，以求普及。有一則小故事流傳頗廣，據說明太祖在除夕夜微服出巡，見京城內居民到處張貼春聯，祇在小巷裡發現兩戶貧窮人家，門上無聯，他就進去訪問，一戶是薙頭匠，另一戶是閹豬的，都因目不識丁，自己不能提筆，又無錢購買。太祖回宮後，即時親自書了兩副春聯，着人送去，這兩戶人家知道原委後，眞是如獲至寶，感恩不盡，趕快張貼在門首，引來不少驚羨的眼光，新年裡更不斷有人來觀賞，開市以後，這兩家都生意興隆，大發利市。那家薙頭鋪的門聯是：「磨礪以須，看老夫手段如何；及鋒而試，問天下頭顱幾許。」那閹豬戶的門聯是：「雙手劈開生死路；一刀割斷是非根。」微賤職業，却能顯出相當氣概。雖這種傳聞的可靠性頗值懷疑，却也能說明春聯的一些特色，它不僅是善頌善禱，還要能適合身分，誇張而不離譜，妙手偶得，則里巷爭傳，成爲佳話。

關於明太祖提倡春聯較可靠的記載，乃是他親自書聯分贈臣屬，於是上行下效，自然就蔚成風氣。

二、品　類

對聯的品類至繁，有關此類專書，坊間多有出售，亦多列入應用文範疇以內，不外應景春聯及慶弔酬答之類。另有供研究用的，包括對聯的基本知識，以及製作的方法。還有以提供欣賞爲重點的，則依編著者的觀點而定，其分類各有不同。

第四章　對聯舉偶

舉隅的重點，在選擇具有故事性，趣味性，或具有深度，或較爲特殊者。舉隅的範疇，粗分如下：

一、應　對

過去封建社會，考試制度甚受重視，金榜題名後，考生拜謁主考官，在問答之間，往往以對聯作爲一種口試的方式，以衡量考生的機警與學養。其他如官場中，或文人雅士的聚會，往往也會有對聯的即興之作，足以助長融洽的氣氛。關於這些，民間傳聞，頗多佳話。

(一)白簡的機緣

以對聯而得洪福的，可能要首推這則故事。那是明朝永樂皇帝，在元宵節微服出巡，觀賞花燈，與民同樂。信步來到玉龍酒館，在雅座中小飲幾杯。忽聽朗朗書聲，覺得奇怪，因爲這時大家都忙着看燈去了，難得有人還能這麼苦讀。經問明店家，原來是其表弟來京應考，祇愛讀書，不愛熱鬧。永樂皇帝一時好奇，要這位試子出來見見。原來姓白名簡，一派斯文，應對頗爲得體，更引起永樂的興致，就想考考對方的才情與機智。先出一上聯，要他對出下聯。結果，對得還算貼切；繼又就眼前景色出一上聯：「燈明，月明，大明江山一統。」準是那白簡福至心靈，在構思的瞬間，抬頭看看這位客人，不僅氣宇非凡，而且身後還恭立一位侍從，準是位高權重的人物，說不定是主考官也未可知，乘機表現點忠誠，歌頌主子總不會有錯，於是從容對出下聯：「君樂，民樂，永樂天子萬年。」這一對，不僅工穩，而且善頌善禱，自然逗得龍心大悅。這在國劇的舞台上表現得尤爲淋漓盡致。結果是這位書生白簡立刻成爲天子的門生，並且輕而易擧地就得了個狀元，堪稱奇遇。且將此上下聯再併錄如下，以利欣賞——

燈明月明大明江山一統
君樂民樂永樂天子萬年

(二)蘇東坡的博識

宋朝苦於外患，國力日衰，軍事失利，難言外交。自遼國興起後，恃強凌弱，使宋邦窮於應付，割地獻銀，忍辱苟全而已。在宋哲宗時，遼國又派一使臣來朝。索地索銀，又是獅子大開口，朝中主管外務的大臣慇懃接待，與其苦苦商量，好話說盡，仍不得要領。那遼使傲氣凌人，在宴席上豪興大發，旁若無人；更出一上聯，要人對出下聯，如對得妥貼，就可商量將條件壓低，否則就祇能照辦。他的上聯乃是——

三光日月星

乍看起來明白易解，非常簡單，但要對得貼切，却極困難。因爲這上聯有「三」的限制，跟着列舉三物，下聯亦必須列舉三物以求對應，但却不能再冠上「三」字。這分明是個絕對，分明苦人所難，以逞傲慢而已。對不出來，不僅失了裡子，還要丟盡面子。連個簡單的對聯都對不出，還成什麼文化之邦？這事相當嚴重，害得在座的陪客面面相覷，無言以對；即忙去就商朝中大臣，有人想到多才的蘇大學士，派人趕快去請。適東坡在家與友人小飲，雅興正濃，不願作罷。當他問明情況後，祇淡然一笑，從容去至書桌邊，提起筆來寫了個紙條兒，捲緊了，交付來人，必須交與遼使親自打開。來人卽速回報。那管外務的大臣信得過蘇大學士的門道，就如囑面交。那遼使打開紙捲兒一看，突然眼睛睜大了，略作玩味，更點頭讚嘆，傲氣盡消。於是如言誠懇商量，結果是皆大歡喜。原來蘇大學士所對的下聯是——

四詩風雅頌

這「風雅頌」乍看是三種體裁，但實際上，雅又分大雅與小雅，故合爲四詩，此乃中華文化之光，對上宇宙自然之光，正是天衣無縫，更顯氣慨。難怪遼使要俯首認輸的。

㈢蘇小妹的難題

蘇東坡有一位嬌黠可愛的妹妹，通稱蘇小妹。「蘇小妹三難新郎」，風流文采，正是民間廣傳的故事。按〈今古奇觀〉中描述：

蘇老泉有一女名小妹，聰明絕世，資性過人。老泉十分珍愛，使其讀書不事女紅，是以詩詞歌賦無不過人。老泉一心要擇配天下才子，後來選中秦少游。成婚之日，少游前廳筵宴已畢，方欲進洞房，見房門緊閉，庭中設一小桌，文房四寶全。有丫環侍立傳話，奉小姐命，出題面試，中式始准入房。末題爲一聯，上聯曰：

閉門推出窗前月

事出意外，且在酒宴哄鬧之後，秦少游雖有才情，但一時腦袋昏昏，難理思緒，因此窘在一邊，不免搔首沉吟。幸好東坡這時尙未休息，擔心妹妹會耍花樣，悄悄走來察看，見少游徘徊中庭，空吟上聯，而且作出模擬的手勢，知是小妹的難題，不妨暗中解圍。見庭中一水池，頗爲清澈，頓生靈感，就地撿起一枚小石，投入池心，篤然有聲，一時水面動盪，天光月影，搖漾成趣。少游見景頓悟，吟成下聯——

投石冲開水底天

正是絕妙佳聯，於是昂然進入洞房，當然樂不可支。

㈣葉銘的奇遇

明朝開國，文治武功，頗具氣象，一時人文薈萃，京中尤見繁榮。四川重慶府監生葉銘也遠道來京，尋求發展機會。長安米貴，居大不易。況他僅有歪才，却無實學，又好酒貪杯，喜愛享受，家中雖有接濟，仍不免時見捉襟。那日，來到太白酒樓，又想小飮幾杯，酒保要他還淸前賬，始準入座，一時爭執不休。裡面雅座中傳出問話，責問何以如此吵鬧，擾人淸興？酒保趕緊回答，乃是一個窮書生硬要賒賬。竟引起裡面客人的好奇，要這窮書生進去談談。葉銘也不在乎，走進雅座，見一位客人相貌堂堂，正據席獨酌。那客人見這窮書生雖顯寒酸，却頗淸秀。經問明原委，知是遠道而來，且小有功名，乃心生憐惜，卽邀入座同飮，三杯下肚，談話益覺投機，那位客人一時動了雅興，想到一個上聯——

千里爲重，重山重水重慶府

這分明是針對葉銘的來處而發，頗見親切，且句的開始還利用拆字的方式，點明「重」字，尤有技巧，對起來較不容易。虧得葉銘很夠機警，揣摹上聯，同時細審對方的儀態，準是大有來頭。想到當今皇上，愛作對聯，且愛微服出遊，莫非此人正是？不管如何，總得碰碰運氣。他靈機一動，想到下聯——

一人成大，大邦大國大明君

首先也是以拆字的方式，點出個「大」字，非常貼切，逗得那位客人放聲大笑，非常開心。這次敍晤自是相當愉快，臨別相約再見。沒想再見之期就是翌日，再見地點竟在金鑾殿上，原來那位客人正是高高在上的，當卽親封葉銘爲按察使，這更是他夢想不到的。

㈤紀曉嵐的急智

紀曉嵐與乾隆皇帝間機智的應對，頗多記載，廣爲流傳。前於本書第三篇「靈巧的拼拆」中也曾有所引述，這裡再擇錄一些。相傳紀曉嵐幼年卽很聰慧，且很調皮。一日，他在街邊與群兒抛球爲戲，適太守大人官轎經過，球偏誤抛入轎中，隨從衙役不免狐假虎威，厲聲責駡，嚇得群兒抱頭四散，獨曉嵐一人站着不走，且向那隨從爭論索球。引起太守的好奇，從轎中伸出頭來，一看此兒生得清秀，一副聰明相，從容應答，據告還讀過些書，更引起太守的興趣，卽景想出一上聯，要他試對。上聯乃——

童子六七人，惟汝狡。

曉嵐拍拍小腦袋，隨口答出——

太守二千石，獨公……

偏是欲言又止，還伸伸舌頭，逗人發笑。忙問爲何不說了？曉嵐答稱：「看你肯不肯還我球。」太守不愧讀書人，頓明孩子這點小玄虛，卽忙將球抛還。曉嵐終於說出整句：「太守二千石，獨公賢。」引得轎中人哈哈大笑。

曉嵐二十一歲考上秀才後，春日郊遊，在路邊隨手折得一枝桃花，信口吟唱，自得其樂。適知府出巡經過，曉嵐感覺折花不當，卽忙藏進袖中，偏那知府已經發覺，且素愛其才情，特意出聯要考考他。其上聯爲——

白面書生，袖裡暗藏春色。

曉嵐躬身爲禮，遂卽作答——

黃堂太守，眼中明察秋毫。

曉嵐三十一歲入翰林院，以捷才聞名，深得皇上寵信。有一次，乾隆引用〈論語〉中一句作爲上聯——

惟女子與小人爲難養也

要曉嵐對出下聯，承旨所作的下聯爲——

有寡婦遇鰥夫而欲嫁之

此下聯不僅貼切，還有情趣。有一次，乾隆遊泰山，登上彌高岩，一時興起，又想到〈論語〉上的句子，集成上聯，要曉嵐對出。其上聯爲——

仰之彌高，鑽之彌堅，可以語上也。

曉嵐所對的下聯是——

出乎其類，拔乎其萃，宜若登天然。

曉嵐督學福建時，乘船行江中，適有一武將亦乘船由後趕上，且欲超前，頗不禮貌。曉嵐船頭的隨從人員看不順眼，亮出主人的底牌，偏偏對方並不賣帳，且船靠近，送過一張紙條，乃是上聯，要曉嵐對出下聯。其上聯為——

兩舟並行，櫓速不如帆快。

此上聯看似平常，不過實情實景，但卻借用諧音，以「櫓速」諧「魯肅」，以「帆快」諧「樊噲」，因而有了一種含意，暗諷文不如武，當然帶有戲弄的意味。曉嵐雖熟讀經書，善作引據，遇到這類俚俗文字，一時頗感難於掌握，正在大費思量，適巧聽到岸邊有迎神賽會的鼓樂聲，觸動靈機，對出下聯——

八音齊奏，笛清那比簫和

同樣即景，同樣運用諧音。以「笛清」諧「狄青」，以「簫和」諧「蕭何」，含義分明，文勝於武。如此不僅扳回面子，且使對方服服貼貼，自動將船退後。

曉嵐在宮中與太監們亦頗有情誼，偶有逗趣的事情發生。有一天，曉嵐正要入宮奏事，被一位太監攔住，出一上聯，要他對妥後，始准通過。其上聯爲——

三元解會狀

所謂三元，乃是解元、會元、狀元。以三數作爲限制，分明又是難題。曉嵐却隨口答出——

四季夏秋冬

以四季列出三季，分明胡扯而不合格，那太監卽忙指出缺少一季。曉嵐格格而笑，正要它缺少一季，就揚長而去。等那太監回味過來，想要反駡，人已去遠了。

曉嵐與河間府的中書君吳某素友善，常涉笑謔，不以爲忤。一日，吳某來訪，閑敍中談起近日工部衙門中的水部衙舍發生火災，大部分的建築付之一炬，皇上特命大司農金簡督工重建，工程不小。京師有好事者作出上聯，一時流傳，却無人能對。其上聯爲——

水部火災，金司農大興土木。

完全眞人實事，却巧含金、木、水、火、土五行，是以成爲難題，尙無人能對。吳某乃要曉嵐動動腦筋，且用激將法，非逼他對出不可。曉嵐在尋思中，瞅着對方，無意間發覺這位朋友雖是北方人卻身材瘦小，頓時有了文章，想出下聯，偏又不肯說出，經吳某一再催促，他表示說出來恐對客人不敬；客人又保證不會介意，於是他才說出下聯——

北人南相，中書君什麼東西？

這下聯也是就眼前眞人發揮，且包含五個方位，堪稱貼切工穩。引得客人失聲而笑，連罵捉狹。

㈥活佛濟公的點化

活佛濟公傳，廣傳民間，其故事可謂家喻戶曉。相傳濟公幼年卽與表妹李氏訂有婚約。後來他表妹家連遭不幸，父母雙亡，陷於孤苦，祇好來依靠他家。年事漸長，偏偏濟公在外浪蕩，很少回家，消息杳然，害得他表妹虛度韶華，獨處深閨，滿懷幽怨，作成上聯求對——

寄寓客家，牢守寒窗空寂寞。

此上聯不僅在表達感傷，還有一些較特殊的地方，那就是聯中每個字都屬「宀」頭，比較難對。此事輾轉傳聞到濟公耳裡，乃作出下聯，託人帶回。其下聯爲——

迷途遙遠，退返蓮逕還逍遙。

這下聯中每字都帶「辶」邊，含義在關切而外，還加上勸勉。據說他表妹受了點化，茅塞頓開，也就一心修道了。

㈦李進士的受窘

清乾隆進士李調元仕途得意，不免恃才傲物。有一天，與友人在酒樓讌飲，三杯下肚，又大放厥辭。有人看不順眼，提起當地一位神童，難倒不少博學之士，問李敢不敢當面見教？李表示一個小頑童算不了什麼。湊巧這位友人很好事，立卽把那位神童找來。神童說有一上聯要請李作對，李表示但講無妨。那上聯是——

踢破磊橋三塊石

這上聯並未引經據典，明淺易解，乍看不難對。但問題出在「磊」字上，如何以類似拆字方式作對，則要多費腦筋。李進士想了半天，仍想不出穩貼的。約定明天再來，如仍未對出，願加倍請客；如對得出來，則由那友人付賬。李進士回家後，搜索枯腸，仍無所得，心中焦急，深夜還不肯上牀。倒虧太太幫忙，想出了下聯。翌日，李進士欣然赴會；從容說出下聯——

剪開出字二重山

下聯對得相當貼切，連那友人也爲之鼓掌，偏那神童還有話說，說這下聯是閨房中人的格調，恐非出自李進士的構思。問其故，答以婦女常親針黹，較易想到剪剪貼貼。此語一出，逗得哄堂大笑。

(八)曾國藩的逗趣

清代名臣曾國藩軍務至忙，偶爾也會忙裡偷閑。有一天，跟一位朋友在書房中小酌，一時高興，想開開玩笑。他素悉客人有戀足狂，尤其對家中如夫人那雙小脚愛得入迷，常愛親自爲她洗脚。做主人的突然心血來潮，要以此打趣，提議作對聯，由他先說出上聯——

替如夫人洗脚

如此俗氣的對聯，看似簡單，但暗裡帶刺，必須針鋒相對，才夠味道。那位客人一聽就知是衝着自己來的，但急切間却想不出合適的回應，賭個氣，約定三天之內對出下聯。客人回到家，當晚就跟夫人談起這樁窩心事，總得爭回面子。夫人系出名門，頗有才情。爲了爭口氣，也就幫着老爺構思，突然心裡一亮，即忙提醒老爺，那曾國藩是什麼出身？湊上老爺很通竅，一點就明白了。翌日一早就趕到曾府。主人頗出意外，忙問一早趕來，有何見教？客人答稱下聯已經想出，只是不便講明，爲怕主人作惱。經主人保證絕不生氣，他才講出下聯——

賜同進士出身

原來曾國藩並非經過考試的正牌進士，而祇是御賜的「同進士」。上下聯逐字推敲，不僅天衣無縫，而且同具逗弄的意味，好在朋友間的取樂，也就一笑置之。

㈨劉女擇偶

清光緒年間，在江西吉水有位劉員外，家財萬貫，祇生一女，美而聰慧，且幼讀詩書，頗有才情。她年已及笄，雖求婚者衆，而迄無合意人選，是以尚待字閨中。有一天，她由丫鬟陪伴，去到廟裡燒香，經過一處賣字畫的攤棚，停步流覽，頗爲欣賞。棚內有位王姓書生，儀表不俗，正是字畫的作者。略作寒暄，知這位書生乃他鄉流寓來此，雖屬書香門第，但已家道中落，且功名未就，陷於清寒。劉小姐返家後，暗生戀情。她深知老父很重財勢，且家規又嚴，故不敢輕易啓齒，祇好偶由丫鬟暗通款曲。一日，那丫鬟匆忙來到王生攤棚，透露消息，說朱知府的公子託人登門求親，老員外強逼小姐應允，小姐現正拚死拚活，要王生趕快想想辦法。丫鬟去後，王生苦苦思慮，坐立不安，特向隔隣卜卦者求教，那位張姓測字先生很熱心，思來想去，突然桌子一拍，有了！卽提示：「我那多年未能對出的一個上聯，不是虧你前晚對出下聯的麼？正可從這裡打主意。」於是密商一陣。翌日，復由丫鬟轉告小姐，要老夫人同到廟裡祈夢。祈夢回來，小姐說有神人賜一上聯，教公開徵婚，誰對得出就嫁誰，當然那位朱公子也有機會。神旨難違，老員外也祇有勉強應允。那上聯是——

一人爲大，一大爲天，天出頭是我夫。

這種利用文字結構，依層次逐增的方式，頗爲別致，須要巧思。那位祇懂頑樂的朱公子當然摸不到邊。於是王生從容應徵，提出下聯——

一二成三，連三成王，王加點係汝主。

經地方仕紳評審，認定這是佳聯，終使有情人得遂所願。

㈩文人雅敍

過去文人聚敍，每愛吟吟唱唱，作些雅事，卽興成聯，也是一種。以下是些實例。

宋代文人蘇東坡與黃山谷時以詩酒過從。一日，結伴郊遊，徜徉於青山碧水之間，觸景生聯。東坡的上聯是——

松下奕棋，松子每隨棋子落。

山谷所對的下聯是——

柳邊垂釣，柳絲常伴釣絲垂。

×××　　×××

按〈復齋漫錄〉所載：「晏元獻同王琪步游池上，時晚春有落花。晏云：每得句書牆壁間，或彌年未嘗強對。且如——

無可奈何花落去

一句至今未能對也。王應聲曰：

似曾相識燕歸來

自此辟置館職，遂躋侍從。」

㈩最短的對聯

清乾隆帝素愛風雅，一日在便殿中與群臣閑聊，談及〈論語〉中「色難」一詞頗不易對，群臣亦多唯唯，但紀曉嵐却偏說：「容易」。帝卽促其速對，回說已經對過了。帝一回味，不禁失笑。

二、酬贈

對聯的創作，在各種應酬或人事贈與中很能表情達意。所謂「秀才人情紙半張」，乃屬輕而易舉，問題祇在如何運用機智，表現才華。善此道者，往往能掌握機緣，有所發揮，則不僅逢場作戲之湊趣，更收一些意想不到的效果。以下略作介述。

㈠朱昌熾的縮字聯

所謂「縮字聯」乃係將上下聯句末或句內各去掉一二字，句意仍能理解，而轉發會心之笑。以這種非屬正規的款式較具趣味性，因緣時會，偶動機心，每成佳構。

據〈楹聯叢話〉的記載，朱昌熾在赴考前曾有一段時間住在叔叔朱虹舫家。虹舫有一侍女名多多，溫婉秀麗。昌熾暗生愛戀，又不便啓齒。多多善體人意，於日常茶水款待中每見親切。一日，昌熾在書房中練習書法，執筆揮毫之間，心神頗爲貫注，不意多多輕步入內，悄立觀賞，直等寫完，頗表讚羡，並請贈與。昌熾心中一動，正是難得的機會，宜加把握，卽忙表示：此乃隨便亂塗，實在很差，容一二日內，認眞寫好，再行奉贈。多多欣諾去後，昌熾靜中苦思，開始想寫一首詩，但覺不能稱意。突想出一副聯語，縮去句中一個字，稍藏玄機，頗可暗通款款。其聯爲——

一心祇念波羅密
三祝難忘福壽男

按「波羅密多」乃佛經，而「多福多壽多男子」乃通俗文學中的三祝。經昌熾巧作縮水後，詞隱而意達，相當委婉。多多獲聯甚喜，初不解意，便中呈主人欣賞。虹舫一看，就心中明白。他素喜姪兒的溫文，樂意玉成其美，乃卽加以解釋，害得多多羞紅雙頰，慌忙走開，但已芳心默許，經主人正式徵詢，表示待公子應考後再作計較，以免分心。昌熾感此情意，攻讀益勤，應考後終獲捷報，乃成雙喜臨門，佳話傳於鄉里。

㈡錢忠的水上情

宋英宗治平年間，書生錢忠流落蘇州，在一家私塾館中教幾個蒙童。臘月年關將近，雖已歇館，然無家可歸，仍隻身滯留。一日，信步來到太湖邊，見湖邊停泊不少船隻，與岸上住家相似，張貼懸掛春聯燈籠之類，也顯示出迎接新年的氣象。見一船尾立着一位俏麗女郎，雖粗服亂頭，而自具風韻，一時怦然心動，不忍遽去；藉故口渴，向那船頭的老翁求飲。翁上得船後，一面飲水，一面隨口搭訕。因他船多已張貼春聯，此船何以未見？以之問翁，翁告以漁事甚忙，無暇到市上去購買。錢生乃欣然自荐，會寫春聯，且又閑着無事，答允回去馬上寫好送來。快馬加鞭，說到做到。待春聯貼好後，老翁連聲稱謝，並隨口邀其以後有暇再來聊聊。錢生走後不久，適一位告老還鄉的翰林也來湖邊遊覽，隨便看看各船的春聯，多很俗氣；突然看到一聯，書法挺秀，意境高遠，氣概非凡。一時好奇，駐足細審，愈覺有味，忍不住問起船頭漁翁，此聯出自何人手筆？經據實以告。這位老翰林不僅盛讚錢生的才華，將來大有成就；更就聯文加以解析。其聯文是——

滿目生涯千頃浪

全家衣食一綸竿

漁翁這才明白，想到那位書生將來可能還是貴人，深悔先前有眼不識泰山，僅作簡單禮貌接待，惟恐其不來。翌日，錢生又翩然而至，漁翁喜不自勝，即邀到艙內懇談。問起家事，知單身在外，更生憐愛之心，特把女兒由後艙喚出，親切如家人。不數日，遂訂姻好。

㈢趙子昂的品題

元代有名的書畫家趙子昂，乃宋室後裔，文采風範，並為時人所重。有一次，經過揚州，受到當地人士的熱情接待。有位富商，也姓趙，居室華麗，頗具亭台之勝。新建明月樓，尤稱美奐。樓中題詠甚多，均屬陳腔濫調，無有當意者。他對子昂仰慕已久，既知來揚州，特邀請至明月樓上，以盛宴款待。更出紙筆，乞賜墨寶。子昂趁着酒興，也就大筆一揮，書成一聯。聯文為——

春風閬苑三千客
明月揚州第一樓

此聯不僅高雅，且具氣概，很能滿足誇富的心態。主人甚是高興，特奉贈金杯一只。

㈣鄭板橋的不折不扣

清人鄭板橋自辭官後，寓居揚州，專賣字畫。因其名氣甚大，雖自訂潤筆價格頗昂，仍不乏登門來求者。當地有一鹽商，雖財大氣粗，却頗吝嗇。他為了巴結江西龍虎山的張天師，想奉送一副夠份量的對聯，乃託人轉請鄭板橋撰寫。板橋所提潤筆費為紋銀一千兩。鹽商覺得太貴，又動了生意經，認為大可討價還價，乃着人致送五百兩。板橋不置可否，將銀收下，結果祇交來人一條上聯——

龍虎山中眞宰相

那鹽商發覺缺少下聯，又卽刻着人來討。板橋告以只收到半價，故只有上聯。回話後，氣得那鹽商兩眼發直，然亦無可如何，祇好乖乖又補送五百兩，這才取回下聯——

麒麟閣上活神仙

據說，張天師得此聯後，甚為滿意，特為鐫石置於天師府門兩側。

㈤別具心裁的嵌字聯

贈人嵌字聯，因有親切感，故較易討好。所謂「嵌字聯」，乃是將受贈人的名字（普通為兩字，單名者則將姓帶上）分嵌於上下聯的適當對應位置，要嵌得自然渾成，不露痕跡，才算高手。以下是些實例。

×××　　×××

紀曉嵐的文采，前曾略有引述。名士風流，醇酒美人，難免逢場作戲。京師有名妓小如者，不僅風姿綽約，且有才情，嬌態可掬，惹人憐愛。曉嵐在酒酣興濃時，戲贈以聯，頗堪逗趣。其聯爲——

小住爲佳，能小住且小住。

如何是好，要如何便如何。

××× ×××

清代翰林宋湘，頗有才華，在嘉慶萬壽時，文武百官，各獻奇珍，獨宋湘表現其秀才人情，以美妙的書法，恭書一聯以賀。其聯爲——

順穆康賢雍和乾樂嘉千古

治平熙世正直隆恩慶萬年

此聯分嵌順治、康熙、雍正、乾隆、嘉慶年號，頗具巧思，乃蒙御賞。

××× ×××

清代名士王壬秋，光緒年間，初次入陝，在潼關偶涉花叢，結識妓女秋雲；翌年復經潼關，再造訪時，已人去樓空，且查詢得悉已經過世，悵然有感，乃集古詩並嵌秋雲之名成聯以追輓——

竟夕起相思，秋草獨尋人去後。

他鄉復行役，雲山況是客中過。

此聯能集他人佳句以爲己用，且能將所懷念者芳名嵌於其中，自然渾成，是屬難得。

×××　×××

近代文人史紫忱教授，張佛千教授等也善於嵌字聯，每有佳作發表，多見精妙。史教授曾於七十八年八月十四日在中央日報副刊上發表一篇「對聯文學」的小品文，談及張默君女士任考試委員時，因不滿考試院副院長羅家倫（號志希）的作風，乃以之作成一嵌名聯——

家亡國破，倫常喪盡。

志大才疏，希望全無。

此聯將名與號一併嵌入，自然通俗，却有高度嘲諷的效果。史教授又談到曾爲筆名「渡也」的嵌聯——

渡之西，渡之東，西東兩渡。

也是古，也是今，古今一也。

史教授更談起多年前，應一位名趙元的學生之請，在課堂上立卽作成一嵌字聯——

趙錢孫李誰爲首

元亨利貞我佔先

如此急中生智，自有妙趣。

㈥得體的祝賀

在過去，對聯用於祝賀，範圍至廣，如結婚、壽誕、開業、遷居，以及新廈落成等，可謂不勝枚舉。祇以用得太濫，內容空泛，一派陳腔，多不足道。較理想者，必須措詞貼切，恰如其分，且能掌握特色，才有可取。以下選錄些實例，以作印證。

清乾隆皇帝過五十整壽，大事鋪張，熱烈慶祝，臣屬都挖空心思，奉獻壽禮，祝賀詩文更如雪片飛來，類多引經據典，奉承過火，肉麻當成有趣，致難稱帝意，特囑紀曉嵐試擬一則較平實的。曉嵐所擬賀聯爲——

二萬里河山，伊古以來，未聞一朝一統二萬里。

五十年聖壽，自今而往，尙有九千九百五十年。

乾隆大加讚賞，非常開心。乍看此聯，不費詞藻，不過平淡的大白話。上聯輕輕點出武功，下聯隱隱祝賀萬壽。雖仍脫不了奉承，却因耍了一點小小的文字技巧。就能讓人很受用，的是高手。

×××　　×××

祝賀他人，多爲討好，不論如何變化，總脫不開奉承的本質。倒不如自我祝賀的文字，往往不便自我吹噓，而道出一些眞情實意，讀來易感親切。如鄭板橋六十自壽的長聯——

常如作客，問何安寧，但使囊有餘錢，甕有餘釀，釜有餘糧；取數頁賞心舊紙，放浪吟哦；興要濶，皮要玩，五官靈動勝千官，活到六旬猶少。

定欲成仙，空生煩惱，只令耳無俗聲，眼無俗物，胸無俗事；將幾枝隨意新花，縱橫穿插；睡得遲，起得早，一日清閑似兩日，算來百歲已多。

全聯共一百零四字，瀟灑脫俗，眞摯有味，大値欣賞。

×××　　×××

清代名臣李鴻章晚年拜相，而朝中故舊多已謝世，不免有落寂之感，所幸家庭美滿，高齡老母猶然健在，自感欣慰，乃引用隨園六十自壽詩爲聯以自況——

已無朝士稱前輩

尚有慈親喚小名

上聯倚老賣老，多少總帶點自抬的意味，所喜下聯卽時自抑，轉又倚小賣小，以賣乖的口吻聊作解嘲，使讀者亦甘願分享其心底的得意，至情之作，堪稱佳構。

三、嘲謔

對聯涉及嘲諷，類多遊戲逗趣性質。卽興而發，可博一笑，甚至鬨堂之笑，可當場激發歡樂氣氛，尤以善諷者，適時運用其幽默，往往可使僵窘冷落場面輕易轉化成輕鬆和諧。此類聯語，歷久廣傳，爲人所樂道。至於嘲諷而相當露骨者，一針見血，形成強烈的貶斥，使當事者難堪，而里巷紛傳於一時，亦足形成相當的社會壓力，產生警誡作用於不知不覺之間，則短短幾句之對聯文字，其價值並不遜於千言萬語成篇累牘之筆伐。就表面審察，對聯的製作雖已過時，在文學的領域中失其地位，更難言默化中的社敎作用，然其中仍有美好的素質，歷久彌新，值得認眞發掘，重作評價。

㈠寒士的氣概

明洪武年間，十四歲中進士，旋任翰林大學士的解縉，幼年卽聰慧過人，有神童之譽。關於他小時頑皮捉狹的有趣故事，流傳於民間，爲人所樂道。傳說有一年，春節將近，家家門上爭貼春聯。他父親要他也寫一副應應景，他覺得招財進寶之類的吉利話都太俗氣，要想寫出別緻的。他家境雖頗清寒，但覺人窮志不低。他看看對面一帶圍牆，正是盧員外的後花園，那牆裡一片茂密的修竹，青翠可愛，於是想得一聯，當卽寫好，貼到大門上——

門對千竿竹

家藏萬卷書

第二天，適巧盧員外家的帳房先生經過門前，一看此聯的氣概非凡，但小戶人家，顯得不稱，回去當成笑話講，盧員外聽在耳裡，頗不開心，覺得自家的景色，反讓人家充場面，有點窩囊，卽派幾個家人把竹子齊牆頭砍平，不露出外邊，看那窮小子還能要什麼筆桿？勢必要改寫一副。事後特着那帳房先生再去看看，果然另換了一副——

門對千竿竹短

家藏萬卷書長

聯文照舊，僅在上下聯各增一字而已。照樣自我誇張，且對高隣略含嘲諷意味。盧員外得悉，動了意氣，卽又派人把那些竹子都砍得精光，看他還能再舞弄什麼筆墨？果然，聯文又換了——

門對千竿竹短無
家藏萬卷書長有

盧員外得悉，當然更加冒火，但無可如何，祇有算了。

(二)錢謙益的受嘲

明萬曆年間的進士錢謙益，官拜禮部侍郎，以貪祿降淸故，輿論多有譏嘲。他曾作手杖銘——

用之則行，舍之則藏，惟我與爾有是夫！

當他降淸後，有人以此作爲上聯，亦引用〈論語〉中的句子，製成下聯——

危而不持，顚而不扶，則將焉用彼相矣。

對得天衣無縫，不露痕跡，嘲諷自寓其中。錢於晚年，將書齋署名爲「逸老堂」，有人據此作成嵌字聯——

逸居無教則近

老而不死是爲

上聯引〈孟子〉句，句末縮一字，暗射其爲獸；下聯引〈論語〉句，句末亦縮一字，暗射其爲賊，諷得更露骨。與此聯風格類似的，尙有蒲松齡在其所著〈聊齋誌異〉的鬼故事中也談到一聯——

一二三四五六七

孝悌忠信禮義廉

上聯暗射「忘八」，下聯暗射「無耻」，亦頗逗趣。

㈢多爾袞的娶嫂

滿清入主中原初期，人心未服，不敢公開反抗，往往藉小道的譏嘲洩憤。清世祖駕崩，博爾濟吉特皇后下嫁攝政王多爾袞，這種行徑與當時中原的文化背景頗不協調，民間多起非議，有人以之作聯——

紅羅帳中，無限恩情呼嫂嫂。
黃泉路上，有何面目見哥哥。

此聯純係白話口語，頗富鄉土嘲諷意味。

(四)紀曉嵐的弄墨

清紀曉嵐文采風流，頗有盛名，不少附庸風雅，求其墨寶者。有一次，有位醫生託人來求，經曉嵐側面探得這醫生乃是庸醫，心生厭惡，但衝着來人的情面，又不便推辭。轉念間，想到唐孟浩然「歲暮歸南山」詩中的句子，稍作調整，寫成對聯——

不明財主棄
多故病人疎

按原詩句爲「不才明主棄，多病故人疎」，其中僅兩個字輕輕一調，並藉諧音，味道竟完全不同，可謂善於調侃者。據說來人不太識字，獲得此聯，還千謝萬謝。轉到那醫生手裡，仔細一看，眞是啼笑皆非，但啞巴吃黃蓮，又不便表示。

㈤彭玉麟的揮毫

清名將彭玉麟，性情耿直，治軍甚嚴，頗具威名。他以欽差大臣巡視長江一帶水師，更有聲勢。一日，他偶然獨自便服出遊，信步來到大佛寺。寺內香火鼎盛，信徒來來往往，僧人有點應接不暇。老和尙見彭衣着平常，誤爲等閒之輩，僅隨口招呼一聲「坐」，並好歹向內吩咐一聲「茶」。不過勉強禮貌而已，小和尙深知這一套，根本不予理會。嗣彭的兩個侍從趕來，恭隨身後。老和尙飽經事故，一見就轉過念頭，趕快過來表點慇懃，忙說「請坐」，並認眞向內吩咐「泡茶」！小和尙這才捧出茶來，彭也就隨便坐下歇歇脚。不久，彭的一位副將趕來，乃是出身行伍的粗人，一見主帥遭此冷落，不由冒火，厲聲責備。老和尙這才明白，有眼不識泰山，得罪這位風雲人物，後患不小，卽忙來陪小心，並恭請到方丈內，連聲「請上坐」，更親自泡來名山好茶。接談一陣，就想趁機巴結，恭請彭大人恩賜墨寶。方丈中文房四寶齊全，彭大人心有所感，也就卽興揮毫——

坐，請坐，請上坐。

茶，泡茶，泡好茶。

此種逐層增字的方式，格調亦頗別緻。老實白話而已，但老和尚看在眼裡，刺在心頭，仍滿臉堆笑，臨行直恭送到山門之外。

㈥二友競誇門第

過去封建時代，重視門第，往往以之炫耀。最常見的乃是大門上的春聯，例如馬姓的門聯爲——

絳帷右族

銅柱後人

上聯引︵後漢書︶馬融設帳授徒的典故，下聯引用同書馬援南征立功的典故。又如蘇姓的門聯爲——

人間化鶴三千歲

海上牧羊十九年

上聯引〈神仙傳〉蘇仙公得道化鶴的典故，下聯乃蘇武牧羊的典故。其他各姓，亦多有適合的門聯，不勝枚舉。以下所引述的不是春聯，而是兩人萍水相逢的一次簡單而頗逗趣的寒暄。一人先開口，請問貴姓。對方却不直接回答，而偏咬文嚼字——

騎青牛過關，老子姓李。

若從正面想，這不過是引經據典，作炫耀式的賣弄；但從反面想，分明油嘴滑舌，討一點小便宜而已。對方一時得意，又反問貴姓。這人自覺吃虧，也不甘示弱，更針鋒相對，趁機回答——

斬白蛇起義，高祖姓劉。

也是明誇耀而暗討便宜。人際間的接觸，不必太刻板，無妨逗點小情趣。

(七)野史中的諧謔

〈聊齋誌異〉中有則小故事，題名「狐諧」，引述一很風趣的女狐，甘願委身於流寓濟南的萬福。直陳是狐，萬亦無懼而相處甚得。日常操作如主婦，惟不願見客，不願顯形。一日，萬在寓中宴客，其中有位客人名叫孫得言，很愛逗趣，幾番賣弄唇舌，却偏鬭不過狐婦的機智，受辱撩笑，轉又想從主人萬福頭上出氣，聲言有個上聯，看誰能對出。上聯爲——

妓女出門訪情人，來時萬福，去時萬福。

衆莫能對，主人無法反諷，祇有傻笑。這時幸有孤妻解圍。對出下聯，也扳回了面子，其下聯爲——

龍王下詔求直諫，鱉也得言，龜也得言。

頓時引得閧堂大笑。此雖虛構筆墨，姑妄聽之，茶餘談助，亦可解頤。

(八)貪官的壽禮

抗戰期間，沿海各省多已淪陷，在江蘇泰縣海安鎮，駐紮僞軍第一集團軍第六師，師長陳才福，獨霸一方，貪得財貨，更藉生日請客，想狠撈一票，屬下更趁機搜刮，民衆苦不堪言。壽誕當日清晨，在師部附近城隍廟口有人掛起一副賀聯——

大老爺慶生，金也要，銀也要，票子也要，紅白一把抓，那分南北。

小百姓該死，稻未收，麥未收，豆兒未收，青黃兩不接，送什東西？

聯語雖很土俗，却頗能表達出民間疾惡的心聲。一時圍觀者衆。再等陳的部屬發覺取下，已經閧傳開去。

四、勵志抒懷

以對聯運用在勵志抒懷的領域中，乃是文人雅士所優爲，尤其以美妙書法呈現，更稱合璧。過去農業社會，在富裕人家的客廳書齋中，隨處可見，格調高雅，每能以人生的領悟，濃縮在最精簡的文字中，這種特殊的展現方式，也正是中國傳統文化的一項特色，若能善加運用，自有其發揮餘地。以下所選錄的作品，雖缺乏故事性與趣味性，但其清逸雋永處，却很耐尋味。我們不妨以閑適的心情，細加欣賞。

㈠自　撰

明代東林黨頗具清望，東林講學，尤爲士子所崇仰。顧憲成有聯——

風聲、雨聲、讀書聲，聲聲入耳。
家事、國事、天下事，事事關心。

×××　　　　　　×××

〔楹聯叢話〕載：「桂林陳文恭公自題其里第一聯——

惜食惜衣，非為惜財緣惜福。

求名求利，但須求己莫求人。

或謂，此是武進劉文定公綸所撰，然余嘗見梁山舟學士手書此對，又云是文衡山語也。」

×××　　　　　　×××

左宗堂年少時即懷大志，嘗自題一聯——

身無半畝，心憂天下。

讀破萬卷，神交古人。

×××　　　　　　×××

林則徐自書聯——

海納百川，有容乃大。

壁立千仞，無欲則剛。

×××　×××

幽默大師林語堂嘗書聯自況——

兩脚踏中西文化

一心讀宇宙文章

(二)集　句

門無車馬終年靜（陸游）

座對琴書自慮淸（朱熹）

×××　×××

養氣不動眞豪傑（陸游）

居心無物轉光明（朱熹）

×××　×××

藏書萬卷可教子（黃山谷）

買地十畝皆種松（梅聖俞）

×××　×××

閉戶讀書多歲月（王維）
揮毫落紙如雲煙（杜甫）
××× ×××
平生懷直道（白頭吟）
大化揚仁風（上邪篇）

㈢格　言

格言類的對聯，能提供人們修身養性的參考，因其觸目易見，亦有助於心性的培養，幸勿以迂濶視之。

有花眞富貴
無事小神仙

栽培心上地
涵養性中天

修身如執玉

積德勝遺金

知多世事胸襟濶
閱盡人情眼界寬

立身苦被浮名累
涉世無如本色難

悟到禪機萬念息
看破塵緣一慮清

誠意功夫惟愼獨
匡時事業貴知人

淡飯粗茶有眞味
明窗淨几是安居

貧不賣書留子讀
老猶種竹與人看

五、廟宇名勝

鐫刻在廟宇中的對聯，多屬告誡性或啓悟性的，配合神祇莊嚴氣氛，暮鼓晨鐘，很能發人深省。因其接觸面深入民間，過去農業社會，縱多文盲，然藉父老或塾師之口，往往也能瞭解此類聯文的內涵，而心生惕勵，足以影響到日常生活。若從社會教化的觀點着眼，其所生潛移的作用，尤爲明顯。

至於古蹟名勝區的對聯，又別具一格，其聯文類多騷人墨客所題，清逸典雅，各見特色。聯文能以精簡文字，點晝龍睛，或道出該區事蹟的原委，或描繪當前景物的氣概，令人油然興懷古之幽，爽然滌塵煩之累，其文字之妙，眞是賞心悅目，與名山勝景相輝映。也許，最能呈現中國文字特性，跨越時空，深入人心者，當推此類聯文。

㈠寺院道觀

清道光年間探花季芝昌題姑蘇城隍廟聯——

你的計算非凡，得一步進一步，誰知滿盤都是錯。

我却糊塗不過，有幾件記幾件，從來結帳總無差。

×××　　　×××

南陽諸葛武侯廟中的楹聯碑碣甚多，聯文亦多精妙，令人低徊流連。其中有一集句聯——

可託六尺之孤，可寄百里之命；君子人歟，君子人也。

隱居以求其志，行義以達其道；吾聞其語，吾見其人。

×××　　　×××

吳春熙題鎮江金山寺天王殿彌勒佛龕聯——

大肚能容，了却人間多少事。

滿腔歡喜，笑開天下古今愁。

×××　　　×××

佛寺常見聯——

眼前色相皆成幻

靜裡乾坤不計春

夢熟五更天，幾杵鐘聲敲不破。
神遊三寶地，半空雲影去無踪。

×××　　　　×××

佛寺門聯——

僧舍憑雲鎖
禪關帶月敲

淨土清幽，一塵不到菩提地。
雲階寂靜，萬善同歸般若門。

×××　　　　×××

道院聯——

閑招白鶴雲千里
靜讀黃庭香一枝

秋水一泓，魚游自樂。

松風半榻，鶴夢同清。

㈡古蹟名勝

岳陽樓在湖南岳陽縣城西門，俯覽洞庭，景物壯麗。宋范仲淹作「岳陽樓記」，選入「古文觀止」中，卽今仍多傳誦。清吳獬任荔浦縣令時，曾遊此題一楹聯——

呂道人太無聊，八百里洞庭，飛過去，飛過來，一個神仙誰在眼？

范秀才亦多事，數十年光景，甚麼先，甚麼後，萬家憂樂總關心！

上聯引用呂洞賓成仙得道的典故，曾有詩詠其遊歷江漢事蹟：「三過衡陽人不識，朗吟飛過洞庭湖。」下聯則引用上述范仲淹爲此樓作記事，記中有「先天下之憂而憂，後天下之樂而樂」句，聯文巧作運用，遂生諧趣，滑稽突梯，亦寓哲理，讀來如聞其聲，如見其人，堪稱佳聯。另有一聯，卽景生情，亦頗貼切——

四面湖山歸眼底

萬家憂樂到心頭

×××　　　　×××

杭州西湖岳王廟大門上有一聯——

天下太平，文官不愛錢，武官不惜死。

乾坤正氣，下則爲河岳，上則爲日星。

上聯引用岳武穆自己的警句：「文官不愛錢，武官不惜死，則天下太平矣！」下聯則引文信國「正氣歌」中句。千載而下，猶感壯烈。另西湖中蘇堤邊的武穆衣冠塚，亦有聯——

南渡臣君輕社稷

中原父老望旌旗

俯今思昔，亦足令人感慨萬千。

×××　　　　×××

在金門的明魯王墓碑亭中有一聯——

王業此偏安，一旅猶存明社稷。

胡氛今掃盡，孤亭長峙漢江山。

××　　　××

雲南昆明池乃一遊覽勝地，孫髯翁爲其題一長聯，長達一百八十字，頗爲少見，聯文詞藻淸麗，描摹景物，歷歷如在；且情景交融，可作小品讀——

五百里滇池，奔來眼底，披襟岸幘，喜茫茫空濶無邊。看東驤神駿，西翥靈儀，北走蜿然，南翔縞素。騷人韻士，何妨選勝登臨，趁蝦嶼螺洲，梳裹就風鬟霧鬢，更蘋天葦地，點綴些翠羽丹霞。莫辜負四圍香稻，萬頃晴沙，九夏芙蓉，三春楊柳。

幾千年往事，注到心頭，把酒臨風，歎袞袞英雄安在？想漢習樓船，唐標鐵柱，宋揮玉斧，元跨革囊，偉績豐功，費却移山氣力。儘珠簾畫棟，捲不盡暮雨朝雲，便斷碣殘碑，都付與蒼烟落照。祇贏得幾杵疏鐘，半江漁火，兩行鴻雁，一片滄桑。

第六篇　和諧的格律

——格律詩詞的不同風格與境界

第一章 概說

單音單形的方塊字，其特色在講求格律的中國古典詩詞中也呈現得很明顯，也很具特殊的代表性。

此類講求格律的詩詞，分別興盛於唐、宋兩代，一般通稱爲「唐詩」、「宋詞」。實際上，不宜作硬性劃分，因任何文體的興起，總有其早期的醞釀階段，非一朝一夕，或一個時代所能獨創。

中國古典詩詞，本是可供吟唱的，在抑揚頓挫的節奏中顯得悅耳動聽，經知音的共同體會，而逐漸形成固定的格律。這種格律很簡單，不過平仄聲的協調而已。既有格律可循，且又簡易，乃提供習作者很大的方便，習之者衆，益趨成熟，因而蔚然成風。自唐宋以後，雖詩詞風格迭有所變，仍廣爲流傳。直到民國早期，一般愛好古典文學的人士，大多喜愛講求格律的詩詞，以此附庸風雅。在寫作上不免流於浮濫，祇重形式，而缺乏內涵。陳腔老套，流於應酬；或賣弄才情，堆砌詞藻；或以用典爲能事，刻意求工，過份雕琢，以致走火入魔，把作品弄得艱澀，讀來枯燥乏味。因而，一般對講求格律的詩詞乃產生厭棄心理，認已過時，不値一顧。

在年輕朋友中，縱然對此偶有涉獵，也往往有一種印象，覺得此類詩詞講求格律，形成束縛，顯已不合時宜。以偏概全，往往難見眞實。爲了改變這種印象及成見，讓一般讀者（尤其年輕朋友）能從古典詩詞中充份體味到中國文字的特性，這裡特選介一些明淺平易、輕鬆活潑的作品；或具趣味性，或具故事性，好讓讀者在愉快的欣賞中，產生鮮明的印象。另有些至情至性的作品，忍淚作笑，乍看平常，仔細品味，益覺感人。對此則不惜多費筆墨，以個人不夠成熟的見解細作闡析。愚者千慮，未必有得。惟憑妄想，或能藉此引起一些檢討，而產生研究的興趣。

在引介作品中，甚至不避粗俗，從里巷觀點試作評估。竊以爲，在粗俗作品中，只要能表達出眞意，流露出眞情，也往往有其可喜處，不能概以典雅的尺度來衡量。走出象牙之塔，在文學的領域中放眼，自有其寬廣的世界。

第二章　詩的欣賞

唐代文學，以詩最盛。在這一段黃金時代，詩人輩出，作品至豐。其內涵不僅抒寫出意境高遠的幽情、沉雄悲壯的豪情，以及纏綿悱惻的綺情。就連應酬場中，即興偶發，打趣尋樂，也往往能製造出特殊氣氛，形成情緒上強烈的激蕩，亦足令人叫絕。詩因便於吟唱，遣興抒懷，莫不適宜；且因其具有內涵，更具宣導性與啓廸性。誠如邱燮友教授在其〈新譯唐詩三百首〉的自序中論及——

詩的本身，是濃縮的語言，最精巧的構思，含有極高度情意的結晶。詩人慣用象徵、暗示的手法，表現性靈中優美的情韻和意境，於是詩中常有絃外之音，情景交融，一語雙關的現象，……

因此，我們在欣賞詩的時候，要細細咀嚼，正如咀嚼橄欖，耐心品嚐，回味無窮。

一、格律簡介

唐詩人杜甫有句「新詩句句俱堪傳」，唐人所謂的「新詩」乃相對於過去所流行的古詩與樂府而言。使句有定型，韻有定則，而成爲流行廣遠的絕句與律詩。這種新體，更能掌握中國方塊字的特性，把整齊對襯之美，作明顯的運用；且對平仄聲的講求，定出簡易的律則，以發揮其特有的音樂性。這在文學的領域中，實屬一項美好的新創，難怪杜甫對此充滿自信，認定「句句俱堪傳」了。

這種講求格律的新詩（亦稱新體詩），對句數與字數、字的平仄聲，以及字脚的押韻方式，都有了明確的規定。這在表面上看，固然不如古體詩那樣，可以隨意安排，但其所創發的各種優點則有過之。邱燮友教授認爲——

因此格律詩的形成，可以說是我國形式格律的文學發展到最高的極致。同時，這種詩體也要求內涵的無限，雖然只用少量的文字，如五絕二十字，七絕二十八字，五律四十字，七律五十六字，却要表現詩人複雜的情感，錯綜的人生面，不論在詩情、詩意、詩境的呈現，或是情韻、詩趣、化境的塑造，都能做到意在言外，言有盡而意無窮的境地。所以絕句和律詩，是我國文學中達到最完美、最高妙的藝術結晶。

這種講求格律的新體詩，既有一定的律則可循，且循之簡易，乃由唐代蔚成風氣，傳於廣遠。在創作時，不僅字句講求整齊，且平仄聲的運用，亦按其最能發揮音樂性者作一定的安排，務使抑揚頓挫，收到聽覺上的最佳效果。這對齊永明年間沈約和周顒的〈聲律說〉所強調的四聲八病與雙聲疊韻等技巧，作了妥善的運用。這種明定的格律，並不嚴謹，句中除韻脚外，逢雙的字才須注意，逢單的字，則無須計較。且並非一成不變，而還有相當的彈性，在以內涵爲主要考慮的情況下，容許適度的破格。對不合平仄固定安排的，也提出了拗救的辦法，正如一些大詩人的神來之筆，重在內涵，對格律自然合度的作品很多，縱有破格，也會作適當的拗救，以保全其聽覺上的美感。

這可讓我們多少瞭解到，此類新體詩的格律，並不是一種約束。祇要運用得宜，作者旣毫無約束之感，欣賞者也祇覺其渾然天成。發乎天籟，流露心聲，在格律詩中正多佳構可資印證。若我們眞能對這種格律詩祛除不必要的排斥心理。稍加欣賞，當可體察到其中的韻味。

以下就其格律略作介紹，若能因此而引發進一步研究的興趣，坊間不乏此類著作可供參考。如黃永武教授的〈中國詩學〉，邱燮友教授的〈新譯唐詩三百首〉等等，不僅可讀性高，更具啓廸性。這裡且就五言和七言的絕句及律詩，各按最常用的平聲韻，分別各舉兩種定式——

㈠1.五言絕句仄起格——

(仄)仄平平仄，(如首句用韻，應為(仄)仄仄平平韻)
平平(仄)仄平韻；
(平)平平仄仄，
(仄)仄仄平平叶。

2.五言絕句平起格——

(平)平平仄仄，(如首句用韻，應為平平仄仄平韻)
(仄)仄仄平平韻；
(仄)仄平平仄，
平平(仄)仄平叶。

3.七言絕句仄起格——

(仄)仄平平(仄)仄平韻，
(平)平(仄)仄仄平平叶；
(平)平(仄)仄平平仄，

(仄)仄平平(仄)仄平叶。

4.七言絕句平起格——

(平)平(仄)仄仄平平韻，
(仄)仄平平(仄)仄平叶；
(仄)仄(平)平平仄仄，
平平仄仄仄平平叶。

(二)1.五言律詩仄起格——

(仄)仄平平仄，
平平(仄)仄平韻；
——首聯（散句）

(平)平平仄仄，
(仄)仄仄平平叶。
——頷聯（對仗）

(仄)仄平平仄，
平平(仄)仄平叶；
——頸聯（對仗）

(平)平平仄仄，
(仄)仄仄平平叶。——末聯（散句）

2.五言律詩平起格——

(平)平平仄仄，
(仄)仄仄平平韻；——首聯（散句）

(仄)仄平平仄，
平平(仄)仄平叶。——頷聯（對仗）

(平)平平仄仄，
(仄)仄仄平平叶；——頸聯（對仗）

(仄)仄平平仄，
平平(仄)仄平叶。——末聯（散句）

3.七言律詩仄起格——

(仄)仄平平(仄)仄平韻，
(平)平(仄)仄仄平平叶；——首聯（散句）

(平)平(仄)仄平平仄，
(仄)仄平平(仄)仄平叶。——頷聯（對仗）

(仄)仄(平)平平仄仄，
(平)平(仄)仄仄平平叶；——頸聯（對仗）

(平)平(仄)仄平平仄，
(仄)仄平平(仄)仄平叶。——末聯（散句）

4.七言律詩平起格——

(平)平(仄)仄仄平平韻，
(仄)仄平平(仄)仄平叶；——首聯（散句）

(仄)仄(平)平平仄仄，
(平)平(仄)仄仄平平叶。——頷聯（對仗）

(平)平(仄)仄平平仄，
(仄)仄平平(仄)仄平叶；——頸聯（對仗）

(仄)仄(平)平平仄仄，
(平)平(仄)仄仄平平叶。——末聯（散句）

以上僅係舉例性質，提供初步瞭解而已。若欲嘗試習作者，不妨以逢場逗趣，信口溜出的打油詩，按上舉格律試作校正，在不違失本意的原則下力求其符合平仄的協調，相信朗吟起來，必更悅耳。

且看明朝才子解縉童年放學途中，因天雨路滑，不慎跌倒，同學們拍手笑謔。他的信口反諷是——

春雨貴似油，
下得滿街流；
滑倒解學士，
笑殺一群牛。

又解縉兒時幫忙做家事，有時嘴裡仍會哼哼嘰嘰。他母親嫌他一派酸相，不能專心幹活兒，他的回答是——

打掃堂前地，
放出籠內鷄；
分明在說話，
又說我吟詩。

單這四句，既可當成隨口頂嘴的答話；亦可當成一首格律詩來看，則親情間的逗趣，如見其人，憨態可掬。試問：此類詩，束縛在那裡？

二、作品引述

這裏所引述的詩，以明淺易解，富於故事性或趣味性爲主，不似坊間精選集之類的重視意境上的衡量。至於眞切感人，流露至情至性的作品，亦不惜多費筆墨，加以分析；間有提出不成熟的見解，藉能引起商榷，亦所祈願。甚至不避俚俗，將鄉土傳聞中的一些茶餘談助，也摻雜於內，乍看固有欠高雅，不夠格調，然就民俗學的觀點言，亦大有可取。如此雜湊，期在提供多面向的欣賞，或可多引起一點趣味。

㈠李白詩的多種風格

唐代詩人李白，性情豪放，才氣橫逸，有詩仙之譽。且看他別友人的一首小詩——

別汪倫

李白乘舟將欲行，忽聞岸上踏歌聲；
桃花潭水深千尺，不及汪倫送我情。

四句大白話，看似平淡，却也留有很富想像的餘地。古代農業社會，交通蔽塞，分別每難再見，易動感傷。李白本是很愛尋歡作樂的人，酒闌燈散，坐船就要遠去，心情難免會有點激動。剛巧這時，忽聽岸上歌聲，入耳自有親切感。詩中的「忽」字用得相當傳神，乍一驚喜，抬頭看時，乃老友趕來相送，頓覺高興，於是不假思索，卽景生情，衝口而成，唱出這首詩。遙想當時，以他那股豪氣，歌聲廻旋於青山碧水間，聽來一定很動人。

這詩中的汪倫，據說是一富商，商人最易體會的是實體，最感興趣的是計量。大詩人似乎很善於因人成詩，乃就近取喻，以桃花潭象徵感情，以深千尺來顯示感情的強度，在親切中還多少帶點逗趣的意味。

李白的才華很受唐玄宗的愛重，召見時每親自接待。在鼓詞中有「龍巾拭吐，御手調羹，力士脫靴，貴妃捧硯」的故事，廣傳民間。其恃才傲物，可從杜甫的詩中看出：「太白斗酒詩百篇，長安市上酒家眠；天子呼來不上朝（或爲船），自稱臣是酒中仙。」他的豪放，在他古詩樂府「將進酒」中亦多流露，如「……五花馬，千金裘，呼兒將出換美酒，與爾同銷萬古愁。」

據說有一次，唐玄宗由楊貴妃作伴，在沉香亭賞花，一時興起，覺舊樂乏味，立刻傳召李白來作新詞。時李白適酩酊大醉，左右情急，以冷水潑面，使其酒意稍醒，好歹抓起筆來，草成「清平調」三章（見〈唐詩三百首〉），以雲以花，烘托出貴妃的天仙化人，更博得君王的歡心；却也因其中有「飛燕倚新妝」句，事後受到小人的中傷。以詩得寵，復以詩失之，堪稱一段詩的奇遇。

不過，李白作詩，也有冷雋含蓄的一面。且看五絕樂府中所選他的作品——

玉階怨

玉階生白露，夜久侵羅抹；
卻下水晶簾，玲瓏望秋月。

一幅清淡素描的秋夜靜景，鏡頭由下而上，玉階、白霜，而及羅袜，久之寒侵，以簾遮障，仍從透明的晶簾中凝望着空明的月亮。將美人與情思，一併交付讀者的想像。在極有限的景物與極平淡的描述中，蘊藏無限的意境。所謂「不着一字，盡得風流」者，當指此類。

(二)杜甫詩中的憂患意識

杜甫除少年時代有一小段較安閑的生活外，其餘都在災難中。時大唐國力由盛轉衰，動亂隨之而起。杜甫妻離子散，家庭悲劇，從他所寫的一首自京赴奉先探看家屬的「詠懷」詩中，可以充分體會得到：「老妻寄異縣，十口隔風雪，誰能久不顧？庶往共饑渴。入門聞號咷，幼子飢已卒！吾寧捨一哀，里巷亦嗚咽。所愧爲人父，無食致夭折……」另一首寫戰亂久別還鄉的「羌村」詩中：「……妻孥怪我在，驚定還拭淚。世亂遭飄蕩，生還偶然遂。隣人滿牆頭，感嘆亦歔欷。夜闌更秉燭，相對如夢寐。」按常情，久別還鄉，歡欣鼓舞才對。其隣人家人却祇顧驚疑，直到夜深，秉燭相對，還不敢信以爲真。戰亂的酸辛，無待明言，而已感同刻骨。瞭解到杜甫的心情，才能深深體味到他對親情的感受。且看他寫的一首五言律詩——

月　夜

今夜鄜州月，閨中只獨看；
遙憐小兒女，未解憶長安。
香霧雲鬟濕，清輝玉臂寒；
何時倚虛幌，雙照淚痕乾。

在靜靜的月夜中，想到不解事的小兒女，更想到對月凝望的妻子，在清輝薄霧中的神態，他所作「雙照淚痕乾」的盼望，令千百年後的讀者忍不住還要幫他祈禱。再看他另一首在他鄉（成都）勉得團聚的律詩——

江村

清江一曲抱村流，長夏江村事事幽。
自去自來梁上燕，相親相近水中鷗。
老妻畫紙為棋局，稚子敲針作釣鉤。
多病所須唯藥物，微軀此外更何求。

樑燕與水鷗的出現，都很平常。他偏能感到牠們自來自去的快活，相親相近的甜蜜。妻兒在閑居中一些小小遊樂，他冷眼旁觀，也會油然而喜；甚至連藥物都不討厭，因爲要靠它才能活着；祇要能這樣活着，就夠心滿意足了。這種喜悅，也是從淚水中乍得展現的。

㊂王維詩的言淡意遠

「詩中有畫，畫中有詩」，這是蘇東坡對王維的評語，評得恰到好處。王維少年時卽有才名，受到京中權貴岐王的器重，當他在京兆準備應試時，很有信心，以爲高列榜首，非他莫屬。嗣悉已有試子託人請公主關照京兆考官，頭名已被內定了。王維大失所望，去向岐王申訴，打算這次不去應考。岐王覺得很婉惜，慨願轉環，湊個機會，要王維化妝成琴師，隨他同進公主府第。王維彈奏一曲，公主頗爲欣賞，更趁機獻上詩篇，都是淡而有味，富於意境的作品。

公主更大感意外。以前她也曾讀過這些作品，還以爲是前人的傑作，居然是眼前這個年輕人！不覺就喜從心起。結果是，公主重又派人去關照那考官，放榜時，很輕易地榜首就換上王維的名字。

王維的詩，不僅爲自己帶來幸運，更意外地爲別人成全一件難得的大好事。那是寧王府的一次宴會，陪侍的歌伎中有一位才藝雙絕的息夫人，是寧王年前花錢強買來的。這時寧王在高興中，覺得府中榮華歡樂，美人必很開心，隨口打趣，問她是否還想念前夫？誰知她却背過面去，裝着觀看檻邊花朵，默默無語，益覺楚楚。王維冷眼旁觀，心有所感，乃以「息夫人怨」爲題，獻詩一首——

莫以今時寵，而忘舊日恩；
看花滿眼淚，不共楚王言。

寧王見詩，大加讚賞，且受感動，立卽放息夫人出府，破鏡重圓，感德無量。

說起來還有點傳奇的味道，王維的詩更爲他自己在面臨災難時，輕易就逢凶化吉。那是天寶十五年夏天，安祿山造反，破潼關，入長安。王維因逃避不及，遭安祿山拘禁，逼任僞職。肅宗敉平安史之亂，克復長安後，凡附逆者均分別論罪。王維的弟弟王縉爲營救他，以他在長安淪陷時所寫的一首詩，來印證他的忠心。那是他看不慣安祿山沐猴而冠，在凝碧寺大宴群賊，尋歡作樂的情況，因而不勝感慨，乃以詩抒懷——

萬戶傷心生野煙，百官何日再朝天？
秋槐落葉空宮裡，凝碧池頭奏管絃。

這詩感動了肅宗，不僅免其罪，更復任官職。王維的小詩，多用素描的手法，從淡遠的意境中令人有無窮的回味。最爲人所愛讀的如——

鹿　柴

空山不見人，但聞人語響；
返景入深林，復照青苔上。

竹里館

獨坐幽篁裡，彈琴復長嘯；
深林人不知，明月來相照。

(四)白居易詩的明淺易解

白居易的詩，慣於坦率直陳，又善用口語，故能明淺到「老嫗都懂」。在他的作品中，少有吟風弄月的閑情逸致，而多見憤時疾俗的社會關懷。胡適之先生在所著（白話文學史）上卷中，提出了頗爲中肯的看法——

九世紀的初期——元和長慶時代——眞是中國文學史上一個很光榮燦爛的時代。這時代的幾個領袖文人，都受了杜甫的感動，都下了決心要創造一種新文學。中國文學史上的大變動向來都是自然演變出來的，向來沒有有意的、自覺的改革。只有這個時代可算是有意的、自覺的文學革新時代。這個文學革新運動的領袖是白居易與元慎。……

在他描寫民間疾苦的詩篇中，能以淺明的文字表達出深沉的悲哀，更對當政者形成一種露骨的嘲諷，而影響到他的政治生涯。且看他在「買花」詩中，對社會貧富不均的慨嘆——

帝城春欲暮，喧喧車馬度；共道牡丹時，相隨買花去。

……

低頭獨長歎，此歎無人喻；一叢深色花，十戶千人賦。

他在「折臂翁」詩中，對暴政的窮兵黷武作了具體的諷諫。以一老翁現身說法，坦陳自己少壯時，暗自折臂，以逃征役——

……骨碎筋傷非不苦，且圖揀退歸鄉土。此臂折來六十年，一肢雖廢一身全。
至今風雨陰寒夜，直到天明痛不眠。痛不眠，終不悔，且喜老生今獨在。
不然當時瀘水頭，身死魂飛骨不收。……

他在「賣炭翁」詩中，對困於飢寒者的悲痛，更作了裂心的陳訴——

賣炭翁，伐薪燒炭南山中。滿面塵灰煙火色，兩鬢蒼蒼十指黑。
賣炭得錢何所營？身上衣裳口中食。可憐身上衣正單，心憂炭賤願天寒……

灰面、黑指、白鬢，所呈現出的形象。加上衣薄，偏願天寒。此乃極端反常的心理！因全家衣食重累而憂炭賤，竟忘了自身，讀來令人酸鼻，而不禁熱淚盈眶。

更廣爲人知的乃是他的長篇：「長恨歌」與「琵琶行」。前者描繪唐明皇與楊貴妃生死戀情，哀艷動人；後者描繪同在天涯，聽商婦演奏琵琶的感傷。在他死後，唐宣宗所作的追悼詩：「綴玉聯珠六十年，誰教冥路作詩仙？浮雲不繫名居易，造化無爲字樂天。童子解吟長恨曲，胡兒能唱琵琶篇。文章已滿行人耳，一度思卿一愴然。」這可算得是很生動的推讚。不過，他的小詩，又另顯出一種風格，以極平常事，表達得淡而有味，意趣盎然。且看（唐詩三百首）中所收錄他的一首「問劉十九」詩——

綠蟻新醅酒，紅泥小火爐；
晚來天欲雪，能飲一杯無？

㈤三位詩人的旗亭雅敍

唐詩可作歌唱，這並不限於文人雅敍，雖販夫走卒，逢場作戲，對此也有喜愛。正因雅俗共賞，在一些茶樓酒館中，歌伎們爲討好顧客，除唱些俚歌外，還會選唱些文人詩，以自高其格調。

且說開元年間，有一次，三位知名詩人（高適、王昌齡與王之煥）聚敍旗亭，飲酒賞雪。隣座適有歌伎聚飲，以吟唱當時流行的新體詩來取樂。三位詩人冷耳旁聽，引起了好奇，暗賭以自己作品能被人選唱來決高下。

首先，一位歌伎唱的是「芙蓉樓憶辛漸」——

寒雨連江夜入吳，平明送客楚山孤；
洛陽親友如相問，一片氷心在玉壺。

王昌齡一聽，這正是自己的作品，頓時高興。乃暗記一筆。接着另一歌伎唱——

開箧淚霑臆，見君前日書；
夜台何寂寞，猶是子雲居。

原來是高適的作品，也就欣然暗記一筆。不久，又聽到一位歌伎在唱——

奉帚平明金殿開，暫將團扇共徘徊；
玉顏不及寒鴉色，猶帶昭陽日影來。

王昌齡聽了更爲開心，遂又暗加了一筆。這時冷坐一邊的王之煥，眼看兩位朋友得意的神態，也不甘示弱，硬說這三個唱詩者姿質很普通，祇能選唱些庸腔俗調。且稍安毋躁，等那另一位風姿綽約、氣質高雅的歌伎開口時才見分曉。那兩位詩友當然也不服氣，決定照賭。又等了一會，終於輪到那歌伎開口——

黃河遠上白雲間，一片孤城萬仭山；
羌笛何須怨楊柳，春風不度玉門關。

這一下，可輪到王之渙得意了。仗着二分醉意，拍着兩位詩友的肩，搖頭晃腦又咬文：「

田舍奴，我豈妄哉！」若翻成時下的口語，就是：草地郎，我沒有黑白講吧！這麼逗趣，已足夠開心了。三位老友不禁相對鼓掌而笑。一時驚動隣座，得悉原委，剛才無心所唱的詩，作者竟在眼前。眞是喜出意外，於是一湧而上，兩桌合一桌，大樂特樂，更傳爲佳話。

㈥李商隱綺艷唯美的詩風

李商隱才大志高，可惜命運不濟，因婚姻關係，無端扯入兩大權勢的衝突間，兩面難於討好，致仕途受挫，把莫可言宣的苦悶昇華到自己的作品中；且又善於運用華麗的詞藻作文飾。在他那膾炙人口的詩篇中，如「錦瑟」、「華年」、「彩鳳」、「靈犀」、「紅樓」、「朱箔」等色彩鮮明或品質高貴的字眼，隨處可見。在字裡行間，揚溢着一股青春的氣息，生命的呼喚。他更能以象徵的手法，把捉飄忽的思緒，作遙深的寄託。在其意境中留下寬廣的空間，供人想像。他作品的難解處，往往也是很迷人處。

他仕途坎坷，生活又很浪漫。據傳，他與女道士宋華陽有一段戀情，後來失戀。他還迷戀過兩位宮女，一名飛鸞，一名輕鳳，可惜後來都死了。後來連太太也死了，使他的感情一再受到創傷，這從他的許多「無題」詩中可以探察到一些消息——

無題

來是空言去絕蹤，月斜樓上五更鐘。
夢為遠別啼難喚，書被催成墨未濃。
蠟照半籠金翡翠，麝熏微度繡芙蓉。
劉郎已恨蓬山遠，更隔蓬山一萬重。

無題

相見時難別亦難，東風無力百花殘。
春蠶到死絲方盡，蠟炬成灰淚始乾。
曉鏡但愁雲鬢改，夜吟應覺月光寒。
蓬萊此去無多路，青鳥殷勤為探看。

我們若是僅從感性的層面來理解李商隱的詩，也許未必盡當。且以上引詩中「春蠶到死絲方盡，蠟炬成灰淚始乾。」兩句來作剖析，若僅從感性的層面來體會，則絲盡與淚乾，正是爲情所困，因情而傷的具體展現，明鮮而易解。然透過情場與宦途中庸俗的傷感，而探究人生更眞實的層面。則蠶因春暖而生，勤於吞入（蠶吃桑葉的那股氣勢，專心不二，往往令旁觀者爲之驚奇讚嘆），更勇於吐出（蠶的吐絲，也是同樣的專心不二），直待絲盡成繭，生命安息於自織的小天地中，却留下了高貴的品質，提供人世的風光。至於蠟炬，不斷燃燒自身，釋出能量，散發光輝，直待炬身燒盡，炬心徹底成灰，只賸下一片乾固蠟淚而已。則蠶與燭所呈現的生命境界，又是何等的壯烈，從這簡單的引證中，我們似可理解到李商隱的詩篇，不僅在宣洩小兒女痴情的傷感，與宦途坎坷無情的悲嘆，而尚有其終極的關懷，則欣賞其作品，或可能作更深入的體會，而得更廣濶的領悟。

(七)杜牧的名士風流

唐代詩人杜牧，風流瀟灑，閑常每愛在秦樓楚館中消磨時光，引以為樂。當他在揚州作幕賓，臨辭行時，感於主人牛奇章的關愛，曾寫了一首詩，作坦誠的自白——

遣　懷

落泊江湖載酒行，楚腰纖細掌中輕；
十年一覺揚州夢，贏得青樓薄倖名。

一副放浪不羈的狂態，讀其詩，如見其人。據說，杜牧早年在安徽省的宣城作幕賓時，曾遊湖州（浙江省吳興縣），邂逅一位十多歲的少女，見其長得十分秀麗，一時心動，乃與此女的母親相約婚娶，約定十年為期，如過期不來，則任女另嫁。事過境遷，仕途的爭逐，使杜牧漸漸淡忘了這段往事。直待十三年後，他出任湖州刺使，舊地重遊，這才想踐前約；當卽派人打聽，惜女已嫁人生子。他滿懷悵惘，遂成一詩——

悵別

自是尋春去較遲，不須惆悵怨芳時；
狂風落盡深紅色，綠葉成蔭子滿枝。

自我解嘲一番，輕描淡寫而眞情流露，也可使這份傷感作了相當的宣洩。當杜牧任職洛陽時，李司徒罷鎭閑居，頗事逸樂，聲伎豪華，盛極一時。有一次，李司徒在家大宴賓客，所有達官顯貴都應邀赴宴，當時因杜牧身爲監察御史，職司風憲，不便參與此類場合，故未敢驚動。誰知杜牧聞訊，一時興發，忘了避忌，竟不請自來，登門後告訴主人，各求盡興，不必拘泥，主人也祇好恭敬不如從命，聽其自適。時宴會的場面很大，歌伎百餘人，頗多絕佳藝色，在輕歌曼舞中，令人眼花撩亂，目不暇給。杜牧安坐一邊，大飽眼福，暢飲美酒，不覺意氣風發，熱情衝動，大聲問主人：聽說府上有一「紫雲」姑娘，才藝雙絕。她是那一位？當主人指點後，杜牧凝視良久，興味盎然，突然脫口而出：果然名不虛傳！便以相贈如何？此一突如其來的要求，出人意外，更顯唐突，弄得主人相當吃窘，不知如何應對。一時啞然，歌伎們都驚奇得掉轉頭來，察看着這位不速之客。十目所視，一時場面更顯得很僵。好在杜牧氣度從容，及時發揮機智，就在那大客廳中高吟起一首詩，嘹喨悅耳——

兵部尚書席上作

華堂今日綺宴開，誰喚分司御史來？
忽發狂言驚四座，兩行紅粉一時迴。

這裝痴賣乖式的逗趣，形成一股輕鬆的氣氛，頓時化解了僵窘的場面，歌伎們有的掩口而笑，有的嫣然流盼。有些賓客更鼓掌大笑，主人則備覺開心。由一派幾乎可算是色情的低級表現，經過這詩的一轉化，頓變成豪邁灑脫的高度幽默，令人回味無窮。當然，那位名叫「紫雲」的歌伎，必然會感念終生，引爲奇遇。詩在應酬場中，竟能發揮出如此奇妙的功能，更令人激賞。

不過，杜牧的才情，並不限於情場的表達，更有其清新淡遠的意境，素描中亦自有含蓄，耐人尋味——

將赴吳興登樂遊原

清時有味是無能，閑愛孤雲靜愛僧；
欲把一麾江海去，樂遊原上望昭陵。

秋夕

銀燭秋光冷畫屏，輕羅小扇撲流螢；
天階夜色涼如水，坐看牽牛織女星。

(八)韓翠蘋的紅葉寄怨

一則宮庭與民間的愛情小故事，頗富傳奇性。相傳唐僖宗時，黃巢造反。兵荒馬亂，地方富有人家，多逃到京城避難。有一書生名叫于祐，也是避難者。他客居無聊，常到宮牆外的御溝邊散步。在一個黃昏時分，他偶見御溝中漂出幾片紅葉，隨手撿起，竟發現一片紅葉上題有詩句，字跡端秀——

流水何太急，深宮盡日閑；
殷勤謝紅葉，好去到人間。

于祐見詩大感驚喜，推想準是慧美的宮人所寫，更加寶愛，朝思暮想。一日，他也在紅葉上寫了兩句詩，特地從御溝上游的宮牆邊，將紅葉放進水中，葉上題句爲——

曾看葉上題紅怨，
葉上題詩寄阿誰？

後來，宮中放出一名犯過的宮女韓翠蘋，儀態端莊，且有文才。她未敢還鄉，暫住在同宗韓泳家中，泳適與于祐友善，因而作媒將翠蘋嫁于祐爲妻，兩情相洽，十分恩愛。一日，翠蘋偶整理于祐的書箱，無意間發現那片題詩的紅葉，正是自己放入水中的，至爲驚喜，問悉原委，乃從妝篋中也取出一片紅葉，正是于祐的題句。良緣天賜，使翠蘋大有所感，又題一詩——

獨步天溝岸，臨流得葉時；
此情誰得會？腸斷一聯詩。

後來，韓泳得悉此段情緣，不僅驚奇，且更感高興，也特地題詩一首爲贈——

一聯佳句付流水，十載幽思滿素懷；
今日却成鸞鳳友，方知紅葉是良媒。

這則小故事，充滿溫情，題詩紅葉的寄情，尤覺新鮮可喜，也隱含着深宮中許多青春的幽怨，從御溝流不盡的沉哀。以一人意外之幸，反映出千萬人意中之不幸，亦足引人深思。

㈨宮女的寒衣詩

這也是訴說宮廷幽怨的一則小故事，也很富人情味。據傳，在唐明皇的時候，爲了慰勞戍守邊疆的戰士，發起宮人製作寒衣寄送征人的義舉，激起一陣熱潮。有一宮女頗富才情，乃將滿腔幽怨，暗寫成一首詩，縫入寒衣中。詩的內容是——

沙場爭戍客，寒苦若為眠；
戰袍經手作，知落阿誰邊？
蓄意多添線，含情更着綿；
今生已過也，重結後生緣。

這藏詩的戰袍寄去前方，終於分發到一位士兵的手中，將袍着上身時，感覺袍內有紙的啐嗦聲，乃拆開一縫，抽出一紙片，發現上面那首詩，大感振奮，以後再打仗時，更不顧死活，衝鋒陷陣，連立了幾次戰功，論功行賞，層層轉報到主帥那裡。主帥特別召見，問起他何以如此勇敢？他於是道出原委，並將那詩呈閱，主帥覺此事大有義意，趕快連詩報到朝廷。明皇見到這則邊報，及附呈的詩，龍心大悅。卽着主管太監查明，詩是宮中何人所寫，終於有一宮女自承，跪到御前請罪。明皇不愧是多情天子，溫言相慰，特別恩准那士兵連升三級，並賜這宮女與其成婚。好事傳開，士氣更爲之大振。

這則喜劇性的小故事，從表象看，頗饒情趣。但若從反映民間的疾苦着眼，正是以笑中含淚的方式，透露出一些深層的悲哀。

(十)王播的題壁詩

唐代士人王播，原籍山西太原，少年時，家境清寒，流落在外，孤苦無依，曾在揚州木蘭寺中寄食，發奮讀書。按寺裡規矩，開飯時敲鐘爲號，衆僧群集膳堂，一起進餐。時日既久，有些僧人對這位寒士的白吃白喝，頗感厭煩，動起捉狹的念頭，暗中相約，先來用膳，膳罷然後敲鐘。等王播聞鐘聲進入膳堂，看到僧人正要散去，飯菜巳被吃光，再看看那些竊笑的嘴臉，滿懷羞愧，難以言說。回到禪堂，越想越難過，乃在壁上題詩誌慨——

上堂已了各西東，
慚愧闍黎飯後鐘；……

一時心情激動，思緒大亂，難以完成，憤而投筆，即悄然離去，更加苦讀，終於高中進士，得任淮南節度使，駐節揚州，偶然想起那段寄食的往事，特抽暇重到那古寺中一遊。僧人當然殷勤接待。他遊過大殿，更信步走入禪堂，抬眼看壁上，前所題詩依然還在；不僅還在，而且更罩以碧紗，以防灰塵。王播另有所感，略作構思，索得筆來，又續上兩句——

三十餘年塵撲回，
而今始得碧紗籠。

歷盡了人世的艱辛，也嘗夠了人情的冷暖。前後分段完成的詩，正是他最精采的生命之歌。

㈩蘇東坡的宦情與閑情

宋神宗熙寧年間，蘇東坡爲翰林學士，文名遠播。又有遼邦使臣來朝，以能詩自負，態度頗爲傲慢，並特要向蘇大學士請教。東坡知其來意不善，就故弄玄虛說：「做詩很容易，解詩才難。」遼使不以爲然。東坡遂即席作一首晚眺詩——

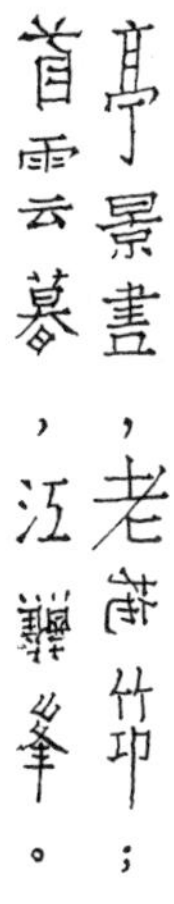

遼使看到這種詩，簡直莫名其妙。經東坡說明，此乃運用中國文字結構特有的技巧，將字拆開、移位或變形而成。此詩正常寫法應爲——

長亭短景無人畫，老大橫拖瘦竹筇；
回首斷雲斜日暮，曲江倒蘸側山峰。

原來如此，遼使自覺沒趣，也就不再以詩文自矜了。按這種寫法，在修辭學上稱之爲「神智體」，這雖屬文字遊戲，卻也能十足顯示出中國文字在結構上可以靈活運用的特性。

蘇東坡的文采，在中國文學史上有很高的評價。只因其個性耿直，在新舊的黨爭中宦途大有波折，幾乎困死獄中。不過，他每遭外貶，多有政聲，深受百姓的愛戴，而且還遇到紅粉知己，流傳不少佳話。

當他出任湖州太守時，有一天，到郊外閑遊，見一少女在湖邊浣絲，嬌媚動人，襯托着湖光山色，尤覺清新可喜，一時詩興大發，隨口吟哦——

晚蠶萬縷累紅妝，
綠滿碧湖雜草香；
豈是青春常作伴？
…………

一時沉吟，正在斟酌末句，忽見那少女轉過頭來，從容吟出——

湖州太守看絲娘。

此一突來的酬唱，頗出意外，使東坡大感驚喜，詢問之下，得知這位少女姓沈名娟，曾習詩書，頗愛文墨。平素她就仰慕這位愛民的長官，每見他出遊，總是仔細觀察，可惜一直未能獲得接近的機會。眞難得這次的巧遇，她才鼓足了勇氣，情不自禁地續吟上這一句，就獲得了讚賞，自然非常高興。尤其高興的是，東坡主動要收她爲女弟子，教她吟詩作畫。正因這段詩緣，後來東坡遭誣被囚，押往京城時，得沈娟傾囊資助，乃得稍解困厄，堪稱詩文佳話。

平心而論，這首詩若由東坡獨自完成，不過隨口即興而已，將是平淡無奇，甚至不成格調。乃眼前碧水紅妝，銀絲搖漾，景色動人，方當看人者欣有所感，未得盡興發抒之時，突由被看者發嬌吟之聲，脫口而出，作眞情流露的表達，坦然而又直率，一語道破，自生情趣。句中的「看」字，尤爲傳神，令人回味不盡。很易想像的，是這乖巧的小姑娘可能早就發現了那位漫步而來的蘇太守，雖照樣從容浣紗，而眼角偸覷，待得對方漸走漸近，吟哦聲起，耳朵自然更會充分發揮功能。慧心動處，頓生靈感，不待雕琢，直道實情，而少女嬌羞，難免心頭小鹿，紅暈乍起，瞬間流盼，都足動人。而嬌聲相應，清趣自生，不僅傳神，更有十足的喜感。

東坡的詩，不僅偶發的興會，尚有很多深含禪味的。因其膾炙人口，不少詩句都成了大家所慣用的成語。茲選錄三首如下，以供欣賞——

澠池懷舊

人生到處知何似？應是飛鴻踏雪泥；
泥上偶然留爪跡，鴻飛那復計東西。

登廬山詩

橫看成嶺側成峰，遠近高低各不同；
不識廬山真面目，只緣身在此山中。

飲湖上初晴後雨

湖光瀲艷晴偏好，山色空濛雨亦奇；
欲把西湖比西子，淡妝濃抹總相宜。

㈩明太祖的腰間寶劍

明太祖朱洪武爭奪天下時，戎馬倥傯，偶於閑中遊覽江南一古寺。時兵荒馬亂，強梁並起，地方很不寧靜。老和尚見他腰懸長劍，昂首濶步，且粗眉大眼，恐非善類；雖勉強接待，而暗存戒心，頻頻請問姓名。太祖大感不耐，叫老僧取出筆墨，逕在大殿的壁上揮灑起來——

殺盡江南百萬兵，腰間寶劍血猶腥；
山僧不識英雄主，只顧嘵嘵問姓名。

題罷抛開筆，掉頭就走。這詩在狂妄自大中還滿含着威脅，暗示老和尚如再嚕嗦，頸血也很容易就沾到那寶劍上。老和尚一時深感沒趣，既覺來者不善，又恐這種叛逆詩句，驚動官府，難免惹事；遂即教小和尚趕快淸洗殿壁，除去汚痕。

太祖登基後，有一天，心血來潮，偶然想起前在江南古寺題詩的事，即時降旨，要傳那老和尚來問個究竟。待官差登門，老和尚得知原委後，因詩已洗掉，大感懊惱，生怕降罪，惶恐不敢應召。幸而有個小和尚頗爲機伶，自告奮勇，隨官差進京參見。太祖得知題詩已被洗掉，大爲震怒，就要降旨查封那古寺。又虧小和尚從容稟奏：「既然聖上愛詩，小僧願冒死獻詩一首，藉申下情，如不能稍解龍顏，然後甘願領罪。」太祖聽他講得委婉，氣也平了些，就准他在殿上吟哦起來——

御筆題詩不敢留，留時常使鬼神愁；
故將法水輕輕洗，猶有寒光射斗牛。

太祖果然轉怒爲喜，不僅免罪，且有賞賜。這則小故事，恐附會居多，未必眞實。但既經流傳，總有可取。姑妄言之，喜其能將古來馬上得天下的武夫，那種狂妄自大，作威作福的心態，勾劃得相當傳神。故這些身後是非，仍有茶餘酒後，供作閑話的價值。

㈢解縉的出口成詩

明洪武年間中進士的解縉，幼小時卽有神童之譽，許多有關他童年刁鑽捉狹的故事，流傳民間，引爲趣談。據說，當他六七歲時，就能隨口吟詩，亦如隨口講話。有一天，他在門外玩耍，見有人探問董郎中的府第在那裡？他隨手指點着方向，並出口成詩——

一直往南去，轉彎再向東；
粉牆題大字，便是董郎中。

如此作答，客人自然很感驚奇，因此他的神童之名也就傳得更廣。古時的人缺乏醫學常識，總覺太聰明的孩子會遭天忌，不得長壽。解縉的母親也因此很擔心，日常總是告誡他，小孩不要學大人，隨口亂吟詩，只要老老實實，將來能做個莊稼漢便好。有一天，他母親要他幫忙做些家務事。他一邊工作，一邊又在哼哼嘰嘰。他母親遂又提醒，做事要專心，小孩兒家不能酸酸的，像個書呆子。他卽忙分辯，也就是在本章「一、格律簡介」末所引證的那首詩：「打掃堂前地，放出籠內鷄，分明在說話，又說我吟詩。」

這四句極爲平常，有趣的是，他自己祇是隨口溜，但他母親聽起來就不一樣。這也足以說明格律詩拘束性並不太大，祇要略諳平仄聲的訣竅，並注意韻脚，卽可順口成詩，形式並非重要，問題在於是否言之有「物」，大而至於憂國憂民，小而至於掃地放鷄，祇要眞情流露，在詩的戥稱上，分量幾乎都一樣。能明白這些，做起詩來就會輕鬆得多。

㈣蔡崑陽的意氣之爭

清代狀元蔡崑陽，在科場未得意時，即自視甚高，且以名士自許。當他赴京趕考時，乘船北上，經過江蘇省的淮安縣，想到這裡的縣令邵某，係屬同鄉，就順便作禮貌上的拜訪，乃貿然登門，投上名帖。邵縣令看到名帖，未明來客底細，聽差役稟告，來人僅是一個布衣，就更不放在心上。爲了勉強應付，隨手提起筆來，一如批公文，就在那名帖上批了四個字：「查名回報」。意思是要差役先查明來客的身分與關係，以便作適當的安排。官場大抵如此，本不足怪。可是這位訪客年少氣盛，一看之下，就拂袖而去。

後來，蔡崑陽大魁天下，高中頭名狀元，春風得意，想到以前路過淮安，被那邵縣令輕慢的往事，餘氣難消，乃特別寫了一封信，專人送到淮安，邵縣令接到信，知是今科狀元送來，頗有受寵之感，拆開一看，僅是一首詩——

> 前冬風雪上長安，舉世誰憐范叔寒；
> 寄語山陽賢令尹，查名須向榜頭看。

若單論這故事的情節，似乎談不上趣味性，尤其就邵縣令的感受言，簡直可說是很沒趣。但就題詩的蔡崑陽而論，十載寒窗，一舉成名，意氣風發，悶氣全消，當屬快事。

㈤劉夫人的辭讓詩

在過去，中國傳統的農業社會，男人納妾似乎是順理成章的事；尤其爲了無後，更納得理直氣壯，元配夫人祇有容忍的份兒。

相傳清代末年，山東濟南府有位劉員外，家財萬貫，元配夫人知書達理，又很賢慧，可惜未能生育一男半女。於是劉員外就納了一妾，還不到二年，就喜獲麟兒。那妾因而得寵，恃寵而驕，獨攬家政，根本不把元配放在眼裡。那劉氏夫人只有處處忍讓，經常悶在房中，少見少煩。有一天，悶坐無聊，把滿腔幽怨，化成一首打油詩——

恭喜郎君有了她，奴今洗手不管家；
開門六件都付與，柴米油鹽醬與茶。

此詩乍看之下，也許會覺得很平常，但稍經玩味，想到古老的俗諺：「開門七件事：柴米油鹽醬醋茶。」開門明明是「七件」事，她所交出的却是「六件」。試加核對，就不難發現其中小小的玄虛，一切都在不言中，如此解嘲，不禁令人失笑。

就詩論詩，委婉中亦能達意。若與另一位女性的另一首詩相較，風格完全不同。相傳元代文人關漢卿性愛風流，關夫人却管得很緊，連望梅止渴的仕女畫面欣賞都在管制之列，且看她的「誡夫」詩——

聞君偷看美人圖，不是關羽大丈夫；
金屋若將阿嬌貯，與君打破醋葫蘆。

㈥郭夫人的見紙生情詩

清代末年，浙江紹興的文士郭暉遠赴京城作幕賓，客中無聊，每愛花酒，結識一青樓女子小娟。一晚，醉宿小娟處，酒言酒語，談起家中夫人既有文才，又很賢慧，對他更體貼入微。聽得小娟心中不是味道，正好見他袋中有一封待寄的家書，就趁他熟睡時偷偷拆開，取出內頁，換上一張白紙，又暗自封好，以靜觀反應，無非惡作劇而已。此信寄回家鄉後，那位賢慧的郭夫人拆開一看，竟是一張白紙，頗覺掃興，繼而一想，准是丈夫在外太忙碌，忙中難免有些小疏忽，值得多加安慰，乃在復信中寫了一首詩——

碧紗窗下拆緘封，一紙從頭徹底空；
料想仙郎無別意，憶人長在不言中。

郭暉接到這回信，知是小娟在暗中搞的鬼，益感夫人的體諒，不動聲色，故作酒醉，帶信又到小娟處，僞稱接信大受責備，更引起小娟的好奇，硬要看信，結果一看，原來如此。小娟自慚弄巧成拙，郭暉更大有所悟，不再逢場作戲了。

㈦一對新人的洞房退客詩

在中國傳統的農業社會中，最重視禮俗，其中婚禮更是一項盛典，不僅講求排場，更講求禮數，尤其仕宦人家，更是有板有眼，絲毫不能馬虎。惟其中有一項「鬧洞房」的節目，非常活潑，毫不拘禮，甚至可以排除任何禮教的約束，在賓客盡歡的要求下，可以放縱而爲。所謂「新婚三日無大小」、「越鬧越發」，堪稱禮教的一大突破，雖爲時短暫，仍足夠新鮮刺激。故「鬧洞房」的節目，普受重視，就民俗學的觀點言，實在大有意義。客人旣樂此不疲，主人也不好掃興，因此，鬧洞房的花樣百出，一對新人少不得要備受捉弄。

據說，在民國初年，有王謝二家聯姻，同屬書香門第，且一對新人均有才情。在鬧洞房時，賓客盡興耍弄，要一對新人當場做戲，擁抱接吻之類，一直鬧過午夜，仍無倦容。有人提議，旣然新人都有才情，要當場卽景各吟一詩，不能含糊，必須客人聽得滿意，才肯散去。想了一陣，新郎終於站起，高吟——

銀盃高舉敬嘉賓，不是詩人那會吟？
惟記唐人詩一句，春宵一刻值千金。

頓時赢得一片掌聲，總算順利通過。輪到新娘，她也居然大大方方站起來，高吟——

人云好景在今朝，樓頭更鼓已頻敲；
莫教織女河邊等，早放牛郎渡雀橋。

一陣更響的掌聲，雜着歡呼，終於一鬨而散，眞是皆大歡喜。

第三章　詞的欣賞

詞是隋唐以後新興的文體，是配合音樂可以歌唱的樂府詩，但它並非直接從過去的樂府詩演變而來。按〈舊唐書・音樂志〉，認爲詞是「胡夷里巷之曲」，其所配合的音樂主要爲燕樂。所謂燕樂，乃是指當時大量流入的胡樂（包括中國西部各民族以及中亞細亞和印度的音樂），並融和本土的民間俚調而成的一種新興樂曲。這在當時社會上至爲風行，對文人的詩歌與民間的歌謠都發生了很大的影響。在王重民所輯〈敦煌曲子詞集〉中，絕大部分是屬於民間的作品，具有渾樸率眞的風格。中唐以後的文人能充分吸取民間詞曲的精華，而加以辭藻的鍛鍊，意境的提升，乃形成文人詞的特色，而成爲一種特有的文體。

中唐詩人，卽有不少作詞的。晚唐五代，文人作詞的風氣益盛。溫庭筠熱中於作詞，更能開風氣之先。五代趙崇祚所選〈花間集〉堪稱第一部詞選，包羅十八位詞人的五百首詞，其中溫庭筠的作品就佔了六十六首。顧名思義，〈花間集〉中的詞多以醇酒美人，婉約抒情爲主。入宋以後，尤多名家。蘇軾、辛棄疾等更能改變詞的婉約風格，而開拓了詞的豪邁境界。經過文人的慘淡經營，宋詞乃得與唐詩並美，堪稱一代的盛事。

一、格律簡介

詞本是按照樂譜塡作的，初期旣是供作歌唱，大都是先有了歌譜，然後才塡入歌詞。作譜與塡詞的人都要深諳樂理。宋代就有不少詞人是音樂家，自己創譜，自己塡詞。正因文人的大量參與，着重詞的文采與意境，在文學園地中固然開拓了詞的寬廣領域。却也漸漸脫離了早期詞在民間及教坊歌唱的本質。歌譜和歌法失傳之後，詞乃漸趨詩律化，也就只能從字句聲韻方面來建立文人詞的一套格律。這樣一來，所謂「詞譜」，也就和唐代近體詩的聲調譜差不多，而與音樂脫離了關係。粗略言之，詞按其調名的不同，而排列出不同的長短句，在其句中重要的字位，亦講求平仄聲的協調，乃形成其特有的格律，雖不如樂譜之可唱，但吟誦起來，却也抑揚悅耳。唐詩與宋詞之所以能形成其特有的格律，也正因單音單形的方塊文字所給與排列上的方便。這兩種文體，也正是他種文字所無法企及的。唐詩與宋詞雖同樣注重格律，但在形式上則有顯著的不同，略如下述：

1. 每首詞都有個調名，如「望江南」、「蝶戀花」、「點絳唇」等，稱爲詞調，每調有一定的句子，每句有一定的字，每字有一定的聲，也就成爲詞的明顯格律。

2.除小令外，每首詞都分爲數片，每片作一段，以分上下兩片的爲最多。

3.押韻的位置，每個詞調多不相同，各有其一定的格式。韻位多在音樂節奏的暫停處，因節奏的不同，韻位自然有異。

4.長短句的運用，是爲了更能切合樂調的曲度，以符合音樂的要求。

5.詞的字聲組織，基本上雖和近體詩相似，但其變化較多，而且有些詞調還須分辨出四聲和陰陽，以求協律。

一般來說，唐詩和宋詞各有其格律，都須注意平仄聲的協調。惟詞因調名較多，格律自然較繁些。好在善於塡詞的名家，其作品多能渾然天成，毫無斧鑿，則所謂格律，非但不見約束，且更能有助於形成特有的風格。

二、作品引述

這裡所引述的詞，亦類似於前面所引述的詩，均較偏重於趣味性與故事性，並兼顧婉約與豪邁的風格，甚至粗鄙俚俗的，亦兼容並包，以適應各種不同的欣賞角度，希望能從一些作品中體會到格律的美好效果，更能從這種美好的效果中充分感受到中國文字所具的特性。

㈠「花間集」中的選錄

〔花間集〕爲詞的第一部選集，也是代表詞在初期發展中所呈現的婉約抒情的風格。其中選錄最多的，首推溫庭筠，茲選錄二首——

南歌子

轉盼如波眼，娉婷似柳腰。花裡暗相招：憶君腸欲斷，恨春宵。

夢江南

梳洗罷，獨倚望江樓。過盡千帆皆不是，斜暉脈脈水悠悠。腸斷白蘋洲。

在唐末五代西蜀任官的韋莊，亦善於描繪小兒女的情態——

女冠子

四月十七，正是去年今日，別君時，忍淚佯低面，含羞半斂眉。不知魂已斷，空有夢相隨。除却天邊月，沒人知。

又

昨夜夜半，枕上分明夢見，語多時：依舊桃花面，頻低柳葉眉。半羞還半喜，欲去又依依。覺來知是夢，不勝悲。

在南唐任職的張泌，筆調亦相當活潑，流露着及時行樂的青春氣息——

江城子

浣花溪上見卿卿，眼波明，黛眉輕，高綰綠雲，金簇小蜻蜓。好是問她「來得麼」？和笑道：「莫多情！」

浣溪紗

晚逐香車出鳳城，東風斜揭繡簾輕，慢迴嬌眼笑盈盈。消息未通何計是？便須佯醉且隨行。依稀聞道：「大狂生！」

以上作品，無非在傳達青衫紅袖間的款曲，細膩傳神。尤以最後一首，描繪一輕狂的紈袴子，追逐一輛華麗的香車，不覺出了繁華的都城，偏那車中少女也從車簾縫中在偷看外邊的花花世界，當然更看到了那逐車不捨的少年，事情就那麼湊巧，愛捉弄人的東風突然斜揭起綉簾，使那少女猝不及斂容，任其原形流露得淋漓盡致。簾開卽合，雖僅屬瞬間的事，已足使那少男欣喜益狂，更逐而不捨，可惜東風已不再方便，却依稀聽到了一句嬌俏的責罵。這一罵顯然是多重含意的，尤其聽在當事人的耳裡，必更心痒難撓，必更加緊追逐，直到望塵莫及而後已。易逗想像的，那少女必已綰緊綉簾，不容東風再搞鬼，而更能放心偷看，直到塵迷人渺。這眞是一副動人的畫面！

㈡李後主的宮幃之樂與去國之悲

南唐李後主名煜，純文人的個性，既不宜於官場，更不適於做皇帝，偏偏命運作弄，五位哥哥都不幸早逝，自然輪到他登了大寶，二十五歲時卽位於金陵（南京），時南唐已奉宋朝正朔，惟靠入貢，以求苟安。後主倒也能安之若素。直到宋滅南漢，他才生警覺，可惜爲時已晚。後來宋太祖兩次詔他北上，他不知如何應付，只是惶恐不敢前往，直到兵臨城下，遭囚禁於北方，飽嘗亡國之痛，被毒死時年才四十二歲。他的作品，因遭亡國的劇變而形成兩種截然不同的風格。他的優柔寡斷，多愁善感，雖在政治上一敗塗地，却能在文學的領域中，以血淚寫出感人的作品。︹人間詞話︺的作者王國維對他的評析是：「詞人者，不失其赤子之心者也。故生於深宮之中，長於婦人之手，是後主爲人君所短處，亦卽爲詞人所長處。」下引一首，是描寫他與大周后，在宮幃中的生活情趣——

一斛珠

晚妝初過，沈檀輕注些兒個，向人微露丁香顆。一曲清歌，暫引櫻桃破。羅袖裛殘殷色可，杯深旋被香醪涴，綉牀斜凭正無那，爛嚼紅茸，笑向檀郎唾。

下引一首，則是描寫他與小周后暗地偷情的鏡頭——

菩薩蠻

花明月暗飛輕霧，今宵好向郎邊去。衩襪步香階，手提金縷鞋。畫堂南畔見，一向偎人顫。奴為出來難，教君恣意憐。

以上兩則，都屬痴情兒女暗嚐的甜蜜，亦正是閨房的隱秘，眞虧他以帝王的身分，坦然勾劃出來。王國維的所謂「赤子之心」，於此亦可想見。以上姑作爲他前期的代表，婉約抒情，不脫「花間」的情調，迨亡國後的後期作品，因處境不同而風格迥異，宣洩沉哀，往往一字一淚——

破陣子

四十年來家國，三千里地山河；鳳閣龍樓連霄漢，玉樹瓊枝作煙蘿，幾曾識干戈？一旦歸為臣虜，沈腰潘鬢消磨。最是倉皇辭廟日，教坊猶奏別離歌，揮淚對宮娥。

望江南

多少恨，昨夜夢魂中。還似舊時遊上苑，車如流水馬如龍，花月正春風。

子夜歌

人生愁恨何能免？銷魂獨我情何限！故國夢重歸，覺來雙淚垂。　高樓誰與上？長記秋晴望。往事已成空，還如一夢中。

相見歡

春花秋月何時了，往事知多少？小樓昨夜又東風，故國不堪回首月明中。　雕欄玉砌應猶在，只是朱顏改。問君能有幾多愁？恰似一江春水向東流！

以淚洗面的生活，帶淚寫成的作品，自然深刻感人；尤其最後這一首，觸怒了宋太宗，趁其生日燕飲時，派人以藥酒將他毒死。明知處境易於觸怒，隨時都有性命之憂，而仍要直抒胸臆，後主的文人氣質，更顯露無遺。

㈢幾位大儒的小詞

北宋有幾位大儒（也是名臣），德高望重，其在文章中所表現的乃是憂國憂民，嚴辨義理，有一股凜然的陽剛之氣；但在詞的創作中，則又顯得風流蘊藉，描摹小兒女的情態，絲絲入扣，更呈現出一股深情款款的陰柔之美。兩者對比之下，顯得相當有趣。這也可讓人體會到，宋儒尚未被禮教僵化的眞面目，益覺其可敬可愛。茲舉數則如下：

點絳唇（作者韓琦，封魏國公，拜右僕射）

病起懨懨，庭前花影添憔悴。亂紅飄砌，滴盡真珠淚。　惆悵前春，誰向花前醉？愁無際，武陵凝涕，人遠波空翠。

訴衷情（作者范仲淹，官樞密副使參知政事）

清晨簾幕卷輕霜，呵手試梅妝。都緣自有離恨，故畫作遠山長。　思往事，惜流光，易成傷。未歌先歛，欲笑還顰，最斷人腸。

南歌子（作者同前）

鳳髻金泥帶，龍紋玉掌梳。去來窗下笑相扶，愛道「畫眉深淺入時無」？　弄筆偎人久，描花試手初。等閑妨了綉工夫，笑問「雙鴛鴦字怎書」？

西江月（作者司馬光，官資政殿學士等）

寶髻鬆鬆綰就，鉛華淡淡妝成。紅雲翠霧罩輕盈，飛絮遊絲無定。　相見爭如不見，有情還似無情。笙歌散後酒微醒，深院月明人靜。

夜行船（作者謝絳，官兵部員外郎）

昨夜佳期初共，鬢雲低，翠翹金鳳。尊前和笑不成歌，意偷傳，眼波微送。　草草不容成楚夢，漸寒深，翠簾霜重。相看直到斷腸時，月西斜，畫樓鐘動。

踏莎行（作者寇準，官宰相，封萊國公）

春色將闌，鶯聲漸老，紅英落盡青梅小。畫堂人畫雨濛濛，屏山半掩餘香裊。　密約沉沉，離情杳杳，菱花塵滿慵將照。倚樓無語欲消魂，長空黯淡連芳草。

(四)宋祁的意外良緣

北宋詞人宋祁，風流倜儻，曾因一首詞而文名大噪，其詞爲——

玉樓春

東城漸覺春光好，縠皺波紋迎客棹。綠楊煙外曉雲輕，紅杏枝頭春意鬧。　浮生長恨歡娛少，肯愛千金輕一笑？為君持酒勸斜陽，且向花間留晚照。

其中「紅杏枝頭春意鬧」一句，描繪春郊景色，令人聯想到花色花香，以及蜂蝶飛舞的畫面，生動而鮮明，爲時人所樂道，乃博得「紅杏尙書」的雅號。王國維在其所著〔人間詞話〕中也曾論及：「紅杏枝頭春意鬧，著一鬧字，而意境全出。」

宋祁在仁宗時任職翰林學士。有一次，皇帝在內宮賜宴文武百官，他也在內。因他英俊瀟灑，而詞名甚高，又得人緣，大家都暱稱他「小宋」。宮中的妃嬪宮娥，也有不少慕名的，乃得趁機暗瞻風采。事過不久，宋祁偶在街上閑遊，見有數輛宮車迎面而來，忙即勒馬避立街邊，忽聽有輕喚「小宋」之聲，淸脆悅耳，乍抬眼，原來是剛經過的那輛宮車微掀簾幕，內一佳麗，可惜轉眼卽過，在想像中的倩影，益覺姣媚動人。歸來念念難忘，乃借用前人詩詞名句，寫成一首「鷓鴣天」的詞——

畫轂雕鞍狹路逢，一聲腸斷綉簾中。身無彩鳳雙飛翼，心有靈犀一點通。　金作屋，玉為櫳，車如流水馬如龍。劉郎已恨蓬山遠，更隔蓬山幾萬重。

此乃集錦詞，詞中雖多他人素材，却能表現自己的意境。宋祁也自覺滿意，公諸同好，也多表讚美；酒後豪情，更忍不住講出那段艷遇。就此傳聞開來，終於傳到仁宗的耳裡，旣賞其詞，復動了好奇心，卽着太監查明，曾在車中喚「小宋」的究係何人？太監頓時當成令箭，不免驚鷄鬧狗，聲言如沒人敢於承認，所有那天坐車出去的都要問罪。終於有一宮人自承該死，當卽被押到駕前，伏地請罪；自覺必死，索性坦率直陳：因素仰宋祁的文名，前次在宮中又得見廬山眞面，聽人暱呼爲「小宋」；適又在出宮的車中，因從簾縫中偷看街景，偏巧看到他馬上的英姿，一時興奮，情不自禁就叫出一聲「小宋」。仁宗聽罷祇是揮揮手，要她退下；又降旨要宋祁晉見。傳旨的少不得又虛張聲勢。害得宋祁心裡七上八下。好在仁宗並未追究經過，祇是閑話那首詞，覺得很不錯；並半帶打趣地說：「該恨蓬山的是劉郎，你乃宋郎，就不必再空恨了。」宋祁是何等的聰明，一聽這話，自是喜出望外，趕快伏地謝恩。終於成就了一樁美好事，眞可謂「天賜良緣」。

㈤蘇軾對詞境的開拓

唐末的詞，多屬配合歌唱的曲譜，也可說是偏重形式的伶工之詞。入宋以後，漸重辭藻與內涵，而較不注意唱腔，然能自創一格，亦卽所謂文人之詞，其風格初以婉約爲主，香草美人，故國河山，總不出小我的感性。迨至蘇東坡，才高氣盛，一變婉約的風格，而倡導豪放，以意境氣勢爲主，其內涵更擴展到宇宙人生的關懷。胡寅在其〈酒邊詞序〉中論及：「眉山蘇氏，一洗綺羅香澤之態，擺脫綢繆婉轉之度，使人登高望遠，舉首高歌，而逸懷浩氣，超然乎塵垢之外，於是花間爲皀隸，而柳氏爲輿臺矣。」最後兩句褒貶，不免有點感情用事。俞文豹在其（吹劍錄）中談到東坡在與友人閑敍時問起，柳永的詞與他（東坡）的詞不同在哪裡？客人答稱：「柳郎中詞，只合十七八女郎執紅牙板，歌楊柳岸曉風殘月。學士詞，須關西大漢，銅琵琶，鐵綽板，唱大江東去。」

這足以說明蘇詞豪放粗獷的一面。且看其大江東去——

念奴嬌（赤壁懷古）

大江東去，浪淘盡千古風流人物。故壘西邊，人道是三國周郎赤壁。亂石崩雲，驚濤拍岸，捲起千堆雪。江山如畫，一時多少豪傑。 遙想公瑾當年，小喬初嫁了，雄姿英發，羽扇綸巾，談笑間，檣櫓灰飛烟滅。故國神遊，多情應笑我，早生華髮。人生如夢，一尊還酹江月。

他的另一首詞，則觸及人生較深層面的領悟，空靈而富禪意——

定風波

莫聽穿林打葉聲，何妨吟嘯且徐行。竹杖芒鞋輕勝馬，誰怕？一蓑煙雨任平生。料峭春風吹酒醒，微冷。山頭斜照却相迎。回首向來蕭瑟處，歸去，也無風雨也無晴。

不過，東坡的詞仍有其婉約的一面，描摹小女兒的意態，亦相當細膩而傳神，且看——

蝶戀花

記得畫屏初會遇，好夢驚回，望斷高唐路。燕子雙飛來又去，紗窗幾度春光暮。

那日繡簾相見處，低眼佯行，笑整香雲縷。斂盡春山羞不語，人前深意難輕訴。

東坡雖生性曠達，仍有其痴情的一面。他的原配夫人王弗，十六歲嫁來蘇家，婚後十一年去世。他一直念念難忘。在十年後亡妻忌辰前夕，夢裡相逢，醒來作成一首詞，見其用情之專，動人肺腑——

江城子

十年生死兩茫茫，不思量，自難忘。千里孤墳，無處話淒涼。縱使相逢應不識，塵滿面，鬢如霜。夜來幽夢忽還鄉，小軒窗，正梳妝。相顧無言，惟有淚千行。料得年年腸斷處，明月夜，短松岡。

㈥李清照的尋尋覓覓

北宋後期第一位女詞人李清照（別號易安居士），才氣極高，作詞慣以素描的手法，呈現高妙的意境。她因處境坎坷，作品以沉鬱哀戚的成份居多。惟其初期，亦有婉約的風格，綺艷動人——

浣溪紗

繡幕芙蓉一笑開，斜偎寶鴨襯香腮，眼波才動被人猜。一面風情深有韻，半箋嬌恨寄幽懷，月移花影約重來。

她的婚姻生活很美滿，夫婿趙明誠也熱愛文學，且精金石，唱隨之樂，尤多韻事。可惜好景難常，婚後不久，明誠就遠赴京都。她的作品乃訴說出相思的滋味——

一翦梅

紅藕香殘玉簟秋，輕解羅裳，獨上蘭舟。雲中誰寄錦書來？雁字回時，月滿西樓。花自飄零水自流，一種相思，兩處閑愁。此情無計可消除，才下眉頭，又上心頭。

另一首是她在重陽節後寄給明誠的詞——

醉花陰

薄霧濃雲愁永晝，瑞腦噴金獸。佳節又重陽，玉枕紗櫥，半夜涼初透。　東籬把酒黃昏後，有暗香盈袖。莫道不銷魂，簾捲西風，人比黃花瘦。

據說，明誠看到這詞，很受感動，玩賞之餘，也寫了幾首抒懷的詞，並把清照的這首重加抄錄，混雜其中，特請好友陸德夫作一評鑑。經陸仔細玩味，終於指出：其中有三句最好。乃是「莫道不銷魂，簾捲西風，人比黃花瘦。」經明誠道出原委，相對鼓掌大笑；並據情轉告清照，更增相思中的甜蜜情趣。

金兵南侵，倉皇逃到江南；更不幸的是明誠病逝，國破家亡，在如此雙重打擊下，她只能以寫作來宣洩心底的悲痛——

武陵春

風住塵香花已盡，日晚倦梳頭。物是人非事事休，欲語淚先流。　聞說雙溪春尚好，也擬泛輕舟。只恐雙溪舴艋舟，載不動許多愁。

她晚年的一首詞，在開頭連用了十四個疊字，從一些小動作，直透到內心深層的感受，層次分明，而沉哀自見，眞是一字一淚——

聲聲慢

尋尋覓覓，冷冷清清，悽悽慘慘戚戚。乍暖還寒時候，最難將息。三杯兩盞淡酒，怎敵他晚來風急？雁過也，正傷心，卻是舊時相識。　滿地黃花堆積，憔悴損，如今有誰堪摘？守着窗兒，獨自怎生得黑？梧桐更兼細雨，到黄昏，點點滴滴。這次第，怎一個愁字了得？

七 陸游的歡情薄

南宋詩人陸游（別號放翁），其美滿婚姻因母命難違而形成的悲劇，曾搬上舞台，廣博同情之淚。在他少年時，與表妹唐婉訂婚，同好文學，且又性情相投，婚後生活，十分恩愛。可惜不久，他母親誤聽閑言，對媳婦大生惡感，硬逼他倆仳離，並不准暗中來往。最後，唐婉終於改嫁趙士誠，陸游也勉強娶得王氏爲妻。

當陸游二十七歲那年春天，在百無聊奈中獨遊沈園。適巧唐婉與其新婚夫婿亦在園內，不期而遇，顯得十分尷尬，幸而唐婉還能強持鎭定，爲他們兩位男士作介紹，並留他同飲。滿腹酸辛，却祇能講幾句應酬寒暄的話語，徒使內心增加痛苦。幾杯老酒下肚，陸游更是百感交煎，終於忍耐不住，借得筆硯，就在沈園的壁上提了一首詞——

釵頭鳳

紅酥手，黄藤酒，滿園春色宮牆柳。東風惡，歡情薄，一懷愁緒，幾年離索。錯！錯！錯！　春如舊，人空瘦，淚痕紅浥鮫綃透。桃花落，閑地閣，山盟雖在，錦書難託。莫！莫！莫！

唐婉看了，深受感動，也按同一詞牌和了一首——

釵頭鳳

世情薄，人情惡，雨送黃昏花易落。曉風乾，淚痕殘，欲箋心事，獨語斜欄。難！難！難！　人成各，今非昨，病魂常似鞦韆索。角聲寒，意闌珊，怕人尋問，咽淚裝歡。瞞！瞞！瞞！

事隔不久，唐婉竟鬱抑而死，更增陸游的悲痛，直到晚年，舊地重遊，仍不勝感慨，乃以詩遣懷——

夢斷香銷四十年，沈園柳老不飛綿；
此身行作稽山土，猶弔遺踪一泫然。
城上斜陽畫角哀，沈園無復舊池台；
傷心橋下春波綠，曾是驚鴻照影來。
城南小陌又逢春，只見梅花不見人；
玉骨久沈泉下土，墨痕猶鎖壁間塵。

不過，陸游並未完全困頓在兒女之私中，南宋的內憂外患，更激起他報國的熱忱，在他的作品中多流露出壯志難遂的苦悶。且從下引的一首小詞中可以概見——

訴衷情

當年萬里覓封侯，匹馬戍梁州。關河夢斷何處？塵暗舊貂裘。　胡未滅，鬢先秋，淚空流。此身誰料，心在天山，身老滄洲。

㈧幾則故事中的詞曲

以上所舉均屬文人之詞，在風格上包括：婉約、豪邁、空靈、悲慼，均各具意境，不論其如何運用白描手法，如何易於理解，但總因其陳義較高，較難迎合大衆品味。倒是一些揉和在故事中的詞，以其較通俗的格調，且較親切有味，易爲一般所接受，以社會教育觀點言，亦自有其可取的價值。

××× ×××

宋人范仲胤，爲官在外，久未還家，其夫人甚爲思念，乃寄給他一首詞，以抒情懷——

伊川令

西風昨夜穿簾幕，閨院添蕭索，最是梧桐零落。　迤邐春光過去，人情音信難託。教奴獨守空房，淚珠與燈花共落。

范君讀詞後，覺內容尚能表達出一些眞情實意，祇是詞牌「伊川令」中的「伊」字竟寫成「尹」，分明粗心大意，正好藉此打打趣，乃卽寫了一封回信，並附詞一首——

南鄉子

頓首啓卿卿，臨紙恭維問好音。接得錦箋詞一闋，堪驚！細讀新詞客恨生。　反覆念多情，所寄音書欠志誠，不寫「伊川」寫「尹」字，無心？料想「伊」家不要「人」！

回信寄出不久，又得夫人來信，並無歉語，而僅是一首小詩，一看詩中的消息，原來上次的筆誤，並非夫人的粗心大意，而却是別具慧心，故施一點文字的迷藏，讓人耐心體會。其中深情，乃在字外。而今乍被提醒，眞是旣愧且感，恩愛之情，油然而生，恨不得卽時插翅飛回。原來詩是這樣寫的——

閑寫鸞箋作「尹」字，情人未解其中意；
共「伊」濶別幾多時，身邊少個人兒睡。

×××　　×××

南宋時，浙江天台有一名妓嚴幼芳，美而慧，善詩詞，爲當時台州太守唐興正所賞識，常相過從。那年七夕，唐太守宴客，幼芳亦應邀。座中多高士，有客展摺扇，扇面繪紅白桃花，要幼芳當場題句，幼芳乃塡一詞——

如夢令

道是梨花？不是。道是杏花？不是。白白與紅紅，別是東風情味。曾記，曾記，人在武陵微醉。

遣辭明淺而生動，用典渾然而不見斧鑿，當卽獲得滿座掌聲。座中有一謝姓客，欲作進一步考驗，要她卽景以七夕爲題，並限「謝」字韻，當他飲滿三杯後，她就寫出作品，如不能成，卽按三倍罰酒。大家隨聲附和，情緒漸達高潮。幼芳終於寫出——

鵲橋仙

碧梧初墮，桂花才吐，池上水花微謝。穿針人在合歡樓，正月露玉盤高瀉。蛛忙鵲懶，耕慵倦織，空作古人佳話。人間悵望隔年期，想天上方才隔夜。

詞意雖甚明淺，却能不落俗套，更獲得滿堂彩。此一風流佳話，頓時傳開，譽者固衆，譭亦隨之。不久，唐太守遭到中傷，更因案繫獄，寃情難申。幼芳奔走營救，憔悴不堪；聞得張御史很具影響力。且爲人正直，乃跪到張府門前，徹夜不休，申言祇要此寃得白，甘願終身爲奴。張御史心有不忍，乃召幼芳進府問話，見這弱女子無所畏怯，竟能侃侃而談；復聞其才名，欲親作考驗。幼芳乃趁機訴出心曲——

卜算子

不是愛風塵，似被前緣誤。花落花開自有時，總賴東風主。　去也總須去，住也如何住？若得山花插滿頭，莫問奴歸處。

張御史喜其從容表達，痴情忘我。卽飭重審此案，終獲平反。

×××　　×××

南宋末年，元人大舉南侵，岳州徐君寶之妻被擄，隨元軍輾轉至杭州。主帥欲納她爲妻，輒被婉拒。主帥因迷其麗質，未忍加害，只有婉勸。到杭州後，已感不耐，欲硬逼成婚，徐妻覺終不可免，誘稱禮拜前夫後，卽可擇日成婚。獲允後，她乃沐浴更衣，焚香默禱，在壁上題詞一首，卽行投池自殺。其詞至爲哀痛，指出兩宋敗亡，尤能一針見血，意甚淺明，而堪作深思——

滿庭芳

漢上繁華，江南人物，尚遺宣政風流：綠窗朱戶，十里爛銀鈎。一旦刀兵齊擧，旌旗擁百萬貔貅，長驅入，歌樓舞榭，風捲落花愁。清平三百載，典章文物，掃地都休。幸此身未北，猶客南州。破鑑徐郎何在？空惆悵相見無由。從今後，斷魂千里，夜夜岳陽樓。

細思「典章文物，掃地都休」，腐朽後的傾覆，又豈祇兩宋？

×××　　×××

清代錢塘人關秋芙，美而慧，嫁夫蔣坦，皆善詩文，閨房之樂，尤多韻事。秋芙喜愛花木，特在窗前種芭蕉一叢，以增幽趣。有一次，蔣坦小睡醒來，悶坐無聊，見蕉葉迎風，時拍窗欞，偶有所感，乃在紙上題句——

是誰多事種芭蕉？早也蕭蕭，晚也蕭蕭。

寫後即出門訪友，返來再看那紙片，竟多了一行字，原來是夫人的手筆——

是君心事太無聊！種了芭蕉，又怨芭蕉。

——唱隨之樂，令人艷羨。秋芙另有一首詞，把喜見丈夫遠道歸來的心情，刻劃得相當傳神

菩薩蠻

小樓一夜東風驟，一春花事闌珊夠。斜月綠窗低，夢回聞馬嘶。　梨花明似雪，含笑開門說：「昨夜結燈花，今朝真到家！」

×××　　×××

民國初年，蘇州張姓富室有二女，長女已出嫁，因素守「無才便是德」的古訓，向未讀書。次女則接受新風氣，頗有文才。一日，妹至姊家，見其姊正在看一封信，信上無字，只是亂畫些圈兒。原來是其姐夫寄回的，分明是因姐姐不識字，才把心事訴諸這種啞謎。姐姐一時猜不透，正好請妹妹幫忙。妹妹揣摩半響，終於捧出一首小曲——

相思欲寄從何寄？畫個圈兒替。話在圈兒外，心在圈兒裡。我密密加圈，你須密密知儂意。單圈兒是我，雙圈兒是你。整圈兒是團圓，破圈兒是別離。還有那說不盡的相思，把一串圈兒圈到底。

遂即幫姐姐寫了一封回信，附錄於信後，並註明小姨代筆上候。那位姐夫接信後，既驚且喜，對這位多才的小姨更刮目相看。

第七篇　華美的辭藻

——駢文的典雅本質與易僵化的形式

第一章　概說

「駢文」中的「駢」字，按〔說文〕的解釋爲「駕二馬也」。以駕車時的兩馬相併而馳，以喻爲文時運用對等的句法兩兩相併。簡言之，亦即是慣用對偶句法的文體。

駢文原屬美文（Belles-lettres）的一種。所謂「美文」，乃是指一些文藝作品重視辭藻的修飾，意境的營造，讀來賞心悅目，正如面對藝術作品，使心眼間充溢着美感的享受，故有此美稱。旣屬美文，自有其値得稱道的一面。可是，根據一般的印象，駢文顯已過時，向遭忽視或鄙視，幾無足道之處。究其原因，乃是由於過去的駢文愛好者，過份重視其形式之美，濫用偶語，濫用陳典，競以堆砌辭藻爲能事，而忽略內容。惟知以聲色相矜，藻繪相飾；文采徒工於浮艷，文格漸趨於頹靡。所謂「金玉其外，敗絮其中」，爲有識之士所厭棄，乃屬勢所必然。不過，駢文在形式上的僵化，仍無損於其生動的內涵。事實上，其美好的本質仍歷久而彌新。若稍加注意，我們還可發現一些有趣的現象，那就是過去反對駢文的人，乃正善作駢文者，而目前一些人也許根本不知駢文，卻能在不着意間善加運用，使在表達上收到很佳的效果。這些現象，容待以下各章分別陳析與印證。

總之，駢文的美好本質也正是單音單形文字所賜與的一種特殊風格，國人往往習焉不察，輕之忽之，至爲可惜。古人爲文，頗多使用偶語，正因其屬辭比事，協音成韻，讀來朗朗上口，自然易於傳誦，故競相研習。過去的濫作駢文而徒重形式，致使僵化，純係人爲之過。今後對駢文宜作正面的瞭解，而善加運用，在文藝園地中，仍有其値得開拓的領域。

第二章　駢文的特性

按日人青木正兒著（中國文學概說）中對駢文特徵的分析，簡列爲五點：(1)多用對句，(2)以四字及六字之句調爲基本，(3)力求音調之諧和，(4)繁用典故，(5)文辭華美。大體而言，這種分法，簡單明淺，較易瞭解，是可以接受的，且分別簡析如下：

一、對偶的句法

國人的審美觀念，多重視整齊勻襯之美，這在建築與服飾等方面表現得最爲明顯，而形成一種風格。這種風格，也自然流露到文學作品中，更因文字單音單形的方便，而輕易地就形成了對偶句法的特色。青木正兒就欣賞者生理與心理的微妙變化，作了些分析：「……在對句，是當腦裡還殘留着上句的印象時，隨讀下句各字的印象，又重疊上去而調和的。對句的調和之美，是由對比而生，其對比離合之度，有深有淺，呈現着複雜的狀態。……」這頗有助於基本的瞭解。

若從句的結構上分析，上下兩句中字義的對法亦可粗分爲四類：⑴反類字的相對——如「天」對「地」、「雨」對「風」、「大陸」對「長空」之類。⑵同類字的相對——如「星」對「月」、「峯」對「巒」、「淡雲」對「輕霧」之類。⑶異類字的相對——如「松」對「月」、「竹」對「山」、「樹色」對「河聲」之類。⑷異類語的相對——如「情人怨遙夜」對「竟夕起相思」之類。就一般來說，這種對偶句法，重視意境的烘托，而不必過份拘泥於字面的貼切，故善於變通者，更顯跳脫而生動。亦如青木正兒所謂「語之對比的距離，越遠越有妙味」。

至於從句內及句間的安排作比較，則大致可分爲三類：⑴當句的相對——亦卽句內詞語的相對，如王勃「滕王閣序」中的「天高地迥」、「興盡悲來」，不僅句間的呼應，更在句內的相對。⑵雙句的相對——這在駢文中乃屬最常見者。如陶淵明的「歸去來辭」中「悅親戚之情話，樂琴書以消憂」，以及李白的「春夜宴桃李園序」中「開瓊宴以坐花，飛羽觴而醉月」之類。⑶組合句的相對——如王勃的「滕王閣序」中「關山難越，誰悲失路之人？萍水相逢，盡是他鄉之客。」之類。

二、四六字組合的句型

以四字句與六字句爲對偶，作巧妙的運用，此爲駢文中所慣見，一般乃通稱駢文爲「四六文」。按〈文心雕龍〉「章句」篇中所稱：「……筆句無常，而字有條數。四字密而不促，六字格而非緩……」。又按〈容齋隨筆〉中論及：「……四六駢儷，屬辭比事，宜警策精切，使人讀之激昂，諷詠不厭……」這讓我們大致可以體會到，這種四六對偶的句法，其語意上的映襯烘托，語調上的抑揚鏗鏘，足以形成一種廻環激盪的美感，乃能使人品味無窮，誦之不厭，這也正是美文的基本特色。

唐柳宗元在其「乞巧文」中曾盛讚：「駢四儷六，錦心繡口。」以柳氏對散文高超的造詣，而推崇駢文如此。足以令人想像到四六駢儷在當時文學領域中風靡的情況。

至於四六駢儷的作法，不乏論著，類多流於瑣細，甚至拘泥不化。茲舉王銍之〈四六話〉所論：「四六有伐山語，有伐材語。伐材語者，如已成之柱桷，略加繩削而已。伐山語者，則搜山開荒，自我取之。伐材謂熟事也，伐山謂生事也。生事必對熟事，熟事必對生事。若兩聯皆生事，則傷於奧澁，若兩聯皆熟事，則無功。……」如此刻意求工，自難免弄巧成拙。倒不如少事雕琢，以氣勢爲主而輔以辭藻，如駱賓王「爲徐敬業討武曌檄」文中痛責武則天淫亂宮廷，有「……入門見嫉，娥眉不肯讓人；掩袖工讒，狐媚偏能惑主。……」發由衷之憤，意到筆隨，自有痛快淋漓之感。

三、和諧的音調

駢文之所以被稱爲美文，不僅憑對偶句法的排列整齊與對仗工穩，更着重聲律上的平仄協調，且看沈約在〈宋書〉「謝靈運傳論」中的高論：

夫五色相宜，八音協暢，由乎玄黃律呂，各適物宜。欲使宮羽相變，低昂舛節，若前有浮聲，則後須切響。一簡之內，音韻盡殊；兩句之中，輕重悉異。妙達此旨，始可言文。……至於高音妙句，音韻天成，皆暗與理合，匪由思至。……

由上引文可見沈約對聲律的重視，但他也同時指出「高音妙句，音韻天成」，所謂「天成」，正是接近自然淳樸之美。可惜後人不察；以音害辭，以辭害義，徒工雕琢，徒作堆砌。亦如老子所謂：「天下皆知美之爲美，斯惡矣。」

駢文所重視的聲律，若從基本上探討，不外是一種節奏（Rhyth）的變化。日人本間久雄在其所著〈文學概論〉中論及：「……普通的定義，便是把語調的抑揚爲正規的廻環。我們同時鳴動一個諧音的各音，在聽的時候，是把各音分別來聽的。從這分別來聽的瞬間，各音已經失却了它的同時性，成爲一連的音裡面的一音。在審美學上，所謂節奏，便是定期的強勢法（periodical emphasis）……語言文字的排列有一定規則的，稱爲律語或律文……」他並引述哲學家斯賓塞在其〔文體論〕（The Philosophy of Style）中認爲「律語的價值，遠出於散文之上」，並認爲「律語或律文，能夠緊張讀者對於它的注意力，以節約其精力」。不過，本間久雄也承認一項事實，那就是「近世文學上的事實，散文却比律語遠占優勢的地位」。個人的淺見：律文的刻意求工，刻意求美，不免重表忘裡，不免逐漸背離「言爲心聲，流露眞情，表達眞意」的基本原則。或許，這也是駢文發展的一項致命傷害。

四、引用典故

古人爲文，每愛用典，此不僅駢文，散文中亦屬常見。不過駢文在盛行後，競以用典爲能事，且以競用僻典爲莫測高深，乃至走火入魔，背離大衆文學的基本要求。

胡適之等位發起五四文學運動，提倡白話文，反對用典。風氣所趨，在一般的印象中，彷彿用典的文章，均帶陳腐氣味，不値一道。這也未免矯枉過正。平心而論，引用典故，乃屬修辭技巧的一部份，用之得宜，非僅有典雅的效果，且每能畫龍點睛，以最精節的文字，表達出較複雜的內涵，並增加文字的生動性。

事實上，就以目前而言，不論各種文體（包括廣泛的應用文），抑或各階層人士的言談，引用典故，乃隨處可見，隨時可聞，只是已成習慣，習焉不察而已。且隨便舉幾個典故作爲印證。

金屋藏嬌：此典出自〈漢武故事〉，相傳漢武帝姑母館陶長公主有女名阿嬌，是武帝青梅竹馬的玩伴。當武帝幼時，長公主把他抱在膝上，隨口打趣：「你想不想要小媳婦？」見孩子點點頭，隨卽指着一旁的女兒問：「你看阿嬌怎麼樣？」孩子慣說心裡話：「若能得到阿嬌，我情願裝飾金屋讓她住！」公主被逗樂透了，就以此爲口實，來確定這樁婚事。武帝登基後，果立阿嬌爲皇后。一直傳爲美談。

破鏡重圓：此典出自〈本事詩〉，南朝陳後主的妹妹樂昌公主，嫁給太子舍人陳德言，夫妻十分恩愛。不幸陳亡，一片混亂，逃難前夕，惟恐失散後難得再見，乃將一圓鏡破開，夫妻各藏一半，相約他年每值正月望日，卽至市上街角賣鏡，以便相認。隋文帝初定天下，公主爲隋將楊素（後封越國公）所得，寵嬖殊厚。德言依期至京，在街頭見一老家人賣半鏡，正是故物，乃取出自己的半鏡，正好相合，悲不自勝，卽題「破鏡詩」一首：「鏡與人俱去，鏡圓人不圓；無復嫦娥影，空留明月輝。」公主得詩後，悲泣不食。楊素詢得其情，頗受感動，乃設宴召德言至，慨然宣稱將公主歸還，夫妻喜出望外。公主亦卽席爲詩：「今日何遷次，新官對舊官；笑啼俱不敢，方驗作人難。」後夫妻偕歸江南終老。

上引兩則故事化爲成語，自今仍鮮活在日常語文中。其他還有「掩耳盜鈴」、「塞翁失馬」、「畫蛇添足」、「紅杏出牆」、「守株待兎」等等的故事或寓言，不勝枚擧，在我們日常言談或寫作中均屬慣見，簡明生動，足證用典並非過時，問題祇在是否能夠善用而已。

五、華美的辭藻

一般的美文（包括駢文、詩、詞等類），總會講求辭藻的華美。誇張鋪飾，往往超過客觀的事實，這也屬於修辭學的範疇。劉勰的〈文心雕龍〉論及：

……故自天地以降，豫入聲貌，文辭所被，夸飾恒存。雖書雅言，風俗訓世，事必宜廣，文亦過焉。是以言峻則嵩高極天，論狹則河不容舠，說多則子孫千億，稱少則民靡孑遺。……辭雖已甚，其義無害。……

然飾窮其要，則心聲鋒起；夸過其理，則名實兩乖。……使夸而有節，飾而不誣，亦可謂之懿也。

劉勰認爲文章夸飾，乃屬正常，問題在於能否善加運用。如運用得當，自有錦上添花的效果；否則，徒見其拙。黃慶萱教授在其〈修辭學〉中談到一些運用辭藻的原則：「文學並不是客觀眞實的記錄，它訴之於主觀的感覺。修辭學上所謂『修辭立其誠』，也只對主觀感覺之誠負責。」他並引述陳望道先生在其〈修辭學發凡〉中對鋪張辭藻的限制：⑴主觀方面，須出於情意的自然流露，⑵客觀方面須不至誤爲事實。準此，我們也可體會到一些華美的辭藻如：瓊樓、玉階、雲鬢、霧鬢之類，均非實體，却有助於美的感受，美的想像。

駢文所最易爲人詬病的乃是堆砌辭藻，只求外觀上的華麗，正如七寶樓台，看起來耀眼眩目；拆開來則不成片段，並無可取。故駢文的工拙之間，大有差異，且待第四章駢文作品欣賞中分別列擧，以供印證。

第三章　駢文的發展

漢代盛行賦體，行文以鋪張辭藻爲能事，應用範圍頗廣。東漢以後，更使用對偶句，而形成風氣，乃使駢文漸具雛形。到了魏晉之間，以曹植爲主導的建安文風，七子之流，均善文藻，遂開靡麗之端。陸機繼之，此風益盛。迨至南朝，宋之顏延之、謝靈運等承其後，文體益見成熟。到齊武帝永明末年，沈約、謝眺、王融等把周顒的聲韻說運用到文章中，力求音調的諧和，世稱「永明體」。湊合以上幾種因素，使駢文的體裁更具完整的形貌。唐人也很喜愛駢文，更發現到以四字與六字句型組合作對偶，尤多妙用。柳宗元在「乞巧文」中曾盛讚：「駢四儷六，錦心鏽口」，已如前述。晚唐的駢文作者，更有以「四六」爲名的，如李商隱名其文集爲〈樊南四六甲乙集〉。宋人更將此四六對偶的句式視爲駢文較固定的形式，漸成風氣，「四六」乃成爲駢文的別稱。

劉慶生先生著〈中國駢文史〉，從古代文學中探索駢行文氣，論及：「古今作對之方法，〈詩經〉迨無不畢具。唐上官儀云：詩有六對：一曰正名對，天地對日月是也；二曰同類對，花葉草茅是也；三曰連珠對，蕭蕭赫赫是也；四曰雙聲對，黃槐綠柳是也；五曰疊韻對，彷徨放曠是也；六曰雙擬對，春樹秋池是也。他從〈詩經〉中舉例：

正名對　夏之日，冬之夜。（「葛生」）
同類對　于以盛之，維筐及筥；于以湘之，維錡及釜。（「采蘋」）
連珠對　喓喓草蟲，趯趯阜螽。（「草蟲」）
雙聲對　既優既渥，既霑既足。（「信南山」）
疊韻對　燕婉之求，籧篨不鮮。（「新台」）
雙擬對　莫赤匪狐，莫黑匪烏。（「北風」）

他更論及〈詩經〉中偶句用法，按本句對、順句對、隔句對、錯綜對、整章對五類分別加以檢視：

本句對　是刈是濩，爲絺爲綌。（「葛覃」）
順句對　山有扶蘇，隰有荷華。（「山有扶蘇」）
隔句對　就其深矣，方之舟之；就其淺矣，泳之游之。（「谷風」）
錯綜對　爰居爰處，爰笑爰語。（「干斯」）

整章對　如跂斯翼，如矢斯棘，如鳥斯革，如翬斯飛，君子攸躋。（「干斯」）

其他經、史、子、集中，亦多有偶句的例證可尋。至於辭賦（包括騷賦、漢賦與律賦），以其鋪張辭藻，競求典雅，更直接促成駢文的發展。且略摘陸機的「文賦」，已可嗅到一股駢儷的氣息——

……體有萬殊，物無一量。紛紜揮霍，形難爲狀。……詩緣情而綺靡；賦體物而瀏亮；碑披文以相質；誄纏綿而悽愴；銘博約而溫潤；箴頓挫而清壯；頌優游以彬蔚；論精微而朗暢；奏平徹以閑雅；說煒曄而譎誑。雖區分之在茲，亦禁邪而制放，要辭達而理舉，故無取乎冗長。……

到了六朝，駢文卽大行其道，韻詞偶語，競以雕琢爲工。不過，駢文並非完全偏重華麗鋪陳，也有別開生面，風格清新的作品，如梁陳之間的吳均，爲文有恬淡意境，字句雖經鍛鍊，仍覺自然可喜。且看他「致朱元思書」——

……風煙俱淨，天山共色。從流漂蕩，任意東西。自富陽至桐廬一百里許，奇山異水，天下獨絕。水皆縹碧，千丈見底；游魚細石，直視無礙。急湍甚箭，猛浪若奔。夾岸高山，皆生寒樹；負勢競上，互相軒邈；爭高直指，千百成峯。泉水激石，泠泠作響。好鳥相鳴，嚶嚶成韻。蟬則千轉不窮，猿則百叫無絕。鳶飛戾天者，望峯息心；經綸事務者，窺谷忘返。橫柯上蔽，在晝猶昏；疎條交映，有時見日。……

駢文既屬美文，必自有其可愛處，尤以辭藻、對仗、音韻等方面，都很能表現中國文字的特性。經不斷發展，直到清末民初，駢文仍爲一般讀書人所優爲；且應用更加廣泛。凡官府各項公文書，包括與民衆直接有關的告示與判決，亦多使用駢文。至於一般民間的應用文字，如慶弔的壽序、祭文、應酬的書信，言情的小說；甚至關係雙方權益的契約書，使用駢文，並不鮮見。單以小說而論，清嘉慶年間陳球所著〈燕山外史〉，敍述竇繩祖與李愛姑相戀故事，共三萬餘言，全用駢體，不免流於堆砌，流於賣弄。民初蘇曼殊的〈雪鴻淚史〉與〈斷鴻零雁記〉，以其高才，善用駢儷，文情並茂、哀感玩艷，使當時不少青年讀者爲之着迷。

第四章　駢文作品的欣賞

駢文體裁，既使用廣泛，其品質乃大有參差。很多人食而不化，祇重形式，缺乏內容，徒知堆砌辭藻，拘泥對偶，濫用典故，以致生僻難解，空洞無物，乃爲識者所厭棄，亦屬勢所必然。在文學領域中，駢文體裁雖已過時，但並不表示其價值亦隨之消失。高手的作品，仍歷久彌新，百讀不厭。茲就重點，列舉數則，以供欣賞與印證。

一、序文中的選錄

凡是讀過︹古文觀止︺的人，多半知道唐初王勃所作的「滕王閣序」。王勃，山西絳州人，生於唐高宗年間，六歲能文，十四歲以神童荐於朝。根據︹江西通志︺的記載，大意爲：南昌都督閻伯嶼，因婿吳子章頗有文才，乃囑其擬妥滕王閣序。特定於重九日在閣上大宴賓客，意欲藉這機會，好讓女婿以那序文出出鋒頭。就在這前一日，王勃因赴交趾省親，夜宿馬當，距南昌七百餘里，夜夢神人相告，要助他一帆風，以便及時能趕上那次盛會。王勃清晨醒來，果然已到南昌，及時赴會，見閣中滿是賓客，他就擠在一邊，聽閻都督當衆宣佈，要請賓客們爲滕王閣寫序。大家多已知道都督的用意，都當場謙辭。最後輪到王勃，因不知情，且見筆硯已捧到面前，文思頓湧，接過紙，就洋洋灑灑寫起序來，文成，滿座驚服。另據唐〈摭言〉的記載，大意同前，特別說明王勃當時僅十四歲，閻都督根本未將他放在眼裡，等見到他居然接過筆硯，以爲是童子無知，胡亂攬局的，心中不悅，拂衣而起，祇留隨從守候，隨時報告情況。王勃的「滕王閣序」開頭兩句是：「南昌故郡，洪都新府。」閻公聽報，祇是冷笑笑，表示這不過是「老生常談」而已。迨勃寫到：「星分翼軫，地接衡廬。」閻公聽報，沉吟不語。等勃寫到：「落霞與孤鶩齊飛，秋水共長天一色。」閻公聞報，驚爲天才，頓改態度。終於慇懃接待，盡歡而散。以上記載，廣傳民間，形成一句諺語：「時來風送滕王閣」，至今流傳。

此序不僅辭藻華麗，善於用典，且內容生動，故爲人所愛讀。根據謝冰瑩教授等位的註釋：

全文共分九段：首段敍洪州接跡鍾靈，向爲人物薈萃的地方。第二段敍閻公廣致嘉賓，與自己參加盛宴的緣由。第三段敍赴會的日期，與沿途所見的勝景。第四段敍滕王閣當山映水，極其壯麗。第五段寫登臨所見閣外的遠景。第六段寫閣中文酒盛會，無所不備，及因遊觀之樂，而生身世之感。第七段以見幾知命，老壯窮堅，自我解嘲，並以慰與會失意的朋友。第八段介紹自己。末段言作敍之由，並寫詩四韻，願與會的人吟詩作賦，共襄盛舉。此文布局靈巧，開闔相因。珍詞繡句，層見疊出。

由以上的分析，可以瞭解到這篇序寫得層次分明，文情並茂，一氣呵成，毫無堆砌之感，的是高手之作。

二、檄文中的選錄

檄文本是官府對外發表的一種公文書，類多陳腔濫調，空洞乏味，並無足觀。但這裡所舉的大不相同，乃是被選在（古文觀止）中的「爲徐敬業討武曌檄」。作者駱賓王，浙江義烏人，七歲能詩，爲初唐四傑之一。時高宗寵信武則天，封爲皇后，帝死立中宗，武后廢之自僭，改國號爲周。眉州刺史徐敬業起兵討之，乃由當時爲其記室的駱賓王作檄，把武氏罪惡昭告天下。據傳武氏看到這檄文，雖然前段罵她「……洎乎晚節，穢亂春宮，潛隱先帝之私，陰圖後房之嬖。入門見嫉，娥眉不肯讓人；掩袖工讒，狐媚偏能惑主。……加以虺蜴爲心，豺狼成性；近狎邪僻，殘害忠良；殺姊屠兄，弒君鴆母……」罵得相當刻毒，她還能沉得住氣，但讀到「公等或居漢地，或叶周親，或膺重寄於話言，或受顧命於宣室。言猶在耳，忠豈忘心？一抔之土未乾，六尺之孤何託！」竟然為之動容，問明作者是誰，脫口而嘆：「宰相安得失此人！」因受這篇檄文的感動，對作者油然而生敬愛之忱，武氏還算得上是性情中人。可惜當時的李氏宗親，各懷私念，觀望不前，致敬業兵敗，賓王逃亡，不知所終。

據吳楚材先生對本文的評語：「起寫武氏之罪不容誅，次寫起兵之事不可緩，末則示之以大義，動之以刑賞。雄文勁采，足以壯軍聲而作義勇，宜則天見檄而歎其才也。」的確，這篇檄文寫得生動，洋洋灑灑，情眞義摯，讀來痛快淋漓，當然也算得上是一篇上乘作品。

三、判詞中的選錄

一般司法審理的判決書，純屬適用性質，除當事人特別關心之外，很少人注意及之，當然更談不上欣賞。但在民國以前，具有文學素養的地方官吏，連在堂上判案時也作文章。以〔清代名人判牘〕一書而論，所搜羅袁子才、張船山、陸稼書等位判詞，頗具可讀性，其中亦不乏運用駢文作判的，因係當場而為，頗有即興的意味，生動活潑，兼而有之。茲選錄一則，以供印證。

這一判決，所審理的案情是：一對年輕夫婦，丈夫在外經商，濶別多時，乍得還鄉，自是十分高興，酒入歡腸，鴛夢重溫，丈夫突生急病，腹內劇痛，碰頭打滾，未及就醫，卽已暴斃，情況大有可疑。公婆認爲是媳婦暗下劇毒，並有姦情，隣居也多隨聲附和，那媳婦祇是掩面哭泣，不作任何陳訴。引得群情激憤，要將她活活打死。經地保勸解，說明此案定罪，也是死罪。終於送進官府，縣太爺升堂問案，那媳婦仍然只是哭泣，寧死也不作表白。那位縣太爺很能體察民隱，耐心詢問那媳婦素行，公婆隣里均表示並無不規，乃着老差役把她引到一邊，仔細開導，她才含悲帶愧說出實情，原來是丈夫酒後，猛行房事，適天氣太熱，事後吃了兩片西瓜，乃突然發病。於是案情大白，那位縣太爺就援筆立判——

春閨芳情，若怨瞿塘之賈；兵戈阻跡，常分比翼之禽。離人思夫，成三秋斷腸之花；夢隔魚束，嘆千里團圝之月。杜宇聲聲，苦喚離人上道；燈花朵朵，預占夫婿歸家。輕舟返棹，欣故里之依然；杯酒華堂，喜玉人之如舊。敍家庭之樂事，各訴深愁；述客裡之苦況，相將下淚。洎夫綠醑入肚，春色上眉；少年夫妻，何怪翠帳情濃；乍夢鴛鴦，豈料鳳幃變起！分戲水之禽，頓成寡鵠；下沉冤之獄，竟至囚鸞。莫須有三字，永污芳貞；風馬牛不關，卻同謀殺。並蒂一宵，有口難分巨枉；西瓜兩片，無心闖入黃泉。事白冤申，幸離不測；擔苦茹辛，終見分明。着卽當堂釋女，尚期守節明心。

若以目前的尺度來看，這判詞的風格，未免有點滑稽可笑。但就當時流行的文體言，則覺其親切有味；尤以當時拘泥名教的社會，每多寃獄，而能有如此長官，深具人性關懷，設身處地，愛民之心，流露於字裡行間，讀來令人感動。

四、尺牘中的選錄

所謂「尺牘」，也就是一般私人往來的書信，除親密的通訊外，普通的交際應酬函件，講究的是措辭委婉得體，使却之能恭，受之無愧，藉以增進瞭解，維持情誼，這也可算是一門學問。過去對此相當講究，並印行專書，如〔尺牘大全〕之類。其中不乏以駢文書寫者，如〔秋水軒尺牘〕、〔雪鴻軒尺牘〕，流行頗廣。其內容有些頗能善用辭藻，巧作表達，可惜運用太濫，不免流於陳腔老套，乃漸為人所厭棄。至於較可讀的，當推清袁子才的〔小倉山房尺牘〕，他並不完全拘泥於駢文，而是以駢文與散文作靈活運用，當行文到緊要處，每能以駢文彰其雍容，顯其生動。茲舉其「與蘇州孔南溪太守書」為例，論此信內容，幾乎不值一道。此事經過，係子才於春間歡度六十生辰，與大群歌妓遊蘇州名勝，對一位金姓歌妓頗爲當意。事後，金女因風化案將有牢獄之災。該管孔南溪太守爲人嚴峻，金女雖有不少財勢恩客，都難伸援手。不得已才想到南京的那位尋芳老者，飛函告急。子才本憐香的習性，也祇有硬着頭皮寫了這封信——

僕老矣，三生杜牧，萬念俱空。只花月因緣，猶有狂奴故態。今春六十生辰，仿康對山故事，集女校書百人，唱百年歌，作雅會。買舟治下，欲爲尋春之擧。而吳宮花草，半屬虛名，接席銜杯，了無當意。惟有金三姊者，含睇宜笑，故是佼佼於庸中，遂同探梅鄧尉而別。刻下接蕭娘一紙，道爲他事牽引，就鞫黃堂，將有月缺花殘之恨。其一切顚末，自有令甲，憑公以惠文冠彈治之，非僕所敢與聞。但念小妮子蕉葉有心，雖知捲雨；而楊花無力，只好隨風。偶茵溷之誤投，遂窮民而無告。管敬仲女閭三百，生此厲階，似乎君家宣聖復生，亦當在少者懷之之例，而必不以杖叩其脛也。且此輩南迎北送，何路不通？何不聽請於有力者之家，而必遠求數千里外之空山一叟？可想見夫子之門牆，壁立萬仞，而非僕不足以替花請命耶？袁微之詩云：寄語東風好抬擧，夜來曾有鳳凰棲，敬爲明公誦之。

此信不僅寫得雍容得體，且剖情析理，委婉動聽。以蕉葉與楊花偶句，點出煙花中之常態，信手拈來，可發會心之笑，亦莊亦諧，尤具說服之力。

五、記述中的選錄

一般記述性的文字，不論抒情或紀事，多採散文體裁。不過，過去的文言，雖屬散文的領域，仍常見雜有駢文的句法。以清沈復的〈浮生六記〉而論，其文字明淺流暢，親切感人。其中寫景述情，也會使用駢句，如新婚遠別，客裡思家：「每當風生竹院，月上蕉窗；對景懷人，夢魂顛倒。」夫妻遊湖時的感受：「一輪明月，已上林梢，漸覺風生袖底，月到波心；俗慮塵懷，爽然頓釋。」都自然生動，並無堆砌生硬之感。

另值一提的是明末遺老張岱，其文字冷雋凝鍊，能融和駢散的精華，並不着意使用駢句，而整篇卻充滿駢文的氣韻，讀來另有風味。且看他在〈陶庵夢憶〉的「自序」中所寫——

陶庵國破家亡，無所歸止，披髮入山，駴駴爲野人。故舊見之，如毒藥猛獸，愕塞不敢與接。作自輓詩，每欲引決，因石匱書未成，尚視息人世，然瓶粟屢罄，不能舉火。始知首陽二老，直頭餓死，不食周粟，還是後人粧點語也。饑餓之餘，好弄筆墨，因思昔人生長王謝，頗事豪華，今日罹此果報：以笠報顱，以簣報踵，仇簪履也；以衲報裘，以苧報絺，仇輕煖也；以藿報肉，以糲報粻，仇甘旨也；以薦報牀，以石報枕，仇溫柔也；以繩報樞，以甕報牖，仇爽塏也；以煙報目，以糞報鼻，仇香艷也；以途報足，以囊報肩，仇輿從也；種種罪案，從種種果報中見之。鷄鳴枕上，夜氣方回，因想余生平，繁華靡麗，過眼皆空，五十年來，總成一夢。今當黍熟黃粱，車旅螘穴，當作如何消受！遙思往事，憶即書之，持向佛前，一一懺悔。不次歲月，異年譜也；不分門類，別志林也。偶拈一則，如遊舊徑，如見故人，城郭人民，翻用自喜，眞所謂癡人前不得說夢矣。昔有西陵脚夫，爲人擔酒，失足破其甕，念無所償，痴坐佇想曰：得是夢便好。一寒士鄉試中式。方赴鹿鳴宴，恍然猶意非眞，自嚙其臂曰：莫是夢否？一夢耳，惟恐其非夢，又惟恐其是夢，其爲痴人則一也。余今大夢將寤，猶事雕蟲，又是一番夢囈。因嘆慧業文人，名心難化，政如邯鄲夢斷，漏盡鐘鳴，盧生遺表，尚思摹搨二王，以流傳後事，則其名根一點，堅固如佛家舍利。劫火猛烈，猶燒之不失也。

六、小說中的選錄

過去的小說，有專以駢文寫作的，如前已提及的﹝燕山外史﹞乃屬長篇。至於中篇或短篇的，如蘇曼殊的﹝雪鴻淚史﹞、﹝斷鴻零雁記﹞等，也曾風靡一時，至於﹝聊齋誌異﹞，雖非以駢文寫作，然其作者蒲松齡乃是一位駢文的高手。在該書中，他藉兩則鬼狐虛幻的故事展現出駢文的功力。

㈠臙　脂

這一故事相當曲折，描述一美慧少女暗戀一英俊書生，爲友好之鄰婦察覺，欲爲撮合。鄰婦無意中對姘夫洩密，該夫致生歹念，偷香未成，復爲一無賴所暗算，更生出許多意外枝節，終因女父之被殺而形成冤獄，幸經幾番審理，始明眞象。其判詞係以駢文寫成，文字爲求華飾，不免濫用典故，堆砌辭藻，正顯露出一般駢文的通病。若當成遊戲文章來看，則頗具趣味性，可作茶餘酒後的談助。（故事原文含判詞，見附錄一，聊供參考）。

㈡花　神

這則故事乃是〈聊齋誌異〉作者蒲松齡的現身說夢。自述其夜夢二女，邀其進入一處雄偉華麗的殿堂，由一貴妃親自接待。妃自陳爲花神，素爲惡風摧殘，今花木同感憤慨，共起義師，欲與惡風作一殊死戰，特請他代作一篇聲討的檄文。這篇檄文，亦屬駢體，寫得生動活潑，將敵我雙方的風與花均擬人化。全篇用典繁多，指風而很少見到「風」字。剖析風的性格，固有其可愛處，可恕處，終因其得意忘形而暴露兇殘，致大可痛恨，曲曲寫來，絲絲入扣，訴情訴理，層次分明。諧而不失其莊，大有令人感動的成份。其中雖亦多賣弄辭藻，却無堆砌生硬的感覺，故讀來輕鬆愉快。仔細品味，亦可感受到駢文美好的一面。在本文中，作者很能把握風的習性，並隨機巧用典故，以擬人的手法，呈現出鮮明的情景。茲略作摘錄，以利印證，且看——

搴帷拂簟，儼同入幕之賓，排闥升堂，竟作翻書之客。不曾於生平識面，直開門戶而來；若非是掌上留裙，幾掠蹁躚而去。……

一般人對風的感覺是視而不見，但却無孔不入，擅來擅往。上引句中，從搴帷入幕，到排闥翻書，正是風的慣常技倆。人們往往會有一些類似的小經驗，當你正在伏案專心研讀時，突然一陣風來，翻亂了頁面，也擾亂了你的神思，不禁暗咒無賴。更倒霉的該是清初一位文人，曾將這一感受寫成兩句詩：「清風不識字，何必亂翻書？」就爲了發洩這點小小的牢騷，而陷入文字寃獄，斷送了寶貴的生命。這且不談，單就感覺言，搴帷的風力尚不算大，排闥的風勢則已增強；其所能擾人的「入幕」、「翻書」，總還可以容忍。但其得寸進尺，肆無忌憚，更「直開門戶而來」，顯然已具風暴的氣勢，況明目張膽，竟敢擄人，而且擄的又是俏麗的佳人（引用漢宮美人趙飛燕隨風起舞的典故），乃屬江洋大盜與採花賊的惡行，分明罪無可逭。接着更列舉風的不同惡行，致植物界，甚至喜愛植物的「鶯儔燕侶」與「蝶友蜂交」都懷奪愛之讎，而共發同心之誓，最後更在誓師中呼出激昂的心聲，作爲結束——

殺其氣焰，洗千年粉黛之寃；殲爾豪強，消萬古風流之恨。

讀來痛快淋漓，眞是煞有介事。文字在恢諧中亦有其莊嚴的內涵，更不能以一般鬼狐故事來衡量。

尚有値得一提的是，〈聊齋誌異〉的作者蒲松齡在該書前的自序，也是用駢文寫成的。序中透露寫作該書的心聲，乃是「自鳴天籟，不擇好音」。該書的內容，在表面上雖不過都是談狐說鬼，所謂「甚者人非化外，事或奇於斷髮之鄉；睫在目前，怪有過於飛頭之國」，固然荒誕不經，但他緊接着坦率表明：「遄飛逸興，狂固難辭；永托曠懷，痴且不諱。」笑駡由人，痴狂在我，其曠懷如何寄托，就頗値推敲。書中的鬼狐故事，對朝政昏庸及人情險惡，多有入骨的嘲諷，値得細加玩味。至於以花神的故事來作全書的殿後，更以討風的檄文殿於故事之後。他顯然對這篇駢文相當喜愛，很可能因此而杜撰出這一夢見花神的故事。然則，風吹損一園花木，干卿底事？跡其用心，忖其終極之關懷，當然不在風與花。從上引檄文結尾的偶句中，可以妄作推想的是，他對整個宇宙生命的憐惜，他要驅除強暴醜惡的，而保存柔弱美好的，以期「萬古風流」，永在人間。也許，他的「曠懷」正曠及「萬物並作而不息」的境界。（故事原文連檄文，見附錄二，以供欣賞）。

臙脂

東昌㊀卞氏，業牛醫者，有小女，字臙脂。才姿慧麗㊁，父寶愛之，欲占鳳㊂於清門，而世族鄙其寒賤，不屑締盟㊃，以故及笄未字㊄。

對戶龔姓之妻王氏，佻脫㊅善謔，女閨中談友也。一日，送至門，見一少年過，白服裙帽，丰采甚都，女意似動，秋波縈轉之。少年俯其首，趨而去，去既遠，女猶凝眺㊆。王窺其意，戲之曰：「以娘子才貌，得配若人㊇，庶可無憾。」女暈紅上頰，脈脈不作一語。王問識此郎否？答云不識。王曰：「此南巷鄂秀才秋隼，故孝廉㊈之子，妾向與同里，故識之。世間男子，無其溫婉，今衣素，以妻服未闋也。娘子如有意，當寄語委冰㊉焉。」女無言，王笑而去。數日無耗，心疑王氏未暇卽往，又疑宦裔⑪不肯俯拾⑫，邑邑徘徊，縈念頗苦，漸廢飲食，寢疾惙頓⑬。王氏適來省視，研詰病因，答言：「自亦不知，但爾日別後，卽覺忽忽不快，延命假息⑭，朝暮人也。」王小語曰：「我家男子，負販未歸，尚無人致聲鄂郎，芳體違和，非爲此否？」女赬顏良久，王戲之曰：「果爲此者，病已至是，尚何顧忌？先令夜來一聚，忽豈不肯？」女歎息曰：「事至此，已不能收，但渠不嫌寒賤，卽遣媒來，疾當愈，若私約則斷斷不可。」王頷之，遂去。

王幼時與鄰生宿介通，既嫁，宿偵夫他出，輒尋舊好。是夜，宿適來，因述女言爲笑，戲囑致意鄂生。宿久知女美，聞之，竊喜，幸其機之可乘也。將與婦謀，又恐其妒，乃假無心之詞，問女家閨闥，甚悉。次夜，踰垣入，直達女所，以指叩窗，內問誰何？答以鄂生。女曰：「妾所以念君者，爲百年不爲一夕，郎果愛妾，但宜速倩冰人；若言私合，不敢從命。」宿姑諾之，苦求一握纖腕爲信，女不忍過拒，力疾啓扉。宿遽入求歡，女曰：「何來惡少，必非鄂郎，果是鄂郎，其人溫馴，知妾病由，當相憐恤，何遂狂暴如此？若復爾爾，便當鳴呼㉕，品行虧損，兩無所益。」宿恐假迹敗露，不敢復強，但請後會，女以親迎爲期，宿以爲遠？又請之，女厭糾纏，約待病愈。宿求信物㉖，女不許，宿捉足，解繡履而去。女呼之返，曰：「身已許君，復何吝惜？但恐畫虎成犬，致貽汚謗。今褻物已入君手，料不可反，君如負心，但有一死。」宿既出，又投宿王所，既臥，心不忘履，陰揣衣袂，竟已烏有㉗。急起篝燈㉘，振衣冥索，詰之，不應，疑婦藏匿，婦笑以疑之，宿不能隱，實以情告。言已，徧燭門外，竟不可得，懊恨歸寢，竊幸深夜無人，遺落當在途也。早起尋之，亦復杳然。

先是巷中有毛大者，游手無籍㉙，嘗挑王氏不得，知宿與洽，思掩執以脅之。是夜，過其門，推之未扃，潛入方至窗外，踏一物，輭若絮帛，拾視，則巾裹女舄㉚。伏聽之，聞宿自述甚悉，喜極，抽身而出。踰數夕，越牆入女家，門戶不悉，誤詣翁舍，翁窺窗，見男子，察其音跡，知爲女來者，心忿怒，操刀直出。毛大駭反走，方欲扳垣而下，追已近，急無所逃，反身奪刀。媼起大呼，毛不得脫，因而殺之。女稍痊，聞喧始起，共燭之，翁腦裂不復能言，俄頃已絕。於牆下得繡履，媼視之，讌脂物也。逼問女，女哭而實告之，但不忍貽累王氏，言鄂生自至而已。天明訟於邑，邑宰拘鄂，鄂爲人謹訥，年十九歲，見客，羞澀如童子，被執駭絕，上堂不知置詞，惟有戰慄。宰益信其情眞，橫加梏械，書生不堪痛楚，以是誣服。既解郡，敲撲如邑㉛，生寃氣塡塞，每欲與女面相質，及相遭，女輒詬詈，遂結舌不能自伸。由是論死，往來覆訊，經數官，無異詞。

後委濟南府復案㉜，時吳公南岱守濟南，一見鄂生，疑不類殺人者，陰使人從容私問之，俾得盡其詞，公以是知鄂生寃。籌思數日，始鞫之。先問讌脂，訂約後有知者否？答無之，遇鄂生時，別有人否？亦答無之，乃喚生上，溫語慰之，生自言曾過其門，但見舊鄰婦王氏，與一少女出，某即趨避，過此並無一言。」吳公叱女曰：「適言別無他人，何以有鄰婦也？」欲刑之。女懼曰：「雖有王氏，與彼實無關涉。」公罷質，命拘王氏。數日，已至，又禁不與女通，立刻出審。便問王，殺人者誰？王對不知，公詐之曰：「讌脂供言，殺卞某，汝悉知之，胡得隱匿？」婦呼曰：「冤哉！淫婢自思男子，我雖有媒合之言，特戲之耳。彼自引奸夫入院，我何知焉？」公細詰之，始述其前後相戲之詞，公呼女上，怒曰：「汝言彼不知情，今何以自供撮合㉓哉？」女流涕曰：「自己不肖，致父慘死，訟結不知何年，又累他人，誠不忍耳。」公問王氏既戲後曾語何人？王供無之，公怒曰：「夫妻在牀，應無不言者，何得云無？」王供丈夫久客未歸。公曰：「雖然，凡戲人者，皆笑人之愚，以炫己之慧，更不向一人言，將誰欺？」命梏十指，婦不得已，實供曾與宿言，公於是釋鄂拘宿。宿至，自供不知，公曰：「宿妓者必無良士。」嚴械之，宿自供賺女㉔是眞，自失履後，未敢復往，殺人實不知情。公怒曰：「踰牆者何所不至？」又械之，宿不任凌籍㉕，遂以自承，招成報上，無不稱吳公之神。鐵案如山，宿遂延頸以待秋決㉖矣。

然宿雖放縱無行，故東國名士，聞學使施公賢能稱最，又有憐才恤士之德，因以一詞，控其冤枉，語言愴惻。公討其招供，反覆凝思之，拍案曰：「此生冤也！」遂請於院司，移案再鞫。問宿生鞋遺何所？供言忘之，但叩婦門時，猶在袖中。轉詰王氏，宿介之外，姦夫有幾。供言無之。公曰：「淫亂之人，豈得專私一人？」供言：「身與宿介，稚齒交合，故未能謝絕，後非無見挑者，身實未敢相從。」內使指其人以實之，供云：「同里毛大，屢挑而屢拒之矣。」公曰：「何忽貞白如此？」命搒之，婦頓首出血，力辨無有，乃釋之，又詰：「汝夫遠出，寧無託故而來者？」曰：「有之，某甲某乙，皆以借貸餽贈，一二次入小人家。」蓋甲乙皆巷中游蕩子，有心於婦，而未發者也。公悉籍其名，並拘之。既集，公赴城隍廟，使盡伏案前，便謂：「曩夢神人相告，殺人者不出汝等四五人中。今對神明，不得有妄言，如背自首，尚有原宥；虛者，廉得(二七)無赦。」同聲言無殺人之事。公以三木置地(二八)，將並加之，括髮裸身，齊鳴寃苦。公命釋之，謂曰：「既不自招，當鬼神指之。」使人以氈褥悉障(二九)殿窗，令無少隙，袒諸囚背，驅入暗中，始授盆水，一一命自盥訖，繫諸壁下，戒令面壁勿動，殺人者當有神書其背。少間，喚出驗視，指毛曰：「此眞殺人賊也。」蓋公先使人以灰塗壁，又以煙煤濯其手，殺人者恐神來書，故匿背於壁，而有灰色，臨出，以手護背而有煙色也。公固疑是毛，至此益信，施以毒刑，盡吐其實。判(三十)曰：

宿介蹈盆成括殺身之道(三一)，成登徒子好色(三二)之名。祇緣兩小無猜，遂野鶩如家鷄之戀；爲因一言有漏，致得隴興望蜀之心(三三)。將仲子而踰牆(三四)，便如鳥墮；冒劉郎而入洞(三五)，竟賺門開，感帨驚尨(三六)，鼠有皮胡若此(三七)？扳花折樹，士無行其謂何。幸而聽病燕之嬌啼，猶爲玉惜(三八)；憐弱柳之憔悴，未似鶯狂。而釋么鳳於羅中，尚有文人之意；乃劫香盟於襪底(三九)，寧非無賴之尤？蝴蝶過牆，隔窗有耳(四十)；蓮花卸瓣，墮地無蹤(四一)。假中之假以生，寃外之寃誰信？天降禍起，梏械至於垂亡；自作孽盈，斷頭幾於不續(四二)。彼踰牆鑽隙，固有玷夫儒冠；而僵李代桃(四三)，誠難消其寃氣。是宜稍寬笞扑，折其已受之刑；姑降青衣(四四)，開彼自新之路。若毛大者，刁滑無籍，市井凶徒，被鄰女之投梭(四五)，淫心不死；伺狂童之入巷，賊智忽生。開戶迎風，喜得履張生之跡；求漿値酒，妄思偷韓掾之香(四六)。何意魄奪自天，魂攝於鬼。浪乘槎木(四七)，直入廣寒之宮；逕泛漁舟，錯認桃源之路(四八)。遂使情火息燄，慾海生波。刀橫直前，投鼠無他顧之意(四九)；寇窮安往，急兔起反噬之心(五十)。穴壁入人家，止期張有冠而李借；奪兵遺繡履，遂教魚脫網而鴻離(五一)。風流道乃生此惡魔，溫柔鄉何有此鬼域哉？卽斷首領(五二)，以快人心。讌脂身猶未字，歲已及笄。以月殿之仙人，自應有郎似玉；原霓裳之舊隊(五三)，何愁貯屋無金。而乃感關雎而念(五四)好逑(五五)，竟繞春婆之夢(五六)；怨摽梅而思吉士(五七)，遂離倩女之魂(五八)。爲因一線纒縈，致使羣魔交至。爭婦女之顏色，恐失譙脂；惹鷙鳥之紛飛，並名秋隼。蓮鉤摘去，難保一瓣之香；鐵限敲來(二九)，幾破連城之玉。嵌紅豆於骰子(三〇)，相思骨竟作厲階(三一)；喪喬木於斧斤，可憎(三二)才直成禍水。葳蕤(三三)自守，幸白璧之無瑕；縲絏苦爭，喜錦衾之可覆。嘉其入門之拒，猶潔白之情人；遂其擲果之心(三四)，亦風流之雅事。仰彼邑令(三五)，作爾冰人。

案既結，遐邇傳誦焉。自吳公鞫後，女始知鄂生寃，下堂相遇，靦然含涕，似有痛惜之詞，而未可言也。生感其眷戀之情，愛慕殊切，而又念其出身微，且日登公堂，爲千人所窺指，恐娶之，爲人姍笑，日夜縈迴，無以自主。判牒既下，意始安帖，邑令爲之委禽，送鼓吹焉。

異史氏曰：甚哉！聽訟之不可以不愼也。縱能知李代爲(三六)，寃誰復思桃僵亦屈，然事雖暗昧，必有其間，要非審思研察，不能得也。嗚呼！人皆服哲人之折獄明，而不知良工之用心苦矣。世之居民上者，棋局消日，紬被放衙，下情民艱，更不肯一勞方寸，至鼓動衙開，巍然高坐。彼嘵嘵者直以桎梏靜之，何怪覆盆之下(三七)，多沉寃哉！愚山先生，吾師也。方見知時余猶童子，竊見其獎進士子，拳拳如恐不盡，小有寃抑，必委曲呵護之，曾不肯作威學校，以媚權要。眞宣聖(三八)之護法，不止一代宗匠(三九)，衡文無屈已也。而愛才如命，尤非後世學使，虛應故事者所及。嘗有名士入場，作寶藏興焉文(四〇)，誤記水下(四一)，錄畢而後悟之，料無不黜之理。作詞曰：「寶藏在山間，誤認卻在水邊。山頭蓋起水晶殿，瑚長峯尖，珠結樹顚。這一回崖中眞跌撐船漢，告蒼天，留點蒂兒，好與友朋看。」先生閱文至此，和之曰：「寶藏將山跨，忽然間在水涯，樵夫漫說漁翁話。題目雖差，文字却佳，怎肯放在他人下？常見他登高怕險，那曾見會水渰殺。」此亦風雅之一斑，憐才之一事也。

㈠山東縣名。㈡才能和姿色。㈢卜婚。㈣不肯降格與之聯姻。㈤已成年尚未許人。㈥輕佻。㈦注目。㈧這樣的人。㈨已死的舉人。㈩托媒議婚。(一一)仕宦之家。(一二)俯就的意思。(一三)停廢的意思。(一四)苟延氣息的意思。(一五)鳴號的意思。(一六)物之可爲信據的。(一七)失去。(一八)以籠蔽着燈。(一九)無常業。(二〇)女履。(二一)如在邑時。㉒復審。㉓就是爲媒。㉔騙女。㉕苦刑。㉖行刑日期。㉗查出。㉘刑具。㉙蔽着不使目見。㉚判詞。㉛岔成括殺身見孟子。㉜好色的人。㉝借用謂旣通王氏又要騙誘燕脂。㉞見詩經是借用踰垣典故。㉟用劉阮入天台的故事。㊱帨是女人佩巾詩經毋感我帨兮毋使尨也吠。㊲詩經謂鼠尚有皮人而無恥不如鼠。㊳謂約期親迎尚有憐惜意思。㊴謂捉足解履。㊵謂毛大窗外竊聽。㊶謂履墮門外沒有影蹤。㊷幾於殺身。㊸謂毛大殺人宿介受刑猶李樹代桃樹僵也。㊹賤者衣服謂革去生員衣頂。㊺謂被人拒絕。㊻掾是屬官賈充用韓壽爲掾伊女異香贈壽相傳爲韓壽偸香。㊼編木排以代舟叫槎這是借用語。㊽謂誤詣翁舍。㊾謂毛大殺翁。㊿也指殺翁事。(51)捕魚的網鴻則離之喻毛大避免宿介受刑。(52)定毛大死罪。(53)以仙女爲比。(54)詩經首章好述是詩中的語。(55)佳偶。(56)猶云一場春夢。(57)見詩經謂女子成年未嫁而起怨思。(58)倩女謂少女。(59)以鐵葉裹門限叫鐵限。(60)古人呼淚爲紅豆相思則淚流故又名紅豆爲相思子骨骰竅中紅者就是取紅豆相思意思。(61)禍階。(62)極愛的反詞叫可憎。(63)草名。(64)潘岳美姿容每出婦人以果擲之。(65)公家文書以上行下皆用仰字。(66)以彼代此的意思李代喻鄂下桃僵喻宿介。(67)盆覆頭上不能見天是沉寃莫雪的意思。(68)孔子。(69)主持文教的人。(70)四書文題目。(71)寶藏興的地方本是山作文者誤爲水。

花神

癸亥歲，余館於畢刺史公之綽然堂㊀。公家花木最盛，暇輒從公杖履，得恣遊賞。一日，眺覽既歸，倦極思寢，解履登牀，夢二女郎，被服豔麗，近請曰：「有所奉託，敢屈移玉㊁。」余愕然起，問誰相見召？曰：「絳妃耳。」恍惚不解所謂，遽從之去。俄睹殿閣，高接雲漢，下有石階，層層而上，約盡百餘級，始至顚頭。見朱門洞敞，又有一二麗者，趨入通客。無何，詣一殿外，金鉤碧箔㊂，光明射眼，內一女人降階出。環珮鏘然㊃，狀若貴嬪㊄，方欲展拜，妃便先言：「敬屈先生，理須首謝。」呼左右，以毯貼地，若將行禮。余惶悚無以爲地，因啓曰：「草莽微賤，得辱寵召，已有餘榮，況敢分庭抗禮㊅，益臣之罪，折臣之福。」妃命撤毯，設宴，對筵相向，酒數行，余辭曰：「臣飲少輒醉，懼有愆儀，敎命云何？幸釋疑慮。」妃不言，但以巨杯促飮，余屢請命，乃言：「妾花神也，合家細弱，依棲於此，屢被封㊆家婢子，橫見摧殘㊇，今欲背城㊈借一，煩君屬檄草(十)耳。」余皇然起奏：「臣學陋不文，恐負重託，但承寵命，敢不竭肝鬲(十一)之愚。」妃喜，卽殿上賜筆札(十二)，諸麗者拭案拂座，磨墨濡毫。又一垂髫人，折紙爲範(十三)，置腕下。略寫一兩句，便二三輩疊背相窺。余素遲鈍，此時覺文思若湧，少間稿脫爭持去，啓呈絳妃。妃展閱一過，頗謂不疵，遂復送余歸。醒而憶之，情事宛然，但檄詞強半遺忘，因足而成之(十四)。

謹按封氏，(十五)飛揚成性，忌嫉爲懷。濟惡以才，絕殊偃草(十六)；射人於暗，深類含沙(十七)。昔虞帝樂其薰融(十八)，富貴不足解憂，反借渠以解慍(十九)，楚王蒙其蠱惑，賢才未能稱意，惟得彼以稱雄(二十)。沛上(二一)英雄，雲散而思猛士(二二)；茂陵(二三)天子，秋高而念佳人。從此顧盼自雄，因而披猖無忌。怒號萬竅，響碎玉於深宮，淜湃(二四)中宵，弄寒聲於秋樹。倏向山林叢裏，假虎之威(二五)；時於灩澦堆(二六)中，助江之浪。且也，簾鉤頻動，發高閣之清商㉗；簷鐵㉘忽敲，破離人之幽夢。搴帷拂簟，儼同入幕之賓，排闥升堂，竟作翻書之客。不曾於生平識面，直開門戶而來；若非是掌上留裙㉙，幾掠蹁躚而去。吐虹絲於碧落，乃敢因月成闌；翻柳浪於靑郊，謬說爲花寄信㉚。賦歸田者，歸途纔就，飄飄吹薜荔之衣；登高臺者，高興方濃，輕輕落茱萸之帽㉛。蓬梗卷兮上下，三秋之羊角搏空㉜；箏聲㉝杳乎雲霄，百尺之鳶絲斷繫。不奉明空之詔㉞，特速花開；未絕坐客之纓，竟吹燈滅㉟。甚則揚塵播土，吹平李賀之山；叫雨呼雲，捲破杜陵之屋。馮夷㊱起而擊鼓，少女進而吹笙。蕩漾以來，石皆作燕㊲；吼奔而至，瓦竟分鴛㊳。未施搏水之威，浮水江豚㊴時出拜，陡出障天之勢，書天雁字不成行。助馬當㊶之輕帆。彼有取爾；牽瑤臺之翠帳，于意云何？至於海鳥而靈，尚依魯門㊵以避；但使行人無恙，願喚石郎㊷以歸。古有賢豪，乘而破者萬里㊸；世無高士，御以行㊹者幾人！駕礮車之狂雲，遂以夜郎㊺自大；恃貪狼㊻之逆氣，漫云河伯爲尊。姊妹俱受其摧殘，彙族悉爲其蹂躪。紛紅駭綠，掩苒何窮；擘柳鳴條，蕭騷無際。雨零金谷，綴爲藉客之姻㊼；露冷華林㊽，去作沾泥㊾之絮。埋香瘗玉，殘粉卸而翻飛；朱樹雕欄，雜珮紛其零落。減春光於旦夕，萬點正飄；覓殘紅於西東，五更㊿非錯。幽閒江漢女，弓鞋漫踏春園；寂寞玉樓人，珠勒(五一)徒嘶芳草。斯時也，傷春者，有難乎爲情之怨；尋勝者，作無可奈何之歌。爾乃趾高氣揚，逞無端之踔厲，發蒙振落，動不已之瓓珊。傷哉綠樹猶存，蔌蔌者繞牆自落；久矣朱旛(五二)不竪，娟娟者隕涕誰憐？墮溷沾籬(五四)，畢芳魂於一日；朝榮夕悴，免荼毒以何年？怨羅裳之易開，罵空聞於子夜(五三)；訟狂伯之肆虐(五五)，章未報於天庭。誕告芳鄰，學作蛾眉之陣；凡屬同氣，羣與草木之兵，莫言蒲柳無能，但須藩籬有志。且看鶯儔燕侶，公復奪愛之讎；請與蝶友蜂交，共發同心之誓。蘭橈桂楫，可教戰於昆明(五六)；桑蓋柳旗，用觀兵於上苑(五七)。東籬(五八)處士，亦出茅廬？大樹將軍(五九)，應懷義憤。殺其氣燄，洗千年粉黛之寃；殲爾豪強，消萬古風流之恨。

(一)堂名。(二)移步。(三)碧簾。(四)佩玉聲。(五)宮妃。(六)平行的禮文。(七)風神。(八)惡風肆虐。(九)欲於城下一戰。(十)宣戰的檄文。(十一)猶言肺腑。(十二)紙筆。(十三)爲格。(十四)以下是述檄詞。(十五)就是風神。(十六)草給風偃。(十七)蜮蟲在水中含沙射人。(十八)溫和的風。(十九)解人民慍怒的氣。(二十)自誇雄風。(二十一)指漢高祖。(二十二)大風起兮雲飛揚是漢高祖的歌詞。(二十三)漢武帝。(二十四)風狂聲。(二十五)虎嘯則風生。(二十六)蜀江中心有水叫灩澦堆。(二十七)樂歌。(二十八)就是簷前鐵馬。(二十九)見篇末趙飛燕傳。(三十)舊傳二十四番花信風。(三十一)重九登高風吹落帽是孟嘉的故事。(三十二)旋風如羊角。(三十三)紙鳶一名風箏以竹爲絃吹之有聲。(三十四)明空合成一個曌字是唐武后諱。(三十五)見篇末韓詩外傳一則。(三十六)古之得道能御陰陽的人。(三十七)古有石燕山風起則石燕羣飛。(三十八)魏文帝夢瓦墜地化爲鴛鴦。(三十九)江中有一種魚叫江豚舟人候之占風。(四十)見篇末九江記。(四十一)魯時有海鳥避風上於魯東門外。(四十二)見篇末江湖紀聞一則。(四十三)乘長風破萬里浪是宗愨的話。(四十四)御風以行。(四十五)漢時西南夷。(四十六)星名。(四十七)古人宴客聚落花鋪坐下叫做花茵。(四十八)吳時舊宮。(四十九)柳絮沾泥不能逐風而飛。(五十)五更風。(五十一)馬勒。(五十二)見篇末博異記。(五十三)花散落狀。(五十四)子夜歌名「羅裳易飄颺小開罵春風」二語是歌中的話。(五十五)韓昌黎有訟風伯的文。(五十六)池名謂可水戰。(五十七)宮苑。(五十八)菊。(五十九)松。

參考文獻

朱自清〔經典常談〕。台南市，大孚書局，六十六年五月初版。

林　尹〔文字學概說〕。台北市，正中書局，七十一年九月八版。

胡樸安〔文字學研究法〕。台北市，西南書局，六十二年九月初版。

劉兆祐〔中國古文字〕。台北市，行政院文化建設委員會，七十六年元月三版。

符顯仁〔中國文字面面觀〕。台北市，莊嚴出版社，七十年元月初版。

包世臣〔藝舟雙楫疏證〕。台北市，華正書局，七十四年二月初版。

康有爲〔廣藝舟雙楫疏證〕。台北市，華正書局，七十四年二月初版。

高尚仁〔書法心理學〕。台北市，東大圖書公司，七十五年四月初版。

熊秉明〔中國書法理論體系〕。台北市，文帥出版社，七十七年三月初版。

史紫忱〔草書藝術〕。台北市，華正書局，七十年八月初版。

金學智〔書法美學談〕。台北市，華正書局，七十八年三月初版。

祝　嘉〔書學新論〕。台北市，華正書局，七十一年十月初版。

陳彬龢〔中國文字與書法〕。台北市，華正書局，七十六年九月初版。

馮振凱〈中國書法欣賞〉。台北市，藝術圖書公司，七十年七月初版。
尹之立〈書法新道〉。台北市，雄獅圖書公司，七十年元月初版。
呼延紅〈拆字〉。台北市，久久出版社，七十年五月初版。
周中一〈燈謎集〉。台北市，華正書局，六十六年二月初版。
黃慶萱〈修辭學〉。台北市，三民書局，六十八年十二月三版。
劉甫琴〈修辭學發凡〉。台北市，台灣開明書局，四十一年十一月初版。
仲　厚〈回文文學奇觀〉。台北市，精益書局，六十五年八月初版。
陸家驥〈對聯新語〉。台北市，台灣商務印書館，七十五年十月四版。
張　洽〈對聯之研究與學習〉。台北市，台灣商務印書館，七十六年八月二版。
胡　適〈白語文學史〉上卷。台北市，啓明書局，四十六年十一月初版。
陳延傑〈詩品注〉注釋。台北市，台灣開明書局，五十三年十月二版。
黃永武〈中國詩學〉鑑賞編。台北市，巨流圖書公司，六十五年十月初版。
黃嘉煥〈詩詞故事〉。台南市，鳳凰城圖書公司，七十一年四月五版。
邱燮友〈新譯唐詩三百首〉。台北市，三民書局，七十七年七月七版。
本間久雄〈文學概論〉。台北市，台灣開明書局，四十六年十一月初版。
青木正兒〈中國文學概說〉。台北市，台灣開明書局，四十三年五月初版。

朱健民〈駢文概論〉。台北市，台灣商務印書館，六十九年九月三版。
劉麟生〈中國駢文史〉。台北市，台灣商務印書館，六十九年八月五版。
謝冰瑩等〈新譯古文觀止〉。台北市，三民書局，七十七年二月二版。
袁　枚〈小倉山房尺牘〉。台北市，台灣時代書局，六十四年三月初版。
張　岱〈陶庵夢憶〉。台北市，台灣開明書局，四十六年二月重排初版。
蒲松齡〈聊齋誌異〉。台北市，文化圖書公司，七十八年十一月初版。